U0014844

INCARCERATION NATIONS

A Journey to Justice in Prisons Around the World

把他們關起來，然後呢？

BAZ DREISINGER
貝茲．卓辛格——著
陳岳辰——譯

司法正義本就無盡繁複，必須無窮盡提高自我標準，

所以需要更多投入、更多社會運動，

經過更多努力和更多失敗，換來更多成功。

完成使命、探求意義的航程，動力來自我從不離身且可保心靈永不陷溺的救生衣：

它名叫，希望。

專文推薦

開一扇窗，讓監所的矯治變可能

陳瑤華

貝茲．卓辛格如果生在台灣，她很可能會被認為是袒護罪犯、蔑視受害人所遭遇的傷害，因為她不但在美國的監獄裡為受刑人開文學課，也到世界其他國家的監所為受刑人開課。而且大部分願意上課的受刑人，都能透過這樣的課程更加認識和表達自己。在加害、受害極度二分的情況下，協助受刑人會被誤認為對受害者的「二度傷害」。但大家很少想到：如果受刑人因為各種讀書、寫作，而學會思考，懲罰的目標才能達到。

哲學上，懲罰的理論包括應報、遏阻和矯治。

應報是展現懲罰最素樸的想法：維持罪、刑要相當的正義概念。不過這樣的「正義」太過狹隘，沒有照顧到經濟、社會及文化的資源分配不均，以及刑罰實行以後，人們期待看到的改變。換句話說，刑罰不只要針對所犯的罪，也需要考慮犯罪者的處境，才能改變犯罪的動機和想法，讓人們不願意犯罪。

遏阻認為重罰特定的犯罪，可以達到消除社會上其他人犯罪的結果。但這其實只是一種抽象、假設的想法，長期實證的研究無法證實。更嚴重的是，很多研究的結果顯示：重罰特定的個人和遏阻犯罪之間，很難建立任何關聯。

相反的，矯治觀點最能照顧到應報、遏阻這兩種懲罰理論的缺失，卻有兩者的優點：罪、刑相當，以及減少犯罪。目前，世界上大多數的獄政單位都以「矯正機關」為名，台灣也不例外。但實際上，矯治的功能在制度面應該如何設計？如何進行？社會及社區環境該如何配合？都沒有具體想法和步驟。大多數的做法和這本書的名稱很像，就是把他／她們關起來，但是很少再繼續追問：然後呢？

不關心監所內的世界，其實就是不關心我們身處的世界。因為這兩個世界終究還是屬於同一個世界。隔離只是手段，隔離不是目的，那麼，如何讓隔離擁有矯治的功能，隔離才有意義。

作者應用修復式正義的觀點，藉由受刑人自己去找尋自己的身形和想法，進而讓參與閱讀和寫作的受刑人獲得矯治的機會。作者沒有提供長篇大論的獄政改革，卻利用探訪九個國家監所受刑人的機會，讓我們一起思考矯治的意義到底在哪裡？什麼樣的監所才能做到真正的矯治？換句話說，這本書不是要我們效法作者怎麼做，而是透過作者到世界各地，探訪不同的監所，一起思考什麼樣的概念和做法，才能有矯治的功能。貝茲與受刑人一起閱讀、討論及寫作的經驗，讓我們看到一旦與受刑人的對話可以開啟，受刑人的感受和想法便能夠表達，要用什麼樣的方式來進行矯治，需要把受刑人的培力納進來。

對於監所是民營還是公營比較好？作者並沒有定論。民營比較可能兼容並蓄各種矯正的方案，但也可能為了節省開支、減少成本而危及受刑人的生存空間，造成械鬥與屠殺。尤其把監獄經營得像一個工廠，也給不同能力的受刑人職前訓練，培養不同的技能，增加出獄後勞動的可能性。但總體來看，經營者畢竟還是以獲利為目標，不同類型的計畫的概念很重要，有沒有辦法透過受刑人的感受和想法之表達，讓計畫可以避免剝削，卻仍然具有矯治的功能，才是關鍵。

作者貝茲的世界各式監所之旅，讓我們看到受刑人受到更完整的教育，有機會說出心聲、檢視自己的過去，未來的矯治才有可能。我們不能只單看到受刑人犯下的罪行，而沒有看到受刑人作為一個完整的人的各種可能性，尤其是受刑人如何可能透過了解自己的過去，而看到自己的未來。

這本書會以盧安達和南非的轉型正義作為起始，我一點也不訝異。人類過去的監所管理都以報復犯罪、隔離、管控為目的，如果要知道過去監獄的受刑人受到什麼樣的待遇，只要知道過去人類怎麼對待動物，就可以了解。轉型正義的工作讓很多國家發現人權的侵害大部分是威權和極權統治造成的，因襲這樣的制度和手段，「非人化」滲透到各種組織和制度，包括紀律和規章。如果沒有好好處理過去人權侵害的遺緒，就只能繼續複製過去的不正義。而像監所這樣的地方，最能反映一個地方怎麼看「人」，怎麼想像「自由」，怎麼預期人的未來。

台灣就是世界上少數沒有清理過去人權侵害的地方，應該除罪的受難者，雖然有補償制度，但在司法上仍有犯罪紀錄。應該咎責者仍然可以恣意妄為，玩弄司法於股掌之間。而大多數人都還不明白轉型正義涉及的是人權侵害案件的處理和制度性的改革，而誤以為這是政權的清算或是意識形態的轉換。

矯治的精神就是涉及我們對於「人」的重新省思和肯定，因為如果沒有這樣的省思，那麼隔離本身就會變成目的。過去白色恐怖的教訓讓我們看到綠島雖然是一所小小的監獄島，但整個台灣本島卻變成一個更大的監獄。如果說走出威權需要整個制度和法律的矯治，那麼我們曾經在威權體制下生活的人，更需要說出在威權體制下生活的真相，讓真正的民主可以實現。同樣的，監所的矯治功能要能夠實現，也需要受刑人他／她們的感受和想法可以被看見。既使他／她們仍然必須服刑而在監所內生活，但透過這樣的窗戶，光會進去，監所才會變成是人可以進行矯治、改變的地方。

本文作者爲東吳大學哲學系教授

專文推薦

監獄，國家人權的最底限

林文蔚

犯罪矯正是個重要的公共議題，刑罰執行是司法極為重要的環節，但獄政現況及革新卻往往在司法改革議題中缺席。獄政是人權的衡量標準，國家是否合乎法治？對罪犯剝奪自由要到什麼程度？考驗一個國家的人權底線。罪責與刑罰能均等嗎？正義的底限又在哪裡？犯罪矯正能否奏效？更生人復歸社會是否值得信賴？治安可以改善嗎？由巨至微的這些，其實都和我們息息相關，卻向來鮮少成為人們關注的焦點，而服刑又不像服兵役，每個家庭的孩子都有機會去當兵，若是家中有人坐牢，通常會令親人難以啟齒，再者，高牆阻絕下的監獄自成一個孤立於社會之外的存在，就算有心想要去了解裡面的狀況都不見得有門路，加上社會大眾普遍對犯罪者的觀感不佳，認為坐牢是你家的事怪不得別人，最好在監獄裡受到越差的待遇越好，誰叫你自己要犯法！

看到媒體播放犯罪事件的新聞時，鮮少有人不義憤填膺，心中浮現「把壞人抓去監獄關，關越久越好！」的想法也就不令人感到意外。然而，人在監獄裡究竟是怎樣被對待，知道的人顯然不多——我自二〇一二年起，陸續發表圖文側寫自己身處的監獄的職場日記，從大家的反應便可以看得出來這一點，多數朋友都驚呼：「原來台灣的監獄長這樣！裡面的犯人是過這種生活！」別說你們不知道了，就連我們這些矯正機構裡的從業人員也很難跟自己的家人說清楚監獄裡到底是在幹嘛。

絕大多數人都會認為隔離、懲罰是對待罪犯最簡單的方式，而且監禁的條件越是不人道就越是其應得的對待，但大家往往忽略了這些人服完刑，終究有一天要回到社會裡，這也是我國監獄行刑法第一條所揭櫫的行刑目的：「徒刑、拘役之執行，以使受刑人改悔向上，適於社會生活為目的。」法律上雖訂了這樣理想化的宗旨，在刑罰執行的實務上卻是背道而馳的，說穿了我國監獄就是為了懲罰，但這樣的懲罰並非就是正義。

依矯正署二〇一五年十二月的統計，矯正機關核定收容人數 55,676 人，而各矯正機關實際收容人數為 62,899 人，也就是超額收容的人數為 7,223 人，比率為百分之七，但每個監所收容的實況不可能如此平均，若是把單獨一個監獄的數據拉出來看會更為驚人；以全國超收第二嚴重的宜蘭監獄為例，全監核定收容人數為 2,177 人，實際收容總人數為 2,805 人，超收的人數為 628 人，比率達百分之二十八點八。

數據背後所看不到的是空間擁擠、衛生不佳、醫療匱乏，甚致暴力、性侵，所謂的教化或矯治幾乎毫無功能可言，加上近年來刑事政策走向「重罪重罰、輕罪輕罰」，案件重大犯罪者皆採取從重量刑，而假釋門檻一再提高，令無期徒刑執行須逾二十五年始得報請假釋、數罪併罰裁定執行刑期提高至三十年、三振條款（重罪三犯）不得假釋，導致長刑期人數增加。加上毒品、竊盜、公共危險及詐欺犯罪的案件逐年增加，檢察官加強對這類案件的追訴，法官也提高定罪率等等，造成「重罪重罰關越久、輕罪輕罰常回籠」，監獄的爆滿不僅是常態，而且日趨嚴重。尤其在世界各國多將成癮行為歸類為醫療問題、視藥物成癮者為病患、對毒品除罪化的同時，我國卻反其道而行不放棄援用刑事懲罰，落後的刑事政策造就了失控的懲罰機制，對罪犯的矯治無疑只有走向失能一途，犯罪者蹲完苦窯後能夠成功復歸社會者也就相當有限。

當然，你大概會說出獄的人過得怎麼樣跟你一點關係都沒有，不過你可能沒有想過，他們或許會是你的鄰居、同事，或經過你身邊的路人，你是希望他們因坐牢而心靈變得扭曲？還是成為身心健全的人呢？你我生活周遭的人與環境其實與此有密切關係。

因為獄政這個議題向來冷門，《把他們關起來，然後呢？》一書深入淺出詳實記錄各國獄政現況，讀來愛不釋手，尤其作者貝茲．卓辛格本身不但是法學院副教授，又是記者，用充滿溫度的敘事帶領讀者跟著她一同前往不同的國家，與加害者、被害者接觸、對話，讓我們重新去思考什麼是正義？懲罰的意義何在？為什麼別的國家做得到的修復式正義，在台灣實施卻變成官僚拚績效的工具，受刑人為求提早假釋配合演出，以致從立意良善變得荒腔走板。

書中一開始就以盧安達的轉型正義做為起點，令我讀得相當感慨，一個曾經發生種族屠殺的國家，在二十二年後就完成了轉型正義，反觀我們台灣，二二八事件都快要滿七十年了，我們的國家卻連轉型正義的皮毛都做不到。大家或許不知道，我國監獄所對收容人採用軍事化管理，早晚都要答數唱軍歌，收容人與親友間來往的書信不單要被檢查是否夾帶違禁品，連信件的內容都還要經過實質的審查，管理人員覺得不妥還可以要求其改寫，這些其實都源自於白色恐怖時期對思想犯的管理模式，但我們卻沿用至今，而且習以為常。

什麼是進步的獄政？究竟怎麼樣才能為加害與被害雙方帶來和解、得到療癒？大家或許可以試著從本書中尋找答案。

本文作者爲作家暨監所管理員

CONTENTS

CONTENTS

C O N T E N T S

前言

此地遺世獨立，風俗特異，律法、衣著、禮儀皆自成一格，是活死人居住之處。他們與外界隔絕，生命截然不同。

——杜斯妥也夫斯基

「姆藏古（Mzungu）！」警衛操著斯瓦希里語[1]咆哮，意思是「白人」。去你的。

我想保持低調，但白人女性在烏干達首都坎帕拉（Kampala）的貧民區，要不被發現難如登天。穿過這道側門就是盧濟拉（Luzira）最高戒護監獄，裡頭環境混亂不堪，原始收容

1 編按：斯瓦希里語（Swahili）是非洲使用人數最多的語言之一，為坦尚尼亞、肯亞、烏干達、剛果民主共和國的官方語言。

上限是六百名囚犯，但據統計目前人數已達五千，男女老幼皆有，也包括死刑犯。繫好藏在外衣下的防彈背心，我朝烏茲衝鋒槍接近。

「妳要幹嘛？」對方又嚷嚷。

我堆起一臉假笑，嘴裡說著「志工」、「拜託」、「先生」、「謝謝」。對方還沒聽完就不耐煩地甩甩手，好像遇上惱人的蚊蟲。

五分鐘後，我帶著另一位志工走回來。她已經在當地待了四個月，取得管理機關核發的正式文件，可以合法進入盧濟拉監獄，尚未取得正式批准的我只能偷渡。上星期執勤的組長說：「教課啊，那就進去吧。」卻什麼證件也沒給我。

人多好辦事。經過不斷鞠躬哈腰、不停說拜託和對不起，我們總算低頭經過衝鋒槍，踏進監獄。最先映入眼簾的是管理人員宿舍，外觀就是鐵皮屋，後面有武警營房；來到中央大門時，獄警揮手催促我們進去，一群群穿著鮮黃色制服的男囚與我們擦身而過。通過一扇混凝土門，面前竟出現一座小圖書館。

「午安，貝茲教授。」

一整天，或者應該說一整個禮拜以來，首次有人對我這麼客氣。烏干達有許多特色，可惜人情味不在其中，旅館的櫃檯人員肯禮貌性點點頭我都要謝天謝地了，面露慍色似乎是當地專業表現的一環。願意親切接待我的人反而是一名囚犯，名字叫做巴法齊．威爾森，他有很多外號，威爾森校長、波瑪區長等等，源於他是同儕推選的管理員，負責盧濟拉監獄的圖書館以及代號「波瑪」的牢區。圖書館是由NGO（非政府組織）「非洲監獄計畫」（African Prisons Project）所成立，倫敦和坎帕拉都有該單位的辦公室。

「今天過得如何？」威爾森一如往常露齒而笑，熱切地看著我。他有雙全烏干達最和善的眼睛，今年三十歲，集孱弱老人和活潑男孩兩種極端於一身：個頭矮小、笑容爽朗、眼神充滿朝氣，常戴著一頂過大的鮮黃色軟帽，活脫像個大男孩；然而，他的動作略顯遲緩，尤其說話方式特殊，抑揚頓挫像是不斷朗誦馬丁·路德·金的演講稿。

「還可以，威爾森。」回答時我不禁嘴角上揚，這是我今天第二次對人笑，但這次是發自內心。與他握手之後，我逐一與另外十幾個學生握手問好。圖書館的格局方正，學生圍著中間的木桌而坐，有的在活頁筆記本上塗鴉、有的隨意翻書，像是《挪威語入門》、《哈姆雷特》、《英國鄉村導覽》等等，不過沒認真讀。

這堂課的主題是文學創作，威爾森坐在我左手邊朗誦詩詞，咬字十分清晰。我昨天先發了馬婭·安傑盧（Maya Angelou）[2]的作品講義下去。

歷史任你書寫篡改，
汙衊扭曲我的模樣，

2編按：非裔美籍作家、詩人、舞者、演員及歌手。

隨你踐踏我於腳下，
但如塵土我將飛揚。

第一堂課我就請學生寫自傳，於是知道了威爾森的故事。他出生於烏干達鄉下地方，當地一夫多妻制依舊盛行，家中孩子多達六十幾個。威爾森尚在襁褓時母親便過世，他因為遭繼母們虐待所以逃家。後來犯了罪，由於沒錢繳罰金或行賄，只好乖乖坐牢，淪為三萬五千名烏干達囚犯之一，烏干達的監獄系統超收人數已達上限六倍。近百年前的殖民者興建了這些監獄，原始目的是恫嚇人民達成社會控制；但威爾森入監超過一年，至今尚未接受審判，這情況在此見怪不怪，因為烏干達過半的囚犯都是未審先關。威爾森算是適應良好，在監獄裡面建立了信心，自我改造後成為波瑪區長。

想看我絕望崩潰？
想看我垂頭喪氣？
肩膀似淚滴滑落。
慟哭至聲嘶竭力。

學生拍手。「貝茲，我不得不說，」威爾森感嘆：「這首詩除了優美，的確道出我們在獄裡的心聲。」其他人也沉重地點頭。

後來兩小時的時間，我們沉浸在美妙的文字中，大家分享自己寫的詩，氣氛很愉悅。威爾森寫了一首〈解放者〉，感嘆東非各國落入獨裁者手裡，結尾是期許烏干達能有燦爛的明日。另一個學生的作品開頭就是：「ＡＩＤＳ，噢，ＡＩＤＳ，為何要奪走我的家人？」

下了課，我收拾好教材，和威爾森握手道別，祝他今晚能有個好夢。

「我在這裡沒有一天睡得好，應該說根本沒有地方可以睡。」他這麼說的時候，臉上依舊掛著笑容。

我必須做好心理準備才能跨出圖書館回到外面世界。坎帕拉的犯罪率很高，但真正使我不安的卻是維安系統無所不在。恐怖組織肆虐東非，二〇一〇年的大爆炸案造成七十六人死亡，類似攻擊事件層出不窮，於是他們將自己國家看作定時炸彈，無處不設保全警衛，甚至軍事崗哨。生活在這裡猶如大型障礙賽：第一關是獄警，第二關是一個白人女性走在貧民區，第三關則是計程車失約，留我一個人想辦法。就算計程車來了，還得和司機討價還價，即便早上明明才談判過兩輪。坎帕拉的交通、社會氛圍，坎帕拉人的那副慍容，還有炸彈檢查哨加上金屬探測器，以及更多板著臉的警衛，更多衝鋒槍和安檢程序，我唯有回到飯店才能勉強呼吸。

確實沒人說過這趟環球旅程會輕鬆寫意。

是矯治，還是懲罰？

我將展開為期兩年的全球監獄之旅。

提起這計畫時，大部分人都很好奇。而我早已習慣別人對我的各式身分感到好奇：白人，教授，但專長為非裔美國人的文化研究，喜愛加勒比海嘉年華，又在監獄授課、推動司法正義，還是美國公共廣播電臺的兼職節目製作人，雷鬼音樂迷，住在紐約的猶太人，卻又是個不可知論者。我以前還做過記者、樂評，當然也是學者，甚至拍過兩部紀錄片，主題分別是嘻哈文化及司法體系。

會挑起別人的好奇，是因為我自己的好奇心永不滿足，於是遊走於諸多不同領域。每回迷上某樣東西，我就一頭栽進去，譬如愛上牙買加雷鬼樂以後，我無法甘於當個小樂迷，非要鑽研到學術研究，為此常常親自拜訪當地。同樣狂熱的好奇心指引我帶著馬婭．安傑盧的詩作，來到烏干達監獄。

就我個人成長歷程而言，監獄不帶浪漫色彩，也不是家常便飯。我在紐約市布朗克斯區長大，八〇、九〇年代當地居民多半會接觸嘻哈與雷鬼文化。成年後我進入紐約市立大學（CUNY），雖是公立學校但規模大且極為多元，光是分校就有來自一百六十國、使用一百二十七種不同語言的學生。紐約市立大學和紐約市一樣，透過豐富的文化將我熏陶為國際公民。

進修博士學位時，我專攻非裔美國人研究，主題是美國文化中的種族隔閡：界線如何生成，由誰界定，又有誰大膽跨越。為何我有志於此？因為在我看來，種族之見毫無道理。我無法理解為何人類在社會政治諸多層面始終受到這種概念宰制，種族分別是主觀認定，而非生物學事實。若就基因來看，不同人種的相同處遠多過不同處，但為何大家將這種人為的分別視作理所當然？針對這個問題的研究心得，成就了我的首部著作，內容為社會史上真實和虛構的黑白融合案例。

書中大量提及跨越人種隔閡、嘻哈文化、文化擁有權及超越學術定義的身分認同，並結合流行音樂界在西元兩千年初期，也就是阿姆（Eminem）時期的種族和音樂時代思潮。進入加州大學洛杉磯分校（UCLA）進行博士後研究，某一年我為紐約時報雜誌撰寫封面故事，過程中幾乎見了所有想見的饒舌歌手，還和史努比狗狗（Snoop Dogg）一起巡迴。後來我說服一位洛杉磯時報的編輯，縱使他認為雷鬼音樂已隨巴布·馬利（Bob Marley）死去，仍舊給我機會發表一篇當代牙買加樂手的專題報導。

因此我訪問到賈·庫爾（Jah Cure），他是拉斯塔法里風潮[3]下的雷鬼明星，因強暴罪名被判刑八年，走紅期間本人尚在監獄裡服刑。我飛到牙買加首都京斯敦（Kingston）與官員

3 譯按：拉斯塔法里運動（Rastafarianism）也譯為拉斯塔法里教，因其主軸為黑人的基督信仰，主張衣索比亞皇帝海爾·塞拉西一世是上帝的轉世。拉斯塔法里運動帶動了雷鬼音樂的發展。

協調，希望得到入監採訪許可，但功敗垂成。出於不捨，我依舊將故事放進報導內容中，也主動搜集強暴案的資料細節。庫爾聲稱清白與遭到司法歧視，因為拉斯塔法里教徒在當時加勒比海地區的上流社會仍是一種文化烙印——我個人也無法接受，這個唱出我覺得最動聽、最有靈性的情歌的男人，會犯下強暴罪。倘若他真的犯了罪，為何有權利在獄中發表音樂？反覆播放著他的歌曲，我心中對人性、對監獄制度浮現一個大大的問號。監獄的存在是要矯治，還是懲罰？假如監獄的意義只是剝奪人身自由，庫爾的音樂是否可以流出？我更進一步思考，假設庫爾真的有罪，那麼他創作出令人屏息的情歌，是否可視為一種對社會致歉、甚至是補償的行為？

這樣的疑惑在我心上揮之不去，也出現在我之後發表的兩篇文章：其一針對紐約市警局某位探員成立專門小組監控饒舌歌手，被戲稱為嘻哈警察；另一則是洛杉磯時報的頭條報導，主題是饒舌歌手在獄中發表作品成為新趨勢。之後我與洛杉磯一位製片合作，將這兩篇故事轉化為紀錄片，並在各大有線電視臺播出。雖然兩支影片都訴求主流觀眾，我卻沒有忘記自己對於司法本質的困惑，所以我繼續研究，也促成了《禁錮與節奏》（*Rhyme & Punishment*）這部獄政研究和嘻哈研究乳水交融的紀錄片。而我越來越認真，越來越深入。

探究之後，我發現極其駭人的數據。美國這個國家可以說是世界上最大的獄卒，監控著兩百三十萬名囚犯，比例上每百名成年人就有一個人在坐牢。雖然國家人口數只占全球百分之五，囚犯人數卻占了全球百分之二十五；每三十一名成年人之中，就有一位正在接受矯治，總數達七百萬人；成年受刑人之中，有百分之二十五罹患精神疾病。美國有大量囚犯是因為藥物濫用而長期服刑；在聯邦體系中，這樣的比例高達百分之五十一，搶劫犯僅百分之四、殺人犯僅百分之一；在州政府體系中，藥物犯罪比例是百分之二十，同樣高於其他類別；三千七百名美國人從未有過暴力犯罪紀錄，卻在加州坐了二十五年牢。政府認為青少年尚未成熟，不得購買酒類商品和投票，卻又認為他們成熟到能住進成人監獄，無視監獄受刑人遭性侵害機率有一成之高。針對這種情況，尚有十四個州未立法禁止。

我也見證了驚心動魄的種族不平等。現在在監服刑的非裔美國人人數比一八五〇年的黑奴還多，相較於白人，黑人因藥物而入獄的機率高出六倍，這數字也稍微解釋了為何每十四名黑人男性就有一位正在受刑。若以十八歲為基準，四分之一的黑人在成年前面對過父母坐牢的困境；美國家事法庭內出席的兒童，有百分之九十四為黑人或拉丁裔。許多研究顯示，在司法程序的任何階段，從裁判羈押、檢察官態度、以至於判決採取社區處遇或者監禁，黑人始終沒得到與白人同等的待遇。紐約時報於二〇一五年報導，美國有「一百五十萬黑人失蹤」——背後的真實含義是二十四到五十四歲的黑人男性，有六分之一自公民社會消失，或者早逝，或者進了監獄。

刑期長短也是族群不平等的一環。世界上有百分之二十左右的國家採取不得假釋的無期徒刑，而美國不只保留該制度，竟還適用於單一且無暴力的犯罪。目前美國約有十六萬人受無期徒刑，對照組澳洲是五十九人、英國是四十一人、荷蘭為三十七人。二〇〇五年，人權觀察（Human Rights Watch）組織統計，發現逾兩千美國人因為青少年時期的犯罪而被判處終生監禁不得假釋，美國之外，全球僅對十二名兒童做過同樣處罰。世上只有九個國家同時實施無期徒刑和死刑，美國是其一。

我無法忘記這些數據。回到紐約以後，我進入約翰傑刑事司法學院（John Jay College of Criminal Justice）任教，該院為紐約市立大學分部，學生多半有志於法律、社福及其他司法相關領域，而既然我的授課內容是跨學科的種族、犯罪與文化研究，長期縈繞心頭的思辨就融入了課堂中。

以時間和隔離為代價，彷彿就「文明」了起來

值此同時，不少信件從監獄來到我辦公室，寄件人多半讀過我的文章、看過我的影片。他們親筆寫信，篇幅很長，獄中生活躍然紙上，自發地向我告解，有時候還製作精緻手工卡片當禮物。其中一封信是來自拉丁裔發展會（Latino en Progresso），這是沙瓦崗克監獄（Shawangunk Correctional Facility）內囚犯自發成立的團體，他們邀請我去年度餐會演講，而我欣然應允。

我去過監獄的會客室，但以志工身分與身陷囹圄的人進行智識層面的交流，則是頭一遭。當天談話內容著重在種族的社會建構，我引述詹姆斯．鮑德溫（James Baldwin）、拉爾

夫・艾里森（Ralph Ellison）等人的著作。放下資料、開放現場提問時，他們蜂擁而來，引經據典提出許多意見。時間過得飛快，轉眼他們就得回去牢房，我也要離開監獄重返自由世界。

從監獄回到紐約上州[4]冰涼的空氣，一股沉重懸在我心上。對於美國最傑出最聰明的人有部分被關進監牢，其實我並不吃驚，可是那天我第一次對現實深感悲哀。我不天真，能想像那些穿著綠色囚服的人當中有很多真的犯下重罪，只不過我仍能從他們身上看到巨大的可能性，這是一群有潛力對社會做出偉大貢獻的人。為什麼我們竟容許社會最棒的資源，也就是我們的優秀公民，被困在監獄虛擲光陰？

約莫同一時期，我定期前往另一間矯治機構探望朋友，他二十到三十歲的大半歲月都在獄中度過。入獄以後他信奉猶太教，我花了一個鐘頭時間說服管理人員：沒錯，祈禱披肩真的列在「准許物件」清單上。會客室成為我對監獄甩不開的印象，鐵絲網和煤渣磚組合的醜陋建築矗立在諾曼・羅克威爾（Norman Rockwell）[5]風格的鄉間風景上，親友們機械化地排隊、亮出證件，換取時間與父親或丈夫玩幾場拼字遊戲。室內氣味（販賣機的火腿三明治和墨西哥玉米片經過老舊微波爐加熱）、聲音（硬幣投入機器中、打開汽水瓶蓋），還有幾近

4 譯按：口語中泛指除紐約市和長島地區之外的紐約州。
5 譯按：二十世紀早期美國著名的畫家、插畫家，作品風格大半甜美樂觀，呈現理想美國。

超現實的景象：會客室像是一口鎖起人性和情緒的箱子，不可思議地混合了被揭開的瘡疤和最壓抑的深情。那氣氛太過衝突詭異，想忘也忘不掉。

我最初的好奇心，以及懷疑整個系統出了大差錯的直覺，經歷一切之後，全部得證，於是不由得對獄政系統做出一番長考。

學院學生多半覺得天經地義，「犯罪就坐牢」是一貫回答。大家認為做錯事就該去監牢待一陣子，與大吼大叫又不保養喉嚨就會倒嗓同樣理所當然。但事實上，現行的監獄制度並不古老。技術上而言，或許可以說監獄存在幾百年了，不過直至十九世紀為止，監獄都以短期拘禁為主，犯人在裡面等待開庭審判，或犯下小錯關個幾天就完成懲戒。換言之，囚禁的概念是實現司法正義的過程而非終點。大型監獄則直到一九七〇年代才成形。

任教於約翰傑學院期間，我利用圖書館資源重啟了幾年前拍攝紀錄片時就開始的研究，但每個結論都使我搖頭搖得更用力。對於一項重要社會制度的演變，還有早期不以監禁為主要手段的司法模式，我怎麼知道得這麼少？

以色列人設立了 *beth ha-asourim*（枷鎖屋）限制欠債者和候審犯人。古希臘羅馬的類似建築稱為 *carcer privitus*，到了中世紀 *carcer* 一詞還代表修道院內處罰修士的禁閉室。監獄，或者說矯治機構，這個概念真正在歐洲落實，是以阿姆斯特丹和羅馬的矯治所、巴黎的巴士底監獄及倫敦的布萊威監獄為起始，即便如此它們的設計也以拘留為主，就結構上與現今認知的監獄有重大差異。古代司法制度有其他實現正義的手段，包括以牙還牙、以眼還眼的做法，而雅典人則採財產充公、公眾砸石、捆綁與木樁、透過儀式降下天神詛咒，或者切斷社會關係。撒哈拉以南的非洲地區處理破壞社會秩序者，有鞭打、放逐、服毒或者從事修繕工作等方式，主要著重在受害者是否得到補償，而不是一味要懲罰犯人。以東非基庫尤（Kikuyu）人為例，通姦、強姦的代價是九隻山羊或綿羊，殺人的代價是一百隻羊或十隻乳牛。流放也是歷史悠久的刑罰，許多非洲民族驅逐危害社群的人，比方大家認定的女巫或者慣犯。以前歐洲各國也採取將犯人送往各殖民地的做法，殖民時代的北美常見的刑罰有足枷、頸手枷、浸刑、公開鞭刑等等。從這些刑罰的執行方式來判斷，重點在於當眾羞辱，類似的思想可以在納撒尼爾·霍桑（Nathaniel Hawthorne）的《紅字》（*The Scarlet Letter*）中看見。中國直到西元三世紀還以鞭打為主要刑罰，法國到一九七〇年代仍使用斷頭檯將死刑變成盛大的街頭慶典。

十八世紀末，各社會經歷重大轉變。資本主義誕生，工業化與隨之而起的都市化進一步導致貧困和犯罪率提高。美國革命成功，於是英國失去一大片流放刑場。當時律師、作家和自由思想派對於時代演進和人性充滿信心，期盼會出現完全不同的刑罰手段，更精緻、更俐落，尤其更理性——畢竟那段時期稱為「理性時代」。他們討論相關議題時追隨當代流行加入了醫學詞彙，認為犯罪如同傳染病，可以透過科學手段加以治癒。一七五〇年代，英國法官兼小說家亨利·菲爾丁（Henry Fielding）提出「矯治心靈」而非肉體，主張「最放縱墮落的人」也可以透過獨處和禁食重拾理性秩序。一七九〇年，哲學家傑瑞米·邊沁（Jeremy

Bentham）對英國國會提出建議，設計出更有效率的「圓形監獄」（panopticon），牢房呈現分層環形蜂巢狀結構，圍繞著中央高塔，囚犯時時刻刻受到監視，也必須持續進行體力勞動。如法國哲學家米歇爾・傅柯（Michel Foucault）在巨作《規訓與懲罰：監獄的誕生》（*Discipline and Punish: The Birth of the Prison*）之中所言，自從犯罪者不再承受肉體折磨，改以時間和隔離為代價，世界起了重大轉變，彷彿一瞬間「文明」起來。

我們現在稱為監獄的機構，其實是近代的產物，如同資本主義的聖殿，也就是工廠，是建立在特殊結構上。邊沁提出的圓形監獄源自其弟為俄國凱薩琳大帝設計的廠房。監獄系統和資本主義如出一轍，維繫於控制肉體勞動和時間分配；資本主義將這兩個要素轉化為金錢，監獄系統則將其對應於罪行的輕重。

甫獨立成功的美國服膺貪婪至上的資本主義，卻急於證明自己比起歐洲殖民者更為進步，所以摒棄這種極端手段。此時出現了最諷刺的現象：民主的誕生和監獄的誕生竟是一體兩面——嶄新的美利堅合眾國是自由的圖騰，卻也是不自由的烙印。正是湯瑪士・傑佛遜本人描繪出最初的監獄設計圖。

在美國這片土地上，理論很快化為實務。一八二〇年代，現代化監獄問世，而且一次有兩間美式監獄開張競爭。費城的東州教養所（Eastern State Penitentiary）實現邊沁的圓形監獄理念，也就是人犯時時刻刻處於隔離。紐約州奧本監獄（Auburn Prison）採行另一種「靜默制度」，囚犯在類似工廠環境勞動，只要開口出聲就會遭到鞭笞，和奴隸沒兩樣。另外一大諷刺：監獄內犯人淪為奴工；而內戰時北方卻致力結束南方擁護的奴役制度。更甚者，美國憲法第十三條修正案並未禁絕所有奴隸行為，反而註明「依法判罪者所受的犯罪懲罰除外」。

不斷製造對立，卻期待社會更安全！

國內監獄運作完美，美國便將監獄出口到國外。

十九世紀歐洲學者越過大西洋進行參訪，必到的一站就是監獄。普魯士國王腓特烈·威廉四世也曾經參觀監獄，後來薩克森自由邦、俄國、尼德蘭的君主，還有來自法國、奧地利、荷蘭、丹麥、瑞典的官員都去過。見識過美國監獄的名人之中，反應最為激烈的是托克維爾（Alexis de Tocqueville）和狄更斯（Charles Dickens），兩人都認為裡面的景象太過駭人。狄更斯稱美國囚犯幾如「遭到活埋，花上好幾年時間才能慢慢挖出，過程中對一切麻木，受到無盡的焦慮絕望摧殘」。

但美式監獄仍然滲透全球文化，不僅限於歐洲，也進入各國殖民地，還經由西班牙到了哥倫比亞、經由中國進入日本與印度。全球各地開始模仿美國監獄的設計並傳承至今，其內容一言以蔽之就是「大規模監禁」。

一九九〇到二〇〇五年間，美國平均每十天就成立一所新監獄。數字相當戲劇化，但來龍去脈很清楚：社會學家一路追溯到對毒品宣戰的一九七〇年代，然後發現一九八〇年因毒品被捕的每千人中有十九人入獄，一九九二年提高到一〇四人。犯罪學家陶德・克雷爾（Todd Clear）分析後，總結出三個趨勢導致一九八〇年代監獄數量成長：非監禁的替代手段使用率下滑、刑期增加、受到社區監控者返回監獄比例提高。也就是說，監獄的成長分為三個層面，其一是將更多人送進去，其二是讓他們在裡面待更久，其三是所謂的精確量刑（truth-in-sentencing）法案確保囚犯不能提早離開。克雷爾進一步指出，年齡、性別、種族、地區都是關鍵因素，打擊毒品政策將焦點放在弱勢社區的用藥，特別是生活水準低落地區的年輕黑人男性；相較之下，白人使用藥物如古柯鹼則不受到重視，也就是說該政策本質並非針對用藥本身，而是猛烈打擊了黑人人權運動的成果，且有效轉移大眾對收入分配不均的注意。一九七九年到一九九六年間，全社會百分之九十五的財富集中到最前端的百分之五公民手中。

追溯監獄史使我膽戰心驚，懷疑自己揭發了用心歹毒又所費不貲的全球大陰謀。美國在矯治機構上已經花費超過五百億美元，過去二十年裡監獄預算的成長幅度是高等教育的六倍，每年花費八萬八千美元來囚禁一個年輕人，卻只花費一萬六百五十三元提供教育。州政府亦然，某些都市裡特定區域犯罪率太高，單單針對這種地區就撥出百萬以上的監獄經費，也因此被戲稱是「百萬街區」（milliondollar blocks）。更可怕的是，美國花在矯治機構的金錢已經超越地球上一百四十個國家的 GDP，並持續拖垮數個州政府而導致破產，所以政府不得不設法降低囚犯人數。

知道了這麼多，讓人很難不想做點什麼，無論多渺小的努力也罷。我怎能眼睜睜看著狀況惡化？於是請我演講過的監獄再度邀約，我也一直答應，並因緣際會就在獄裡開了非正式課程，有空就去上一堂課，之後還邀請有興趣的同儕加入。過程中我與獄內拉丁人社團負責人拉蒙熟稔，某次餐會上他提到自己十六歲就入監，當時還不會說英語。我聽了一愣，因為不久前我才看過他站上講臺，拿著切・格瓦拉的海報滔滔不絕針對改變、成長和革命發表二十分鐘的演說。拉蒙又提到自己有三年時間都獨自度過，我完全無法想像。

與拉蒙聊天時，我內心依舊感慨，眼前又是一個天賦異稟卻被社會否定的人才。這時候，奧提斯維爾監獄（Otisville Correctional Facility）一位管理人員走過來攀談。

「約翰傑學院為什麼沒在監獄開課？」他問。

我帶著這個問題回家，對院長杰若米・崔維斯（Jeremy Travis）提起。

「我想開課，」我告訴他。院長答應了，所以在二〇一一年，約翰傑學院的監獄直升班（Prison-to-College Pipeline）專案正式成立，除了提供學院課程，也協助出獄不滿五年的更生人復歸。入學者在監獄內開始上課，出獄回家之後能立刻獲得紐約市立大學學生身分，因此取得學位並融入新群體。計畫目的在於使大專院校成為更生人新生活的重心，受益於校園資源，如課程、人際網絡，以及免費的醫療、心理、學術諮詢。

在監獄直升班專案中，我除了教授英文課程，也身兼教務長。起初我不明白自己即將接觸到什麼，在監獄內開班就很多層面來看並不難，學生們求知若渴，就教授立場而言是教學天堂。我沒料到的是，坐在這位置就彷彿經歷心理層次的雲霄飛車，巨大的情緒起伏有時令人難以招架。學生假釋失敗，或者回家後發現自己無路可走，又被逮捕、甚至中彈傷亡，種種事件成為我心上創傷。不過看到在監獄裡教過的學生出現在校園，望著他們急急忙忙找教室的模樣，又令我寬慰。

漸漸地監獄成為我情感和思考的重心，然而身邊多數人依舊沒有意識到一個簡單明瞭的結論，那就是監獄根本無效。事實如此：自一九七三年來，美國服刑人數穩定成長，但是從未看到對應的犯罪率下降。**為什麼監獄沒效果**？機率論和心理學研究都證實監獄的嚇阻作用是假象，因為監獄存在而放棄犯罪的人少之又少，犯意出現當下，監獄根本沒有進入他們的思考。更糟糕的是，監獄具有反效果，將犯人與社會大眾隔絕，成為犯罪訓練中心，而且囚犯最終必須回到社會，只不過屆時他們的犯罪手段更上層樓，人際和財務又更加邊緣化。換言之，監獄系統是**增加**犯罪。這解釋了全國公共廣播電臺二〇一四年的一則頭條新聞，聽起來反直覺得令人莞爾：「司法部長霍爾德表示，美國監禁人數下降同時，犯罪率也下降了。」數據佐證這一點，二〇〇七到二〇一二年間，入獄比例下降最多的幾州，犯罪率平均降低十二個百分點。

陶德・克雷爾與其他研究者將這個現象稱為都市監獄的「副作用」。克雷爾解釋：「監獄造成家人離散，削弱家長提供的社會控制和囚犯經濟能力，並造成他們敵視社會，成為政治角力的工具。」研究也發現，曾入獄者若有小孩，孩子入獄率較高，而刑期也嚴重損害受刑人的社會資本及人際關係。我們怎能一再製造這樣的公民，卻期盼社會變得更安全？

為何我們應該關心做錯事的人？

有許多人認同監獄存在的第三理由[6]，也就是矯治，然而是否真的有效？一九五四年，原美國監獄協會（American Prison Association）更名為美國犯罪矯治協會（American Correctional Association），但真正致力於「矯治」的方案卻屈指可數。矯治經費只有百分之六投入監獄內，而明明六成到八成的囚犯有藥物濫用前科，相關治療計畫自一九九三年以來卻減少一半，於是二〇一二年監獄內等待毒癮戒斷協助的人數已經累計到五萬一千人。二〇〇四到二〇〇五年，州立監獄內僅四分之一的囚犯參與教育專案，接受職業訓練者低於三分之一，但有約三分之二在獄內從事勞動工作。研究顯示，如我所開設的高等教育專案，是降低累犯比例的關鍵，但是自一九九四年以來類似計畫大幅減少，因為政策決定將受刑人排除在聯邦或州政府的教育獎助外。監獄系統內一度曾有三百五十個教育專案進行，之後直墜到剩下七個。

6 譯按：第一理由為隔離犯人維護社會秩序，第二理由為懲罰犯錯者。

我了解這樣的狀況以後唏噓不已，不過我也明白好奇心隨著時間久了會衰退。對我而言，有關監獄的光怪陸離慢慢顯得沒那麼衝擊。由於太常出入監獄，腦袋做過太多分析，我不禁擔心自己最後會思考僵化、失去洞察。有一回我和計畫贊助人聊天，居然下意識描述在奧提斯維爾監獄的經驗「就像在家」。我自己聽了嚇一大跳，身處以前全然陌生的環境，我真的覺得就像在家？

於是我決定投下震撼彈，挖掘最深層的真相，解答揮之不去的疑惑，然後才能召集到具有同樣理念和熱血的人。

計畫在我腦海裡逐漸成型。為何我們應該關心所謂做錯事的人？我要從全球規模找出問題的解答，也就是親眼見識世界各地的監獄裡頭究竟是什麼模樣，等同是透過監獄來了解各個國家。曼德拉（Nelson Mandala）曾經援引杜斯妥也夫斯基留下的一句名言：「據說沒有進過一個國家的監獄，就無法真正了解那個國家。評判一個國家，不是看它如何對待最尊貴的公民，而是看它怎樣對待最卑微的那群人。」

這趟旅程也讓我可以好好審視美國最巨大的實驗和出口品。二〇〇八至二〇一一年間，全球各國的監禁人口提高了百分之七十八，換算起來已經有一千零三十萬人住進監獄，而且其中有很多人尚未被定罪，必須苦等數年才有機會接受審判，但又缺乏足夠的法律扶助。與論鮮少將目光轉向美國以外的獄政問題——事實上，制度是美國建立並散佈到各地的。

司法應當崇高且公開，由所有公民背書認可。然而，監獄作為今日司法體制的核心，最缺乏的就是透明。它們彷彿從未存在，多數人一生沒有看見和接觸過，隱隱約約將之視為正確和正義的象徵。問題是，既然看不到，為什麼你願意背書？所以我想從最基礎的層面揭開這隱祕空間的面紗，尋回幾乎被每個國家、整個地球遺忘的那群人。我希望自身以及讀者都能擔任見證，因而這趟旅程對於我、還有我的讀者，都具有道德上的必要性。

而我在路程起點，就已經預期到這是一趟人性故事之旅。

人性。我們以各種辭藻美化監獄，彷彿那和醫院一樣是個純淨無菌的空間：「隔離」、「矯正」、「治療」、「行為管理」，住進監獄的人叫做「獄友」，他們是「受刑人」正在「服刑」，有「管理人員」協助。經過美化，很容易忽視監獄的實際環境，忘記在裡頭日以繼夜、年復一年，乃至於度過數十年或後半生的，是活生生仍會呼吸的人類。我想強迫自己和其他人一起注視囚犯，別轉開眼睛，就像我們不能不看阿布格萊布監獄（Abu Ghraib）和關塔那摩灣事件（Guantánamo）[7]一樣；那些醜聞是極其難得的機會，美國建立的土牢（*oubliette*）——在此借用十四世紀的法文詞彙，其原始含義是「被遺忘」——終於忠實呈現在大眾眼前，我們不得不面對司法體系畢竟源於人性，所以同樣有瑕疵。

為了避免淪入只觀望不動手的窘境，我開始自動自發去監獄做志工，不限於研究和寫作，而是實地接觸。大學提供十二個月的休假研究，我申請了學術補助並結合媒體工作機

7 譯按：美軍在這兩個地方虐待來自伊拉克和阿富汗的戰俘。

會；這類媒體報導歸在文化和旅遊類別下，除了提供資金，也容許我探索監獄高牆外面的世界。由於司法制度和所處的社會息息相關，我必須理解文化背景才能觀察得更深入。監獄就像一面醜陋的鏡子，是社會的黑暗面，也是最清晰的縮影，在監獄的日子好比是經過提煉濃縮、充滿諷刺的人生。

針對我要探討的主題，挑選了九個國家來說明。許多關於司法和監獄的基本概念，我們以往視為理所當然，實際接觸以後卻又覺得陌生困惑。在各種論壇或造勢大會及報章媒體等等，我看到太多改革的呼聲，出發點是基於經濟壓力或大眾安全。的確，這些是我們一定要考量的因素。然而，關於監獄制度最基礎的**道德**和**倫理**層面，社會是否提出論述？這時候，我們應該退後一步，回到理論和發想的階段。我要再次質疑刑罰、救贖、寬恕、機會這些概念，因為我是從那裡起步而成為監獄改革運動者，所以希望能有更多人，更多民主制度下具備投票權和思考能力的公民，不只是關切這些問題，也挺身而出激發真正的改變。

也許我能將熱情和好奇傳染出去，大家一起成就更好的社會。

第一站，盧安達。

01 報復與和解｜盧安達

魚與熊掌不可兼得。和那殺人犯做朋友，就別與我們有牽連。

——受害人對修女所言，出自《越過死亡線》（*Dead Man Walking*）

看看仇恨招致何等苦難，上天竟以愛情斷除喜樂。

——《羅密歐與茱麗葉》

布魯塞爾航空一〇二七號班機在夜色中緩緩降落盧安達首都吉佳利國際機場，入境動線簡易，美國籍旅客無須簽證，出去後立刻看見我的行李箱安穩地躺在那裡。佩戴高爾夫山丘飯店識別證的男子一下子就找到我，把行李塞進車子以後，車子駛上幾乎沒有車輛來往的道路，朝市區前進。

飯店如其名位於山丘。涅盧提拉瑪（Nyarutirama）區內有七座丘陵，以吉佳利市而言屬高級地段。飯店的住房外觀頗具郊區公寓風味，以黃褐色系為主調，但不知是否為彌補過分單調的景觀，許多地方加上非洲特有色彩，例如走廊上的長頸鹿和部落傳統壁畫，房間鑰匙綁在非洲大陸形狀的皮革上。我要在這裡度過六週。

有些人可能以為我之所以挑選盧安達作為監獄之旅的第一站，是因為非洲國家的獄政特別糟：二十七個國家平均之後，超過收容量達百分之一四一，全非洲大陸有超過三分之一屬監獄人口，至少一百萬人尚未受審，換言之，某些國家牢獄內的人可能九成根本無罪。非洲各國政府不夠重視司法，賄賂、吸毒、賣淫、強暴十分氾濫。一九九六年，各國代表團曾在烏干達集會，起草非洲監獄報告書，內容指出監禁體系對於遏制犯罪幾無正面功效，其後又發表針對監獄環境的「坎帕拉宣言」，明言非洲監獄「不人道」、管理人員「行徑惡劣」，結論並指出，過度依賴監獄「對司法無正面意義，未保護一般人民，稀少的公眾資源得不到運用」。

但我來到這裡不是要繼續感傷，而是希望找到能透進曙光的裂縫。正因為非洲各國司法系統問題嚴重，所以存在積極改革的空間。危機就是轉機。

而我選擇盧安達，其實是因為其他國家聽見盧安達三個字，腦袋裡就聯想到：**種族屠殺**。

被害者的國度

一九九四年盧安達發生百日大屠殺，胡圖族殺害約百萬名圖西族，手段多為利刃或鈍器，這小小東非國家因此在世人心中留下不可磨滅的印象。即便後來盧安達在政治社會上重返和平、經濟也有長足發展，大家仍舊無法遺忘慘劇。其實事件過後二十年，盧安達已是非洲新生的模範，在總統保羅・卡加梅（Paul Kagame）領導下，商業競爭力為全非第三，改革幅度連續六年在世界銀行經商環境報告中名列全球第二。二〇〇一年起，GDP每年成長都達七個百分點，識字率飛躍提升，國民健保每人每年負擔低於一百美元。

盧安達之所以成績斐然，部分原因就在於大規模種族和解。文獻指出，該國在屠殺事件後設立了「蓋卡卡法庭」（gacaca）[1]，屬傳統聚落的司法制度，由社區居民集結並整理加害與受害者名單，但最終目的並非施以懲罰，而是裁決如何補償。我也聽說盧安達採用的正義體制回歸文化根源，鼓勵的不是懲戒，而是寬恕與贖罪。屠殺事件促使這個國家思考其社會支柱，審視監獄系統、甚至司法本質。

這裡有幾十萬、幾百萬彼此存著弒親之仇的受害者與加害者，但他們比鄰而居，在某種

1 編按：gacaca一詞源於金亞盧安達語（Kinyarwanda），意為「草地上的司法正義」，也就是由部落成員充當裁判者，是一種傳統式社區審判體系。

程度上達到相互體諒。以盧安達為旅程的起點深具意義，因為關於犯罪的對話不應永遠以犯罪者為先。許多人思考司法和刑罰時會陷入僵化：是誰犯案？如何懲治？卻忘記將心力放在受害者身上。無論如何關切加害者，都不該淹沒我們對於受害者的重視。因此，踏入監獄這個犯罪者的領域前，我必須先浸淫於被害者的國度、踏上其中巔峰，也因此首選盧安達。

決定以後，第一步是調查盧安達有哪些NGO與我目的一致，能夠帶我進入監獄。可以尋求的合作對象很多，因為和平、和解及重建是該國當前的精神指標，許多非營利活動以此為主要訴求。瀏覽過諸多使命宣言後，我鎖定其中之一，他們的服務對象設定為大學學齡的屠殺倖存者，年紀在二十五歲以下，很多是孤兒。透過網路與該組織創辦人來往通訊後，我很快得知這些倖存者也想探訪監獄，因為獄內八成囚犯的罪名與屠殺事件相關。年輕人原本就想發起探視活動，不過遲遲沒有實現，眼前有人支援自然大大歡迎。

前來吉佳利，我的動機是與年輕倖存者合作，一同進入都是屠殺者的監獄一探究竟。探訪行程為何、能有什麼作為、甚至如何克服語言障礙等等問題，在旅程之初毫無頭緒，但我還是來了，因為首次讀到這個組織的名字，我就深感震撼：**到此為止，盧安達**（Never Again Rwanda, NAR）。

若說有一句話像咒語般貫穿我的童年，貫穿經歷大屠殺的猶太人社群，也就是同樣一句話：**到此為止**。我的族譜上近乎所有先人都在二戰屠殺中喪生，或許這是個適合的切入點。

為仇恨埋下和平的種子

「在卡西盧大樓，美國大使館前面那條路上，一個路口右轉。」為我說明地址的詹姆斯是當地人，身材矮壯、英文說得和盧安達語一樣好，因此成為吉佳利最多人僱用的計程車司機。

出門之前，旅館經理塞了一把傘至我手中，奇怪的是外頭明明晴空萬里。「相信我，」她這麼說。

詹姆斯播放著牙買加歌手「良知」（Konshens）的專輯，他在牙買加的舞廳很紅，歌詞走粗鄙路線。

「盧安達人喜歡情歌喜歡得過頭了，」詹姆斯笑道：「太多愛來愛去，打開電臺我就受不了。」

很快我們找到目的地。對面有間掛著紅色燈管招牌的美容院，但其實就是一個混凝土箱以蕾絲布做門面，旁邊牆壁上以噴漆噴了些圖案。我找到NAR的招牌，穿過光亮鐵柵門走進去。辦公室裡空空的，四面是褪色的米黃壁紙，只有一兩張木桌子和幾臺過時的電腦，不見任何人影，「良知」的歌聲從美容院那頭傳來的。直到走進後面房間，我才找到執行總監艾瑞克．馬荷洛，他穿著乾淨的白襯衫，還繫上領帶，窩在座位上。見我進來，他靦腆地握了手並開口歡迎。

「要不要見一下計畫負責人？」艾瑞克帶我回到前面辦公室，奧伯特．杜庫祖瑞米已經站在那裡。他的外號叫桑托斯，身高一八〇，二十五歲，體型瘦長，動作顯得慵懶，與那雙銳利目光不相襯。

我們找了張空桌子坐下後，立刻切入正題，不過討論很吃力，桑托斯英文程度有限，我法文也不靈光，勉強能溝通。盧安達在一九九四年以後才將英文課程納入基本教育，因此屠殺後的世代英文能力參差不齊。有趣的是，盧安達本身為非洲大陸上少數語言統一的國家，胡圖族和圖西族使用同種語言，不像鄰國肯亞數十民族語言各異。

桑托斯和我聊到盧安達監獄的源流。當年德國殖民者引進監禁制度，一九一六年比利時接管後拘留所數量大增，形態則有所不同，當地稱為單人囚室：非正式但用於拘留的小屋，裡頭有客廳、客房、甚至廚房，頗具隱私。一九六二年，盧安達獨立，胡圖族政權以流氓或遊民的罪名大量逮捕圖西族後，將之關進囚室。

換言之，大屠殺事件以後，盧安達沒有足夠的基礎建設能安置超量的殺人犯，全得將他們塞進有限的空間裡。到了一九九五年，囚犯人數超出容納量五倍，擁擠的環境帶來可怕的結果，數千人感染肺結核與痢疾，犯人真的必須一個疊一個，堆起好幾層，他們又渴又餓只能活活等死。一九九四年的最後六週，吉佳利中央監獄死了一百六十六人。一九九五年，平均每天死亡七人。盧安達中部大城吉塔拉馬（Gitarama）監獄也在八個月之內死亡九百人。犯人多到必須睡廁所，還出現所謂**殭屍**（*komeza*，原意為「持續」）族群，意指找不到睡覺的地方，入夜後只能走來走去的囚犯。

危機重大，卡加梅總統展現驚人氣魄。「讓犯人出去，」他直接這麼下令。一九九八年，首先釋放年邁的囚犯。二〇〇三年，一口氣釋放了兩萬四千人，包括重症者、參與政府推動認罪計畫者、屠殺事件時未滿十四歲者。二〇〇五年，第二波釋放兩萬兩千人。釋放以後，人犯不拘禁在監獄，仍舊要面對控訴，法源依據為一九九六年針對屠殺行為進行分級認定的立法。

面對慘況，司法正義如何實現？聯合國安理會設置了盧安達國際刑事法庭，找出要為事件背負最多責任的嫌犯加以起訴，程序直到二〇一四年才告一段落，七十五名被告中六十五名有罪。盧安達的法院系統也起訴逾萬人，儘管二〇〇七年廢除死刑，但之前已處決二十二人。

其餘多數人則進入了盧安達的偉大實驗，也就是回歸當地傳統的司法模式。「蓋卡卡」原意為「草」，也就是在大草坪上進行審判和公聽，過程完全公開，由社區居民選出仲裁人。聽桑托斯描述時我還是難以想像：二〇〇六到二〇一二年間，一萬兩千個蓋卡卡法庭審判超過一百二十萬個案件，除了做出判決，更可以對悔意充分、想復歸社會的人提供減刑。

殖民時代之前，蓋卡卡裁決的多半就是補償方案，補償形式可以是物質，也可以是肉體懲罰或死亡。屠殺事件之後，蓋卡卡的裁判主要是將犯人納入二〇〇五年成立的四十個巡迴式「公共服務營」（*Travaux d'Intérêts Généraux camps*, TIG）。大約有五萬三千人被送入

TIG成為公共服務人員（*tigiste*），他們以勞動服務作為彌補，造橋鋪路、興建校舍、蓋房給無家可歸的人，其中當然也包括屠殺的倖存者。公共服務人員每週工作三天，有些必須通勤，也必須讀書識字，接受建築技能訓練、公民教育、學習盧安達歷史，並了解政府政策。TIG為盧安達政府撙節了數百萬美元，又降低監獄人口達百分之五十三，囚犯人數減少到五萬八千人左右，相較之前已經很低，然而人均受刑人人數在全球依舊排名第七。盧安達矯治署繼續努力，並大膽提出將監獄由十四座減少到九座。

透過與桑托斯深入對談，我才明白這麼多背景資訊。他還表示NAR組織中的年輕人一年前曾經拜訪TIG，可惜沒有成為固定行程，希望和我合作的監獄訪視計畫能夠持續進行。我打量著他那副堅定神情，脫口而出：「桑托斯，你為什麼想做這些事情？」

「我想，」他輕聲以法語回應，不過很快又改成英語：「你們怎麼說的？為盧安達埋下和平種子。」

若非親眼見證那誠懇至極的態度，我一定會以為是在演戲

那天回飯店前，我請詹姆斯帶我到大屠殺紀念博物館。「堅強些，」他笑著送我下車：「別哭哦，」這麼說的同時他似乎笑了起來。

他們的罪行，是我們的恥辱

我確實哭得好慘。「盧安達是個湖光山色、綠意盎然又充滿孩童笑靨的國度。市集裡除了熙來攘往的客人，還有鼓手與舞者表演，工匠們手藝精湛。」導覽的開場介紹完以後，就進入一九九四年慘絕人寰大悲劇的細節。雖然不像史提芬·史匹柏的電影那樣揪心，但同樣精準到位。大屠殺之前已有許多小規模的迫害事件，一九五九年一連串針對圖西族的攻擊，迫使數千人遷居鄰國蒲隆地、剛果、烏干達；三十五年後婦孺也成為目標，母親遭到強暴後不得已殺害親生骨肉，性器官還遭人以砍刀、滾水或酸劑重創，或惡意傳染ＨＩＶ病毒。曾有一名十二歲男孩被迫當著父親的面與母親性交，也有鐵鏈捆綁和活埋等等。走進兒童室，裡面紀念「本該成就未來」的孩子，然而死因令人腸胃翻騰，例如「在母親懷中被刀砍死」。

走出博物館，飯店經理預言成真，艷陽高照的天氣轉為傾盆大雨。路旁牌子寫著「請勿踩踏墳墓」，我看了又一陣啜泣。有個十幾歲男孩面帶笑容，正在為墳墓上鋪蓋的藍色帆布撥除積水。

「哈囉！妳結婚了嗎？」他竟然這麼大聲問。我不知所措，搖了搖頭。「從哪裡來的呢？」他繼續笑著問，心不在焉地繼續清理墳墓。

「紐約，」我囁嚅回答。

「美國人啊！那妳應該滿有錢的。」男孩這麼叫道，掀開帆布一角：「妳是來看墳墓的吧！」

我耗盡全力忍著沒嘔吐。底下是個坑洞，裡面塞滿顱骨，幾乎要滿出來了。數萬顆骷髏頭像棒球一樣堆在裡面，一個個人頭，一條條生命。

茫茫然離開以後，我心緒混亂。剛才的少年是胡圖族人，還是圖西族人？接下來面對每個人時，我是否都要這麼問？桑托斯要忍受的是什麼處境？

犯人手段殘暴至此，雙方如何和平共處？

也許該讓他們被關在監獄裡發霉腐爛才對。

我晃進紀念品店，買了兩本書。一本是英文、盧安達文和斯瓦希里文三方對照的語言學習書，另一本是《我們活過盧安達大屠殺：二十八位見證者》。

「妳穿黑色！」為我包裝書本的男店員微笑道：「好奇怪，女人不是都喜歡粉紅色。」走出大門，詹姆斯看見我買的書，叫道：「選得好！」接著他說了自己的故事。他也在一九九四年失去雙親，然後逃到南非，進入肯亞醫學院、到銀行上班，但覺得上班族生活無趣，於是回到盧安達做計程車司機。我一下子反應不過來，沒想到看上去這麼樂天的人也是大屠殺受難者，我暗忖哪裡還需要手上這本書，史料俯拾即是。

週末我交到一些朋友，透過紐約的人脈認識艾迪，他是演員也是社會運動人士，穿著剪裁合身的黑色牛仔褲、皮夾克、戴了墨鏡，來到高爾夫山丘飯店。「歡迎，」他立刻伸手：「妳應該認得我吧？」

「認得你？」

「電影啊！」艾迪擺了姿勢，雙臂交叉、一臉剽悍，之後忽然爆笑。

啊，沒錯，他在我朋友拍攝的電影《欽雅旺達》（*Kinyarwanda*，盧安達的舊名）中飾演獄卒。那是第一部就大屠殺所拍攝的紀錄片。

我們開車繞進市區，周邊風景有三個主色調：橙紅大地、翠綠山巒、奶油色房屋。下過小雨，空氣清新，路面還很粗糙，沒有多少汽車，只有計程摩托車來回穿梭，險象環生。

艾迪有些事情要辦，我就一路跟著，拜訪了一個促進和平的社運組織，一個標誌為「和平、善行、愛國」的年輕人社團和一間學校。他搬了些捐贈書籍進入校園。

「貝茲，妳有沒有領薪水？」回程時他問起。艾迪有個令人摸不著頭腦的習慣，就是思緒變換太快，前一分鐘嘻嘻哈哈，突然間就神情凝重態度嚴肅。我回答有。

「我沒有，每天就是奉獻與捐獻。我本職是作家，但是也挺愛演戲的，除了我老婆，我就最愛這兩件事。」艾迪寫了一本書，是詩集，書名叫做《他們的罪行是我的恥辱》（*Their Sin Is My Shame*）。艾迪是胡圖族。

「很多人為屠殺倖存者寫書。」他解釋：「不過遲遲沒人為凶手發聲，為沒有行凶但因此染上汙點的人發聲。我們活在恥辱中。」

這番話很深刻，我想起自己在約翰傑學院上課時也會給學生看一部名為《判決之後》（*Beyond Conviction*）的紀錄片，劇情講述三個犯罪受害者選擇與犯人對話。其中一位女子遭到吸食迷幻藥的兄長強暴，兩人會晤過程令人糾結。她逐步揭開心上瘡疤，哥哥也慚愧得忍不住啜泣，根本無法直視妹妹。最後，在妹妹請求下，他終於抬起頭。妹妹過去給他一個擁抱。我視線被淚水模糊，畫面上那難以想像的大和解太過震撼。妹妹說她已經原諒哥哥，只有寬恕能夠治癒傷口，幫她好好活下去，而她希望哥哥能學著赦免自己。

我向學生提出一個殘忍但沒有真正答案的問題：如果必須選擇，你希望是這案子裡的哪一邊，被害者還是加害者？大家直覺表示，當然是加害者，誰願意被害？我追問，大家真的確定嗎？願意一輩子背著那個十字架，永遠記得自己犯下令人作嘔的罪？

承認自己的罪，以餘生來背負，這非常沉重，也是自然存在的正義，不假人手的監獄。被害人經歷夢魘，但在夢魘中仍能肯定自己的良善；相較之下，有自覺的犯人要終生面對恥辱。

我來盧安達的時候也帶上一片《判決之後》，以及許多關於被害者、加害者彼此交流的書籍，原本以為參訪監獄時能派上用場，卻決定下車以後全部送給艾迪。

給他們重生的機會

你願意談談大屠殺嗎？

今天與監獄參訪團體會晤，問題清單上，第一條就列著這個問題。其他包括：為什麼參與？對於刑罰有何見解？我很緊張，當然緊張，因為自己是個**白人**。儘管以前的工作接觸過監獄或年輕族群，但畢竟局限在美國。這裡是盧安達，一個經歷種族屠殺歷史的國家。

我抵達NAR辦公室時，學生們尚未露面，櫃檯有位祕書叫葛瑞絲，二十歲，每週值班三天。我想和她聊聊天，但顯然YouTube比較有吸引力，還好我說出關鍵字。

「妳是作家啊，我也好想當作家。」

很快就敲定了由她為我寫幾篇短文，一方面她要練習英語寫作，另一方面我請她談談自己的世代。

「這個世代？」她反問，幾秒鐘後反應過來：「喔，妳是說大屠殺對不對？」葛瑞絲的語氣像是沒當成一回事，「我父母也死了。」

即使語氣如此平淡，那句話仍可謂擲地有聲。後來我從團體裡十五個青年口中都得到同樣回答，父母雙亡這幾個字不斷翻攪我的思緒。

開始自我介紹。有位 NAR 人員協助翻譯，但聽起來五個字變一個字，總覺得自己是不是錯過大半內容。我交代了自己在約翰傑學院和監獄直升班的工作歷程，也提到每個月帶一批大學生進入監獄裡面，與受刑人共處一室上課。這種學習交流活動對雙方都造成很大衝擊，受刑人開始期許自己有朝一日能成為「普通」學生，而普通學生則訝異於受刑人與自己比想像的更接近。盧安達青年聽完後豎起耳朵，**我們也想見見受刑人**，他們說，**乾脆申請一個臉書帳號好了**。

我接著詢問學生：進入監獄以後打算做什麼？他們望著我，忽然沉默了。桑托斯跳出來，表示他不打算討論大屠殺，所有人對這話題已感到疲憊，他們不想停留在罪行上，而是希望釋出善意、達到和平與諒解。這個意見在學生間發酵，可是當我進一步詢問：那麼到底打算做些什麼？他們還是沉默。

我說，寫下來吧。什麼語言都沒關係。

這招見效。大家馬上動筆列出建議：美式足球、唱歌、跳舞、辯論會、電影欣賞、短劇表演。我們下一次開會時投票表決，挑選每月一次的參訪行程適合安排什麼活動。之後也為這個計畫取名：到此為止，盧安達，監獄訪問計畫（Never Again Rwanda's Prison Visiting Project），英文縮寫 NAR's PVP。青年團體與和平組織最喜歡很酷的代號。

星期天，桑托斯剛從教堂走出來，服裝相當體面，而我只有牛仔褲和球鞋。與學生團體見面前，我們兩個坐下來討論如何遴選參與活動的囚犯。我寫下「復歸」一詞，在監獄裡面常常有人提，意思是服刑結束、準備回家。桑托斯用力點頭。

「對，貝茲，我們應該挑那些要回家的人。」他看著我，眼神有點羞赧：「我可以問一件事嗎？『貝茲』這個名字是什麼意思？」

我解釋說這只是外號，是小時候姊姊們取的，其實我的本名是出自聖經的貝施芭（Bathsheba）[2]。

「是個女王！」他叫道。

我開玩笑說那女王的風頭總是被大衛王搶走。大家記得大衛，卻不記得大衛的妻子、所羅門王的母親。「這個名字在希伯來文裡面有『七的女兒』或者『好運的女兒』的含義，」我又說。

桑托斯聽了很高興，拿了我的筆記本，用大寫慢慢拼出一個字：UMUNYAMAHIRWE。

2 譯按：聖經中譯本譯為「拔示巴」或「巴特舍巴」。

「這是妳的盧安達文名字，」他說：「好運的女兒。」

後來學生慢慢到了，也是進教堂的裝扮。裡頭英文說得最好、個性最大方的尤金湊近，他說他母親在距離吉佳利市兩小時車程的沙隆村一間孤兒院工作。琴恩與娜塔莉兩個人坐在角落有說有笑，娜塔莉和其他許多成員目前都就讀於吉佳利大學，主修商管和經濟。

開會了，學生又開始怯場，桑托斯和尤金的翻譯也顯得零零落落。我們還卡在探訪行程要搭配什麼餘興節目，不久後我完全置身事外；進入民主程序，每個人竭力表達自己的想法，桑托斯只能偶爾抽空告知我共識是什麼。訪視有一部分是座談，以小組形式討論時事，他們挺喜歡我的建議，也就是縮小小組規模，確保囚犯和自由人充分混合。這是我在美國實行的技巧。

氣氛活絡起來，學生開始為小組討論設定主題，桑托斯提議「如何維持本國和平」，去年參觀過TIG的領隊馬修聽了卻瞇起眼睛。馬修之前沒空來開會，這天第一次出席，直至此刻發言不多，卻忽然吐出一串英文，而且衝著我來：「哪有辦法和這些罪犯、這些種族屠殺劊子手探討如何維持國家和平？」

彷彿有隻大象迎面撞來！

罪犯。**種族屠殺劊子手**。這些字眼至今都掩埋在漂亮的場面話底下。**和平**。**寬恕**。

所幸桑托斯出聲，接著他們繼續討論，也起草一份企劃書。事後，桑托斯告訴我他如何一席話鎮住衝突。

「我跟他說：『我們之所以要去監獄探視，是因為我們希望放下恩怨，給他們重生的機會。』他們總有一天會出獄，難道我們希望這些人依舊憤怒、充滿仇恨？他們與我們生活在同樣的村子裡。就像妳之前說的，那是回歸。」

我不禁自問：像桑托斯這樣的人，只是我想像的幻覺嗎？

走過那一段，也活下來見證一切

之後幾天，我越來越習慣吉佳利的生活。「世界迎接吉佳利」，高爾夫山丘飯店出去的路上有塊海尼根廣告招牌，看板上寫著這句標語。沒錯，世界各地都有人來這裡，大半是志工，在飯店和市區店家都能遇見。有個醫生也是紐約來的，此行目的是要訓練盧安達人使用超音波儀器。荷蘭來的新朋友想推動當地女性微型貸款。另一位加拿大籍索馬利亞醫師看中房地產的增值潛力。

下午我多半待在NAR，晚上則和朋友出門。早上習慣在飯店房間陽臺和電腦約會，享用氣味醇烈的盧安達咖啡並閱讀當地報紙。每天都有至少一則屠殺事件的相關報導，例如某人提出反屠殺理念的法律修正案，又或者追蹤金恩·文肯迪案的後續發展。金恩·文肯迪（Jean Uwinkindi）原是牧師，卻奪走數千人性命。在盧安達，一九九四年彷彿只是昨日。

除了NAR，我也試著融入當地文化，主動與音樂工作者接觸，或者與每個遇見的人聊聊音樂，否則沒有材料能為全國公共廣播電臺做專題。果不其然，音樂是另一條倡議和平與和解的管道，二十多歲的年輕人創作的歌曲正向積極，不涉及政治、種族屠殺或者類似的沉重議題。

「愛。我們歌唱的是愛。」外貌和言語一樣沉靜溫和的非洲節奏音樂（Afrobeat）人卡米基說：「我走過那一段，也活下來見證一切，但是該把它放進歌曲裡面嗎？那樣做只會讓自己發瘋，何況有誰希望動不動就被挑起那段記憶？」

連饒舌歌手也一樣。雖說饒舌音樂言人所不敢言，歌手們仍舊表示不希望音樂和政治掛鉤。沒有任何地方比起盧安達更明白沉默的力量，在這裡提及種族議題，說錯一句話就是莫大罪過，因為不久以前對其他種族的批判導致了那不可說的慘劇。

「言論自由有可能走火入魔。」卡米基又說：「屠殺事件發生前，大家愛說什麼就說什麼，結果大約一百萬人遭到殺害。回顧過去，顯然有些話不該掛在嘴邊。」

的確，時至今日仍有知名音樂人士因為創作反圖西族的歌詞而遭到起訴，盧安達堅持以法律捍衛反種族屠殺的理念。屠殺事件過後，盧安達成立國家團結與和解委員會（National Unity and Reconciliation Commission），其下設置國家團結教育營（*ingando*），獲釋的囚犯在接受蓋卡卡法庭審判前得先在那裡度過幾個月，深入理解盧安達政府宣揚的和平、團結、和解及反報復的理念。直到現在政府依然鼓勵各行各業的百姓，無論學生、政治人物、教會領袖、娼妓、退役軍警或屠殺事件的加害者以及蓋卡卡法庭的仲裁員，大家都可以抽空回去團結教育營待上幾天，甚至幾個月。

有人認為這是洗腦、是政治操弄。我也試著化身懷疑論者，從美國人對言論自由的觀點來分析，仔細剖析每個人說的話，想找出思想箝制的蛛絲馬跡。然而，我發現在屠殺這脈絡下，「洗腦」未必負面，教育和灌輸的分界本就模糊。就盧安達歷史而言，對照眼前的和諧寧靜，如果他們藉此塑造出和平的國家氛圍，對言論自由的少許箝制和審查是否罪不可追？

我們的計畫有了重大進展。NAR的艾瑞克和桑托斯明天要帶著我起草的提案說明前往矯治署。

「不過妳別跟著比較好，」艾瑞克說：「承辦人員看見妳可能會緊張吧，」他遲疑一下，「心想這個美國教授是誰、到底要幹嘛之類的。」

我點點頭，表示無妨，就留在這裡等好消息。

後來在波本咖啡廳，也就是盧安達的星巴克，我和艾迪的死黨伊斯梅爾聊了起來。他和艾迪一樣從事藝術工作，目前正在製作一部叫做《離異》（*The Divorce*）的影片，內容述說他和他父母那一輩的隔閡。與艾迪不同，伊斯梅爾同時是伊斯蘭教徒和屠殺倖存者。

「我挺喜歡你們的計畫。」他點點頭，長睫毛底下眼神柔和：「假如是我進去監獄，也不想看見一群憤怒苦悶的人。他們遲早要回家，帶著憤怒苦悶回到社會不是好事。」

伊斯梅爾解釋說，他之所以想製作那部影片，也是因為他認為自己這一代不能像老一輩那樣執著於大屠殺。他說了些童年故事，我的腦海裡也滿是回憶。十一歲那年的「災難日」

（Yom HaShoah），也就是猶太屠殺紀念日的前夕，隔天是希伯來學校的大日子，所有人必須穿上一身黑，普通課程全部暫停，每節課都換成與屠殺事件有關的座談或影片。整點時，各種活動中斷，聆聽校長透過廣播唸出一串名字，是死去的學生親屬，以及他們死前所屬的集中營。我們家在整理名單時，父母為了誰在哪裡被殺還起了爭執。

「不對、不對，瑞雪．蘇拉是在奧斯維辛，不是布痕瓦爾德。」

「我要留在家裡，」我大聲說。

父親轉身瞪我。

「我沒有黑色衣服，」我繼續說。

「妳沒衣服？」他咆哮：「妳知不知道同胞們流了多少血、死了多少人？結果妳在意的是自己沒有黑色衣服？」

我很清楚，太清楚了。六百萬個鬼魂盤據我家。奧斯維辛集中營是我惡夢裡反覆出現的場景，因為我小時候母親一直播放《辛德勒的名單》原聲帶。我祖父也彷彿無所不在，他在大屠殺中失去整個家族，於是訓誡我們千萬千萬別踏上匈牙利，因為匈牙利人比納粹還要狠。**那個國家的土地裡全是你們的血**，他這麼說。我數得出祖父笑過幾次、抱過我幾次，卻數不清他幾度在安息日餐桌上操著意第緒語和父親大吵，或講過幾次一模一樣的故事，也就是匈牙利的納粹同路人將曾祖父拖出猶太學校，在街上活活打死。祖父的表妹是家族中唯一從集中營生還的人，後來住在我父親那裡。她的故事我也聽過太多遍：雙胞胎兄弟沒逃過一劫，她靠腦袋靈光加上運氣好保住一命。長大以後我去歐洲，要進德國還得說謊瞞騙父母。列車穿越邊境時有股罪惡感哽住喉嚨，那種感受我一輩子不會忘記。

對大屠殺，我只覺得疲倦。

疲倦不足以形容。精疲力竭，或者說陰魂不散。我們遭到它奴役，理智崩壞的氛圍充塞在家族間。我將童年記憶說給伊斯梅爾聽。從他眼神裡，我發現或許他比我自己還清楚那是什麼感受。

「好多次我寧願自己成為受難者，乾脆別活下來。」他老實說：「我知道能活著就很幸運了，但並不希望一輩子以這個身分活下去。我是歷史事件的倖存者，卻不是人生的倖存者。為什麼不讓我好好享受生命，自己決定自己的人生。」伊斯梅爾的聲音緩慢且顫抖，「親人沒辦法替換。我當然無法找人取代爸爸媽媽，不可能。但事實就是我已經失去父母，所以誰來代替他們照顧我？是國家。那麼，讓我好好活在這個國家，讓我享受還存在的一切。我沒有忘記自己的身分，可是我也不想總是躲在房間裡哭哭啼啼。我想**好好活**。」

刑罰是回頭看著過去，而寬恕是向前看

翌日我繫好 iPod 出去晨跑，外頭風景如畫。這片橙黃大地如此豐饒，路旁女性兜售陶器與藝品，搭配色彩鮮艷的獅威啤酒（Skol）廣告。但伊斯梅爾那番話縈繞我心頭。

他和我祖父兩個人都是經歷苦難活下來。我跑著跑著淚流滿面，第一次清楚意識到自己多麼同情祖父，為他、為我們失去的一切感到悲痛。伊斯梅爾和我祖父同為生還者，卻有截然不同的靈魂。

「人對待人是如此不公，」巴布・馬利的歌聲在耳邊響起。

我腦袋裡又閃過另一段童年記憶，是普珥節（Purim），慶祝古時猶太人逃過亞哈隨魯王（King Ahasuerus）大臣哈曼意圖種族屠殺的陰謀。那時家裡堆滿禮物籃，裡面滿是食物、紅酒、葡萄汁。父親在客廳讀舊約聖經〈以斯帖記〉給大家聽，按照猶太傳統每次唸到哈曼的名字，我們就要製造噪音蓋過去。唸到哈曼惡計被揭發，與十個兒子一同被吊死的橋段，父親得一口氣唸完，以強調猶太人復仇得勝的光彩。

時至今日，我想問的是：復仇是光彩的事？別人傷害你，於是你傷害回去，這種光彩難道不是偽善、冤冤相報嗎？時常有人以「嚇阻」來詮釋司法制度行使暴力，問題是已經將兩百三十萬人扔進監獄，犯罪問題卻遲遲未有改善。司法上的功利觀點，以犯行者的人生滿足我們的目的（也就是安全），看在犯罪學者黛爾卓・葛拉徐（Deirdre Golash）眼中，完全違反道德倫理。「可以要求犯行者彌補受害者，」她在著作中說：「但不能聲稱為避免犯人再度加害，於是反過來先加害他們。」

為了解決懲罰概念造成的困境，我研究葛拉徐的思想好一陣子。關掉 iPod、往路旁一坐，我從腦袋裡的資料庫提取許許多多與刑罰爭議有關的文字。說是爭議，正如社會學家大衛・布寧（David Boonin）的精準描述：「國家機關對某人做出的處置手段原本不符合道德標準，但為何因為此人違反所謂公正合理的法律，就會使得國家機關採取的手段變得符合道德標準？」監獄在多數人眼中是報復。然而，若矯治合理，報復是否也合理？另一位思想家塞內卡（Seneca）出來發聲。「『報復』是抽離人性的詞彙，糟糕的是多數人視其為正道。報復的本質與犯罪無異，只是先後順序不同。」他這麼解釋：「以暴制暴就是犯罪，但比較容易找到藉口。」

最後一個登場的是詹姆斯・吉力根（James Gilligan），他形容刑罰是「社會定義為合法的集體暴力」，而犯罪則是「被定義為非法的個人暴力」。「刑罰不具預防或抑制的功能，反倒會激發未來的暴力。」

總結而言，刑罰永無止境，只會一再反覆。刑罰起源於無力感，目的是角色對調後再現痛苦情境。在刑罰過程中，我們迎接罪惡，並賦予它控制心靈的龐大權力。刑罰是回頭看著過去，而寬恕是向前看、消弭暴力迴圈，幫助我們不再受制於加害者造成的影響。因此有一句諺語說：**爭端止於寬容**。

我起身，轉頭，朝山丘跑回去。

伊斯梅爾和我祖父。一個人渾身散發出放下之後的自由和平靜，另一個執著地要全世界陪他一起傷痛。許多研究提及寬恕對人有益，心存仇怨則健康受損，現在我親眼證實了。

後來幾天還是沒等到NAR取得參觀監獄的許可，同時間我焦急地觀望美國總統大選的結果。在一家叫洗車場的餐廳裡，我和朋友諾琳加入了大選守夜派對。來到盧安達的第二夜我就與她結識，那天諾琳和一群來協助本地航空公司發展的外籍人士到這兒小聚；才二十四歲，又是吉佳利本地人的她，踩著高跟鞋、穿著無袖背心裙在夜色中露面，那模樣讓人以為自己看見海市蜃樓。

今晚諾琳喝多以後，說起自己的故事：父母信仰基督新教五旬宗，禁止她閱讀聖經以外的任何書籍，家中也不能有世俗音樂。諾琳一家是圖西人，一九九四年之前的小規模屠殺事件中就逃往烏干達，還改名換姓假扮胡圖族。多年過後，他們與將近五十萬受迫害的同胞回歸，卻發現親族幾乎滅絕。

諾琳說起自己的青少年時期，口吻好像在描述刑期：她常常鎖在房間裡大哭，盼望自己有個正常的人生。好不容易她獲得加拿大一所大學獎學金，興高采烈地過去了，又訝異得知自己是方圓幾哩內唯一的黑人。她覺得遭到排擠、孤單寂寞，罹患嚴重憂鬱症，沉溺酒精與藥物，最後只好回國，可是依舊不肯與雙親同居，選擇在國內大學完成學業。

聽諾琳敞開心胸，我卻暗自沉思所謂「受害者」三個字是不是太過簡略，足以誤導思考。想到受害者，我們以為罪行是單一的，但事實上，一樁罪的影響會向外擴散，波及周邊每個人，乃至於家庭和社區，傷痛在整個網絡中流竄。

「有一段時間，我想殺光所有胡圖人。」諾琳自白道，也表示自己還是常常覺得憤怒，即便沒有明確原因。有幾次，晚上喝得太醉，被人踩到腳就會破口大罵對方是「他媽的死胡圖人」，然後被店家找人給架出去。療癒之路還很漫長。

願大地永遠和平

隔天醒來，有好消息也有壞消息。CNN報導美國總統仍是歐巴馬，但艾瑞克轉述：「盧安達矯治署說不行，這計畫不可能核准。」我們遭遇的阻礙在於形式面，矯治署官員聽了計畫以後覺得這是一種質疑，監獄管理如何進行應由他們監督，而非聽我們指揮。如果我們以請求協助的名義或許能夠成功。我聽了很沮喪，行前艾瑞克還擔保沒問題，當然大家都知道這種事情說不準。

「讓我和瑪麗談談看？」我拜託道。瑪麗是矯治署署長。艾瑞克表示他試著安排雙方下午會面。

闔上筆電，我拿了錢包去拜訪一位「上帝的金恩」（Jean de Dieu），他領導的組織是「平安：和平教育」（Shalom: Educating for Peace）——從人名到組織名，再再曝露希伯來文化背景。我一開始就擔心遇上阻礙，所以持續追蹤本地從事監獄改造服務的單位。金恩與我在盧安達隨處可見的自助餐廳共進早餐，他笑起來露出大大的齒縫，一邊笑一邊介紹自己的背景。與許多人相同，金恩目前靠這市場為生，至少是有此打算。他在南非取得博士學位，論文研究的是司法、和平與反貪腐行動之間的關聯，於是成立組織針對這些領域提供課程給年輕一代。後來我得知金恩是「混血兒」，母親是圖西族、父親是胡圖族。他妻子同樣是兩族通婚的孩子，在一九九四年失去母親、與兄弟們躲在地下室好幾週才倖免於難。

「要不要參觀和平村？」金恩問。我說好，但壓根兒不知道和平村是什麼地方。

金恩開著一九八一年的豐田汽車載我上路，車子外觀和聲音不像能熬過山路，而魯林多省（Rulindo）距離吉佳利還有兩小時車程。路上接了魯林多的代表塔西斯先生以後，車子走走停停，最後拋錨。兩人連聲說無所謂，車子停路邊改搭公車就好。我聽了背脊一涼，但他們異口同聲表示一定來得及讓我回去矯治署見瑪麗。

我們上了一輛貼滿切．格瓦拉圖像的小巴，我差點兒被擠上乘客大腿。路上風景美得令人驚嘆，道路往山林高處綿延進入一片碧綠。巴士開進森林空地，周圍松木嶙峋，鼓聲流瀉相迎。

約莫三百人聚集於此，他們坐在地上，身著寬大T恤、披著鮮艷布幔。前面幾張椅子上坐了三個男人，一身鬆垮西裝，頭上卻戴著牛仔帽。看來村民們早等著客人，一看見我們就唱歌鼓掌。我也跟著拍手，然後勉強聽得出一個字，*amahoro*，和平的意思。金恩湊到我耳邊翻譯：「和平、團結、和解。埋葬種族屠殺思想，將它燒毀。」

「這是村民集會，」他繼續耳語：「他們正在計畫官方和解週的活動，時間在這個月底，塔西斯過來督導。」我點點頭。

「他，」金恩指著正在發言的年長村民：「正在說明村子的計畫，包括種樹、準備食物，還有慶典。」

輪到塔西斯發言，他強調官方體制的重要性，講了很久還沒講完。金恩偷偷翻了個白眼：「這些政治人物啊。」

忽然有十幾個村民起立，其他人拍手喝采，之後他們又坐下。

「那些人剛剛正式獲得饒恕。」金恩解釋：「他們已經做完補償，所以得到原諒，永遠受到村子歡迎。」

我聽了一楞。十九年前這個村子像是屠宰場，胡圖族與圖西族兩方廝殺。如今透過認罪與補償，加上眾人齊心推廣和平理念，竟然就能和諧共存。

「接下來換妳哦，」金恩提醒。連我也要？「是傳統，有外籍人士來村子的話，都得講講話。」

對這種活生生的奇蹟，要說什麼好？先來個感恩好了。

「這位是瓊恩嗎？」有個村民大聲問。不是，金恩代答。

瓊恩是另一個白人，上個月來過。

我在心裡懷念祖父，真希望他的魂魄可以來這塊聖地看看。接著我告訴村民們，從比較遙遠的關係來看，我也勉強算是所謂的受難者、倖存者，而來到盧安達之後，我有許多體悟，因此我對於自己的先人們有了前所未見的同理心。我從小到大的感受都沒有此刻如此深刻。寬容、和平、溫暖，這才是愛。與我家客廳那種無止境的悲苦哀痛不同。那裡傳承的傷疤永不能癒合，沒有罪人可以像我方才所見，起立接受大家鼓掌。對以前的我來說，那太過奢求。

真希望我自己的國家如這小村子般懂得寬恕之道。美國酷愛刑罰，仇恨心態化作數百萬座牢房。監禁成為文化的一部分，所以托克維爾及古斯塔夫・博蒙特（Gustave Beaumont）一八三一年到訪美國以後，對於監獄人口數大感驚嘆，直說監禁已然是美國的國家儀式，被視為「治療社會敗壞的特效藥」。哲學家伊曼紐爾・列維納斯（Emmanuel Levinas）說：「寬恕萬能的社會將會冷酷無情，」然而刑罰萬能的社會則野蠻殘忍。美國文化灌輸我們的並非寬恕，而是將報復當作正義。

我感慨自己家鄉的社會支柱與此地不同。支柱在這裡實實切切：集會結束後，金恩和我一起擺姿勢，站在村裡的和平紀念柱前面拍照。它豎立在集會場中央，上面寫著 *Amahoro N'aganze Kw'isi Hose*，意思就是「願大地永遠和平」。

回去的路上塵土漫天。我和塔西斯、金恩在公車站附近的自助餐廳用餐，趕回矯治署之前塔西斯在我的筆記本上留下一段話：*Umugabo mbwa aseka umbohe*。

「盧安達的古諺，」他解釋：「意思是『傻子才能笑看牢獄』。妳這段旅途會很辛苦。」

時間有些緊迫，我回到NAR與桑托斯會合後，搭乘小巴再度出發。遲到了，所以我們快步登上階梯衝進混凝土大樓內。「正義、矯治、知識、生產」是矯治署門口的題詞，我覺得聽起來極度先進、追求效率，換句話說就是非常具有當代盧安達風格。例如BBC曾經報導過，盧安達有「糞便發電監獄」這類基於創新思維的設計，有些監獄百分之七十五的電力依靠人類排泄物。

「沒有識別證不能進去，」門口一位嚴厲冷漠的女士攔下我。

「拜託通融一下好嗎，我們得進去開會，」我哀求道。桑托斯淡淡說了一串盧安達語，我擠出甜美笑容盡量壓低姿態。

那女人終於妥協。又爬了一段樓梯，進入辦公室等候。房間裡面有一幅大型的卡加梅總統肖像畫。

我解釋之前通信時就提過的計畫動機，可是署長瑪麗聽完後表示：「這裡不是這麼做事的。」接著她語氣強硬，「這個計畫我無法核准。」

桑托斯身子前傾想要講話，我出面打斷。

「沒錯，您說得對，」我附和。桑托斯看著我，神情不解。「你們有你們的程序，有所逾越是我們的錯，很抱歉。」然後我取出約翰傑學院的名片，放在雙方中間那張咖啡桌上。

「不過若您有機會到紐約，還是希望您能抽空來我們大學看看，向教職同仁說明貴矯治署驚人的成績，畢竟您已經是這領域的權威。」

瑪麗拿起名片仔細看了看。「約翰傑，」她喃喃自語後望向我：「是一所很有名的學校，對吧？」

「是美國在刑事司法領域的頂尖，因此很希望您也能到紐約參訪。」

「約翰傑……」瑪麗又自言自語。

其實之前我就說過好幾次我的背景，連請願書上也註明了，但顯然直到此刻、名片拿在手裡，她才真正注意到。瑪麗遲疑一會兒，接著奇蹟出現。

「讓這位教授進去吧。」她對助理說：「無關加害或被害，也不是單一個人的創傷，而是整個社會的問題，我們的目標也是凝聚社會整體的力量。」瑪麗忽然這麼說，桑托斯聽得瞠目結舌。

「你們的計畫也著重在社群重建，十分有意義。沒錯，讓教授和學生進去，時間訂在星期五。」

「不好意思，有沒有可能安排在明天？」我懇求說：「因為非常不巧，我星期五就得搭機返國。」

「可以，沒問題。」瑪麗帶著助理出去，進入另一個房間。桑托斯盯著我，神情夾雜著迷惑和敬仰。

「真是太棒了，貝茲。我覺得很……很感動。真不明白是怎麼回事，妳怎麼做到的？」我自己也不知道。雖說很開心事情有所進展，卻不免覺得可悲。關於監獄，關於生死，這些決定背後的機制常常如此難以解釋。在美國，我也親眼目睹過無數次，假釋通過與否決定了學生未來，但是為何通過或不通過，並沒有清楚明瞭的機制。除了學術地位，我在盧安達沒有任何管道或理由能促成這計畫；在紐約的學生希歐也一樣，服刑二十二年期間表現良好，已經確認獲釋之後會有工作，還能以體保身分進入大學，加上他是三個小孩殷切期盼的父親，除此之外，確實沒有任何理由了。但他的假釋案沒有通過，再犯紀錄明確的史提芬卻能出獄。「罪行性質考量」，假釋審查委員的決議書上只有冷冰冰的一句話。

回來時，瑪麗手上拿著主管機關的正式授權書：

根據NAR於二〇一二年十一月五日送達盧安達矯治署之請願書，於此許可貴單位十一人團隊參訪卡薩博（Gasabo）監獄，以期協助全國監獄獄友復歸社會。貴單位之代表團可於一般會客時間進入卡薩博監獄。

將他們視為人，人與人才能和睦共處

隔天到了NAR辦公室，行程已經規畫完畢，桑托斯列印分發。學生們開心談笑，幫忙將一箱箱飲水搬到車上。

「就是今天。」他向我打招呼，身上穿著白色POLO衫，背面印了NAR的標語：充實青年成為活躍公民。

四十分鐘後，我們抵達目的地。卡薩博監獄的外觀是方正磚造建築，圍了刮刀式刺網，有一座類似角樓的哨塔，居高臨下看著吉佳利郊區的小巷，整體有種中古歐洲風味，與紐約上州的監獄相仿。我想這並非巧合，非洲監獄本就源於西方殖民，十六世紀時沿岸地區的碉堡軍營中設有拘留所，提供奴隸交易時的禁錮，以及帝國侵略部隊的規訓懲戒之用，並且維持到一八八〇年代。

二十世紀早期，非洲大陸建置監獄時依舊模仿殖民時代的設計，重心放在控制，還有階級的塑造強化，所以有許多隔離空間極富戲劇氛圍，一具具黑色軀體被關在裡面遭到踐踏羞辱。監獄外觀無聲中道盡千言萬語，西式高樓整齊排列，用意是教化裡頭的野蠻住民，因此他們必須被塞進擁擠的牢房。我眼前這座監獄是典型西方霸權的象徵，即便殖民時代的主子們離去了，卻留下傷口持續發炎潰爛。

穿過正門的路途輕鬆自在，而且獄方准許我們使用攝影機和行動電話，不過要先在辦公室等候進一步通知。學生們依舊活潑談天，情緒平和。牆壁上有一幅裱框的卡加梅肖像、標示監獄所在位置的地圖、說明管理層級的表格，以及黑板上列了好幾串數字。艾瑞克和桑托斯與官員交談，我聽見幾個英文單詞：「到此為止」、「種族屠殺」，以及「重建和平」。

一位監獄管理員前來接待，是個很有朝氣的女性，進來以後堆滿笑臉說：「貝茲教授，非常歡迎。」與我握手以後她指著黑板，解釋數字四五二八是當天獄內的囚犯人數。

接著她帶我們走出辦公室進入監獄，繞到一棟像工廠或者說車庫的樓房。路上遇見一群群囚犯看似在散步，但都沒有正眼瞧我們。囚犯身上的制服顏色鮮亮，已判刑者是橘色，等候審判者是棉花糖一樣的粉紅色。氣氛平淡，不像美國監獄彷彿時常從暗處透出鬼祟的視線。

有大約一百名囚犯安靜坐在木頭長凳上，有些看起來才二十出頭，也有一些過了中年。我們在他們正對面就座，艾瑞克拿起麥克風開始介紹，一直重 *murakoze*（感謝）這個詞。

接著是唱歌和鼓掌。一個捲髮、英俊、穿著卡其色制服的帥氣獄警出面，他先自我介紹叫做羅菲，表示今天擔任翻譯，會一直在我耳邊低語。

「我們為愛而來，」桑托斯說完引來一陣拍手：「今天我們想與大家談談時事，關於性別這個議題。兩性平權究竟是什麼意思？」

之後討論頗為熱烈。學生們輪番上陣，但看得出來都在桑托斯指揮之下，而且他表現相當好。我很訝異原本沉靜的他可以變得這樣健談活潑，是個十足的領導者和老師。

「國家可不可以交給女性領導呢？」桑托斯問。

「不行！」有個囚犯大叫：「之前這監獄就是給女人管，換成男人做主以後好多了。」

「女人太情緒化了，怎麼治國！」另一個囚犯嚷嚷。

有很多異議。

「胡說八道，男人女人都會情緒化，」我左邊一個囚犯也加入討論。會場氣氛熱絡，每個人看起來都很自在，能在場見證是種榮幸。學生帶領囚犯分小組進行更深入的對話。

「你的槍呢？」我問一旁的獄警。

「我們不帶槍，」羅菲這麼回答。監獄裡幾乎從未出過暴力事件，秩序倚賴囚犯自治團體維持，他們選出主任與分區管理的小組長。羅菲笑說，其中一區被大家戲稱是「德州區」，因為那邊的囚犯比較有錢。負責維護安全的小組長的正式職稱是監察員，有了他們以後，獄警進入監獄的次數都降低很多。選舉定期舉行，小組長通常是種族屠殺事件的犯人，教育程度並不低。事實上，種族屠殺罪犯整體的教育水準較高。

老實說，看著這群囚犯的時候，我仍舊下意識回想到那天看到的頭骨。有一百萬這樣的人。接著我腦海閃過：屍體、強姦、砍刀。他們殺了人，**這些人是凶手**。可是眼前所見的事實是，彼此同為**人類**，而且面對著逃過自己迫害的倖存者也能表現得如此和善合群；同樣地，倖存者大方得不可思議。怎麼可能？我的腦袋和心靈都糾結了。

「美國的監獄比較嚴苛？」羅菲問。我點點頭。「聽說那邊不給囚犯用網路？怎麼會這樣？」我也不知道怎麼會這樣，但確實如此。他聽了很訝異，接著告訴我在盧安達這邊，監獄的經濟體制算是完善，囚犯從事諸如洗衣之類的勞務或生產商品，大半接得到外界提供的工作，可以留下收入的一成自用。

「囚犯可以出去工作？」換我大吃一驚。

「當然啊，」羅菲那表情就是**妳這傻白人**。「我們還和他們一起打球，彼此之間沒什麼分別。最大的區隔是，」他指著自己上半身：「就衣服不一樣而已。」

「可是，」我忍不住了：「應該也有獄警是屠殺倖存者？要他們和囚犯平起平坐，不會很煎熬？」

他又瞪著我。「不會啊，」羅菲語氣肯定：「不就是你們所謂的……**寬恕**？」我可真是個傻白人。

我哪有這麼無知？潛藏心中的那個憤世嫉俗的紐約人浮現，我開始尋找盧安達這套和平假象的瑕疵，認定底下藏著貪婪與自我中心。我找了又找，**寬恕**？即便尚未看到盧安達全貌，也許他們的社會依舊分裂，蓋卡卡法庭有問題待解，政府過度干預言論，每個人都被思想改造了才總將寬恕掛在嘴邊——但事實就是：我目前所見的成果太過驚人，就算只是表面工夫，仍難以否定其價值。行為心理學告訴我們：說了無數次「寬恕」，我們真的就能將寬恕融入生活，一直提倡刑罰反而會陷入混亂深淵。

小組討論結束，各自發表心得，又是輪番演講、握手，雙方都笑得開心。意猶未盡但時間很快到了。

「我們還有很多要向你們學習的地方。」告別時羅菲和我多聊了幾句，他覺得美國的高科技系統以及管理制度都很棒：「希望妳在這裡也有收穫。」他可真是太妄自菲薄了。

志工團隊走出監獄，旁邊一群群穿著制服的囚犯沒有大驚小怪。一個女學生衝過來挽起我的手臂，看起來樂壞了，她說這次體驗很好、十分期待下次機會，也希望能與囚犯有更多相處時間，她覺得他們聰明、有趣，提出很多創意發想。

「這一趟真的……嗯，好棒。」回程車上，另一個學生也笑得開心：「看得出來他們同樣很雀躍，小組討論的時候非常有想法，腦筋都很好，我也跟著興奮起來。其實我們可以從人犯身上學到很多東西。」

回到辦公室，桑托斯也有所感慨：「我們要更努力創造美好的世界。這也是重建和平的過程，確保監獄裡的囚犯就像外界公民一樣是人類，這樣等到他們回家，人與人才能和睦共處。」

桑托斯是真實的人，這裡的學生都是真實的人。他們是種族屠殺的倖存者，剛剛進監獄探訪的是屠殺事件的凶手——說不定殺死學生父母的仇人也在裡頭。但他們回來以後樂昏頭，驚覺「他們」就是「我們」，犯下獸行不代表淪為禽獸。如羅菲所言，雙方區隔不過是身上的制服。

我怎麼說得出這種話？看過大坑裡面的頭骨，我怎能認同手段殘暴的殺人凶手？可悲的是，單就二十世紀來看，地球上有超過五千萬人死於所謂「文明」的政府手下，其中包括納粹德國、土耳其對亞美尼亞的種族屠殺、蘇維埃政權等等。這些例子說明了良善的老百姓很容易搖身一變成為劊子手。到了阿布格萊布監獄的年代，赤裸戰俘被迫疊羅漢，只因為美軍想要站在人體積木前面拍照留念；又或者逼他們套上狗鏈、甚至互相口交，士兵在一旁鼓譟歡呼。

真相是——惡存在於人性，普通人和施暴者的區隔並非惡的有無。恰好相反，我們應該提醒自己：若是機遇不同，雙方立場可能就會對調。

我和學生告別時心裡滿是踏實，知道監獄訪問計畫交到他們手中一定能夠長長久久。畢竟已有基礎架構和官方許可，甚至找到贊助單位。後來，桑托斯告知計畫擴大到全國各地監獄，時間因此拉長，活動內容加入電影、運動和藝文，相信成果會更加豐碩。

我在吉佳利國際機場內的波本咖啡廳等候班機時，取出德斯蒙德・杜圖（Desmond Tutu）的《沒有寬恕就沒有未來》（*No Future Without Forgiveness*）。杜圖說：「寬恕並非無視已經發生的過去，而是毫無迴避認真面對，最後拔除記憶上的刺，防止毒性擴散全身。寬恕代表理解犯行者，發揮同理心，站在對方的角度思考，感受究竟是什麼樣的外力、壓力迫使他們採取那種行動。」

我見證盧安達實現杜圖的理想，實踐自己一路上接觸到的學者、思想家所提出的見解。我親眼看見何謂同理心、何謂補償，還有和解這個概念發揮到淋漓盡致。於是我也可以引用那句流行語告訴大家：**不必聽信我，但應該聽信他們**。

雖說最後我在盧安達只進去過監獄一天，實際上我時時刻刻看著當地人對牢獄的體悟。這個國家自身正在服刑，受害者是尚未回歸自由的人，由外界公民對他們做出補償。盧安達也是個巨大的法庭，進行著巨大的司法實驗，完全轉變我們對於監獄的概念。世人大半還相信懲罰隨罪行而來，我卻在這裡看見截然不同的循環，以治癒、彌補及人性中最崇高的寬容為根基。實驗之中，我目睹最悲慘的浩劫生出了嶄新理念，相信縱使沒有監獄，受害者與倖存者的苦痛仍能以超乎想像的方式得到平復。

盧安達為這趟監獄之旅提供了堅實的起點。若要重新審視司法制度，必須長時間與倖存者、受害者相處——他們才是思考犯罪問題時的優先。所以接下來我要進入加害者的世界，也就是位在南非的珀斯穆爾監獄（Pollsmoor Prison）。

02 對不起｜南非

人和人之間的犯罪，受害一方不應懷恨在心卻不發一語。他有義務告知犯行者，詢問「你為何如此對我？為何如此傷害我？」因此聖經說：「總要指摘你的鄰舍。」若犯行者悔悟並祈求寬恕，就應當饒過他，饒恕之後也不應冷酷。

——猶太神學家邁蒙尼德（Maimonides）

一開始我以為自己降落在珍．奧斯汀的小說中，或許因為前一站是盧安達，所以這種感受更強烈。背景是雲霧繚繞的群山，前方排列著十八世紀風格的房屋，廣闊草坪上還有山雞漫步。我入住斯蒂伯格酒店，房間像是以前的皇家驛站，有嘎嘎響的紅木地板以及四柱大床。連呼吸的空氣也特別濃重，斜陽照耀下，環繞著開普敦的一座座平頂山彷彿雄偉堡壘。

這趟旅程的資金來源亦屬旅遊專欄。康斯坦提亞區（Constantia）是開普敦市郊，以釀酒聞名，而且很巧地與珀斯穆爾監獄比鄰。那是全非洲最大的監獄，裡面男女老幼合計約七千五百人，一九八二到一九八八年間，曼德拉也囚禁於此。

換句話說，不進監獄的時候，我處在頗為奢華的環境。或許諷刺，卻是個極有效率的體驗模式，我不斷切換於社會的兩極，不僅是財富差距的黑白對比，也是一般大眾和金字塔頂層呈現的扭曲平衡。南非之旅使我擺盪於種族、社會、經濟三面向的光譜兩端，我預期將面對許多醜惡真相。

兩極化來自殖民歷史和種族隔離。幾百年的不平等造就難以橫越的貧窮和犯罪之海，從數據來看就非常嚇人。南非男性死於暴力的比例極高，二〇一二年官方接獲大約一萬六千件案例，是全球平均的八倍，即便換成女性仍舊是全球平均的六倍。超過四成南非男性曾對伴侶行使暴力、超過四分之一的男性有強暴前科，犯案當下未滿二十歲的比例高於四分之三。同樣是二〇一二年，警方處理了約六萬四千件強暴案，就連總統雅各布．祖瑪（Jacob Zuma）也一度被控犯下強暴罪行，而他已經有四位妻子、至少二十名兒女。據信與世界各大都會區相比，開普敦也是持刀殺人最盛行的地方。

不過一如盧安達之旅，我的立足點是前瞻，希望深入研究修復式正義（restorative justice）這個理念。社會面對犯罪可以有別的模式，不必局限於毀壞秩序就施以刑罰的僵硬規則，或許能夠視為一種對人造成損害後進行療癒重建的過程。如果說盧安達讓我看到何謂大規模寬恕與和解，我來到南非以一週時間觀察修復式正義行之有年的珀斯穆爾監獄，深深體悟到療癒力量也存在於個人對個人的層級——無需族群吶喊口號，個人口中的那句「對不起」就彌足珍貴。我希望在這裡能夠更近距離觀察人性，找到存在於盧安達人民心底那個奇妙宏偉，名為寬恕的力量。

為了要他們放下暴力，那個地方充滿暴力

原本早上計畫步行到監獄，因為從酒店前面出去幾碼就到了。那片土地原本屬於富裕的阿非利卡（Afrikaner）[1]農民，後來賣給開普敦地方政府改建為二次大戰軍營，慢慢演變成今日所見的監獄。不過酒店接待人員堅持要我搭乘一輛有他們標誌的賓士車過去。

「我猜我是你第一個送去珀斯穆爾監獄的客人。」我問酒店安排的司機威博特，他始終不敢放下對待賓客的禮節。

「對，女士，您是第一位，」他回答起來態度沉穩。眼前招牌上寫著：歡迎來到新生之地，珀斯穆爾監獄。車子停在大門邊，一名獄警滿不在乎朝我瞥了瞥，揮手示意可以進去。因為提早到達，預定要會晤的人都還沒來。

「女士，您確定自己留下來沒關係嗎？」威博特神情有點擔憂。珀斯穆爾監獄裡面的重度暴力犯比例很高，主因是囚犯集結成所謂數字幫：代號二十六的群體掌控賭博、走私之類

1 譯按：十七至十九世紀從歐洲移民到南非後形成的當地白人族群。

有收入的工作，代號二十八則管理幫派成員的性伴侶並負責武力鎮壓，代號二十七維持組織秩序和清算行動。我聽說珀斯穆爾監獄內每天都有人被刺殺，數據也顯示二〇一一年監獄內至少有四十七件自殺和他殺案件。獄內的攻擊事件或強暴案導致相關單位積欠數十億該給獄友或前獄友的賠償金，政府至今仍未提出如何杜絕獄內性侵事件。據聞傳染HIV被幫派用作懲戒手段，而肺結核感染風險高達九成，南非還有百分之三十二的監獄沒有配置醫護人員。

我向威博特表示沒問題，一個人坐在大門警衛庭旁邊的塑膠長凳上等候，同時觀察環境。這所監獄原始收容目標僅四千五百人，現在人數已經接近兩倍，外觀如同軍事要塞，除了刮刀刺網還有堡壘模樣的建築。獄方改裝一間餐館讓獄友經營，頗為出名，好奇的人可以來品嚐藍帶雞排或者炸牛排。監獄後面山巒層疊，景色優美卻也更加震撼，彷彿此處是從伊甸園裡丟出的廢棄物。

另一位美國籍志工抵達，他來自加州，手上拿了一本聖經。「上帝召我前來，」他的語氣簡單得好像熬夜加班就會有黑眼圈那樣自然。我們兩個沿鐵絲網走了十分鐘，前面就是中段B棟，本週工作的據點，入口在一條柵欄走道的盡頭。志工進入不必通過金屬探測器、沒有衣著規範，看來也不打算收走我的行動電話。裡面空間類似體育館，空氣裡飄著霉味和淡淡腐臭，我鼻子有點過敏起來。裡頭掛著旗幟，上面寫著：「修復式正義：朝社會和解、社會復歸邁進」。

接著我所見景象與美國監獄相似得令人沮喪：制服衣領上面是一張張黑色或褐色面孔。南非監獄人口中，白人不到一成。囚犯制服是橘色，印有矯治（CORRECTIONS）圖樣。不少人的制服經過修改，剪裁成時髦的背心或夾克，還加上拉鏈、釦子，甚至有人自己縫上Nike 商標。獄友大半有刺青，不少人缺門牙，這是數字幫喜歡的造型風格。看見我們，囚犯上前用力握手。這場景我同樣熟悉，囚犯與志工努力打好關係，看似樂觀美好的友誼，實則建立在各自不同的想像上，雙方都期望從中獲益。他們和管理人員之間也有說有笑、互相調侃，我懷疑只是為了粉飾瀰漫內心深處的焦慮。

七張桌子鋪上花紋桌布，上頭分別以英語、阿非利卡語以及非洲南部班圖人（Bantu）的語言題字，每桌都取了名：承擔、誠實、責任、悔悟、革新、寬恕、清廉。

有個非常瘦、看來六十出頭、留著雜亂灰鬍的囚犯客氣地與我寒暄。他說自己幾十年前因為爭取自由人權而在羅本島（Robben Island）服刑，種族隔離結束以後回到家鄉覺得改變不大，就業率依舊低落，反倒毒品更氾濫。走投無路的他成了真正的罪犯，又被判了十五年。

強納森．克雷頓牧師走上講臺，其餘人就座。我的位置在房間後側的非獄友專區。

「很抱歉遲到了。」牧師問候大家，聲音洪亮：「昨天有一起逃獄事件，所以今天警備比較嚴格。不過，」他伸手撥撥後梳的花白油頭，「總之，終於進來了。非常高興能和大家見面。」

他穿著鮮藍色的襯衫，繫了象牙白領帶，配上剪裁帥氣寬鬆的褲子，整個人顯得十分俐落。美國人可能會說他看來帶有印度血統，但在開普敦這裡化約為「有色人種」，偏偏這個詞對來自美國的我極不順耳。有色人種囊括所有非黑非白的膚色，混血兒以及所有來自印度、馬來西亞、馬達加斯加或其他地方的人都算。

「在這裡，我們總共有三種語言。」強納森繼續說：「我會說英語和阿非利卡語，然後彼得，」他指向一個留著聖誕老公公鬍子的人，坐在寫著承擔兩字那一桌，左右都是黑人。「他會為大家翻譯成班圖語，所以人人都能聽懂，而且都是聽母語，好嗎？還有一些小原則，比方說大家都是自願過來的，對不對？」

場子安靜了一下。

「我們絕不強迫參與修復式正義的活動哦。」

沒有人提出異議，於是他進入正題。

「雖然活動是根據基督教理念設計的，不過我們歡迎各宗教的信徒參加。穆斯林可以，沒有宗教信仰也沒關係。各位在這裡的發言，原則上不會公開，有什麼想法隨時提出，好嗎？絕對不會傳出去。但例外是，如果你坦承殺人，分享的故事裡面有犯罪細節，像是屍體藏在哪裡，那麼我們必須找出來，因為這麼做你們和受害者才能得到療癒，對他們、他們的家屬而言那是很難過的經驗。了解嗎？」強納森以阿非利卡語再說明一遍後，才進入下一個主題。

「過程會帶來很大的內心煎熬。各位是否有心理準備？有沒有人覺得自己會**無法承受**？現在提出，我們不過問原因，就送你們回去。請大家記住，這是自願、自由的選擇，絕不強迫。」他看看場內，沒有什麼回應。

「修復式正義活動週，最後一個規則。」他聲音越來越響亮：「大家別把自己看成罪犯、囚犯或者加害人。你們是**人**，是上帝疼愛的孩子。現在你們不是**獄友**，而是矯治部諮商服務的**當事人**。」

活動正式開始。

「那麼，修復式正義活動週起跑了！」強納森的語氣像是要放馬出柵。他們開始唱歌。

因你瞎眼看見，因你啞巴歌唱。
因你死人復活，因你萬民頌讚。
因你黑暗遁逃，因你我全心呼喊：
我自由，是的，我自由。

強納森再度站上講臺，發下今天的講義。**發掘你的自我：審視傷害、痛苦、憤怒對你的影響。我是誰**？**我為什麼在這裡**？**是誰傷害了我**？**誰要為我受到的傷害痛苦負責**？

「有沒有人願意分享自己的家庭故事？」強納森問。

「已經沒和家人聯絡了。」一個人這麼回應，很多人附和點頭。

「為什麼不聯絡呢？」

「他們不願意聽我講話，」有一個人說。

「我沒有家人，」還有人這麼回答。

「我覺得慚愧。」

「明天開始，我們會打電話到各位家裡。」強納森說：「有人願意授權我們這樣做嗎？明天就可以聽到你家人的感受。有沒有人願意？願意的人請站起來，告訴大家你的名字。」

傑羅姆從椅子上跳起來，他穿著棕色靴子，動作像是嘻哈舞者一樣靈活。他看上去應該才二十出頭，制服是連身褲造型，前襟打開到腰間，露出白色內衣。在貼著誠實兩字那一桌，葛斯溫也站起來，後腦上的刺青是哥德風字體的艾爾．卡彭（Al Capone）[2]。最後是二十幾歲的亞希亞，屬於責任那一桌，他站在椅子上，拉拉白色的南非風襯衫，頭上掛著一付雷朋墨鏡。

「你們很勇敢。明天就可以聽見家人的聲音。謝謝你們，請坐。」強納森微微鞠躬。

「接著請大家告訴我，」他繼續問：「希望這週活動有什麼成果？」

很多人回答。**療癒**。**改變**。**做一個更好的人**。**負起責任**。**和受害者和解**。**重回社會**。**我想做孩子的父親**。說出這句話的是一個瘦小年邁、氣質沉穩的老先生，臉上滿布皺紋與刺青，眼角沾著一滴淚。

「再來說說你們害怕什麼。」強納森大聲問。一樣回應熱烈。**孩子不認得我。孩子和我一樣坐牢**。

強納森從牧師搖身一變成為教授，逐步解釋修復式正義的原則，搭配PowerPoint簡報，引述運動發起人，也就是現居明尼蘇達州的霍華・澤爾（Howard Zehr）教授的理念。核心概念在於：犯罪是不尊重他人、不負責任的行為，但我們需要的並非更多刑罰，而是修補損壞的關係。強納森又發下講義，上面是一首短詩，道盡了司法制度以監禁為主軸有多麼不符邏輯。

為了要他們負責，
我們奪走一切職責。
為了要他們正向積極，
我們汙衊輕視、棄如敝屣。
為了要他們放下暴力，
那個地方充滿暴力
為了要他們不再逞強，

---

2 譯按：美國知名罪犯，在電影中曾由知名演員勞勃・迪尼洛飾演。

那個地方勝者為王。

是階級不平等引發了犯罪與入獄

傳統的司法主要追究違犯什麼法條和犯行者的身分，據此施以懲罰。但修復式正義不同，擁戴此理念的美國組織，如德州的生命橋樑（Bridges to Life）和紐約州的普遍正義（Common Justice），提出了不同的質疑：誰受了傷？他們需要什麼？如何協助？有些修復式正義團體在社區教堂運作，二〇〇七年賓州大學研究發現，這種模式比起傳統監獄更有效地降低了再犯率。修復式正義機制包含「小圈圈」的概念，也就是被害人和加害人面對面，就罪行展開對話，參與者很高比例是基督徒。這樣的機制最重要目的是給予受害者力量，而傳統司法系統十分忽視這點。許多研究顯示，即便審判是公開儀式，受害者得到的療癒卻有限，甚至會增加他們生命的苦痛。

強納森問我能否幫個忙，去誠實那桌協助葛斯溫填寫自我評估量表。有很多人和他一樣不識字。

我坐到葛斯溫旁邊，先握手問候。他打量著我，我則注意到他兩眼間有個星形刺青。

「你是否有過以下經驗，」我大聲唸出問卷內容：「憤怒？」

「有，」他回答。

幫派生活？有。童年遭人施暴？有。毒癮？有。憂鬱？有。幾歲？二十六。認識自己生父嗎？

「不認識。十幾歲的時候見過一次而已，他喝醉了，我媽要趕他走，他動手打人，場面弄得血淋淋的，後來我還幫我媽擦乾淨。」我全寫下來。

「和生父見面時是什麼情況？」

「我，」葛斯溫遲疑了一下：「我想殺了他。其實我差一點就動手了。」我繼續把他的回答寫在問卷上。

「上一次和家人講話是什麼時候？」

「三年前。」他面無表情，繼續解釋自己過去只是個普通小鬼，身上三個彈孔可以作證；現在呢？葛斯溫仍舊只是監獄數字幫的普通成員。故事不特別，看得出來他自己也這麼認為。

填好表格以後，還得等其他人寫完，我們大眼瞪小眼。後來午餐時間，醃臘腸和白麵包發下來，我使出一貫的破冰伎倆。

「你聽不聽嘻哈？」果然換來一個微笑。

「聽啊，美國嘻哈也聽。」葛斯溫拉起上衣，秀出一個常見刺青，是發表專輯《流氓生涯》（*Thug Life*）那時候的圖派克．夏庫爾（Tupac Shakur）。我說自己還沒機會與圖派克見面，但曾經跟著史努比狗狗巡迴。聽到這兒他臉就亮了，粉絲的反應總是像小朋友。

「那妳有沒有見過小韋恩（Lil Wayne）？」他滿口臘腸湊過來問我。

榮恩牧師開口打斷我們的對話。他是這桌的輔導員，總是一副睡眼惺忪的模樣。「下午我得離開，」他忽然說，還直接收拾眼鏡和午餐：「不如妳接手吧。」

我突如其來接下新任務，在本週活動期間為「誠實」小組提供協助。小組內有葛斯溫、伊布拉欣、安東尼三人，加上心情好就會出現的榮恩牧師和他的助手丹尼斯。丹尼斯老是像塊石頭不出聲，我也不知道他原本的功能是什麼。三個獄友都是黑道，正好屬於開普敦不同世代。葛斯溫是數字幫二十八那群。伊布拉欣三十幾歲，有雙深邃綠眸，臉型狹窄、蓄著短鬍，屬於二十七那組。安東尼年過五十，曾經是開普敦大幫派裡美國幫的人，後來皈依基督洗心革面。

輔導人員僅有兩名非白人，這樣的比例反映出一種我很熟悉卻讓人沮喪、白人救星挽救黑人靈魂的文化潛規則，不過這星期我得忍住。

「我有四個小孩，」安東尼唸出自己的問卷內容：「幾年前親手為其中一個下葬。然後有個女兒也在珀斯穆爾監獄，她是因為身上帶著男友的毒品被逮到。我之前在這裡看見她才得知她也進來了。」接著是一顆震撼彈，「我強暴過繼女。那時用了藥，腦袋不清楚，完全不知道自己在做什麼，也沒發現眼前是誰。」

那天後來的時間，整個會場充滿類似的苦痛回憶。**我還是嬰兒時，母親酗酒用藥一直神智不清；我中彈過七次；我看著黑道殺死父親；我爸死於愛滋**。貧窮、犯罪、槍戰、藥癮和暴虐，是他們生命歷程的共同點，舞臺搬到紐約布魯克林或芝加哥南區也一樣，差別大概只是這裡的情節更誇張。美國監獄的故事大同小異，但南非版本更勝一籌：更多暴力、更多毒品、更多虐待、更多傷口。**我殺死自己的繼父，他虐待我和我媽太多次了，我不得已只好拿刀捅他**。這是彼得．強恩的故事，大家叫他ＰＪ，雖然現在是輔導員，但以前也蹲過牢。

強納森試著讓參與者意識到自己也是暴力迴圈的受害者。這一點很重要，世上很多人忘記所謂加害者多半自身也受害者。好比說，二〇一五年波士頓社會復歸研究訪問了出獄者，發現他們極高比例有童年心理創傷、超過四成目睹過他殺案件、半數遭受父母的肉體虐待。不過我仍有些懷疑，比方說有人哭著表示從事鑽石走私並非為賺錢，而是渴望父愛。真的嗎？

「今天先到此為止，」強納森總結說：「相信大家已經明白，自己同樣受了傷，不單單是加害者，也是受害者，而且傷口很深。」

當天活動告一段落，我和葛斯溫、安東尼、伊布拉欣告別，離開監獄，穿過刮刀式刺網，酒店派來的車已經在外頭等著，上車之後我深深慚愧。

是工作，我這麼告訴自己。車子不是我的，而是職務所需。但我處在優勢地位才能有這份工作，這事實不因為今天穿過比較多鐵絲網或鐵閘門就改變。甚至該說，我越想否認，就越顯示自己是既得利益者。我重複告誡著自己。

天色漸暗，街道路樹、康斯坦提亞區殖民風味的豪宅賞心悅目。晚餐很豪華，但我左顧右盼，除了服務生以外全是白人面孔。種族隔離政策結束了，有些現象依舊不變，很難想像那個年代是怎樣一番光景。白天的體驗侵蝕美麗的夜晚，眼前彷彿浮現葛斯溫瞪著鵝肝醬皺眉頭的表情。我身處的奢華社會塑造出他們，階級不平等引發犯罪和入獄。從荷蘭殖民時代就是如此，那時監獄用來囚禁違反「證件法」的人，所有人必須出示證明所屬種族的護照。十九世紀晚期，英國殖民擴張，將囚犯轉為勞動力，於是自一九一六至一九八六年種族隔離結束，共計一千七百萬名黑人或有色人口被關進監獄，除了接受肉體酷刑，也被迫為大企業如戴比爾斯（De Beers）挖掘鑽石黃金。珀斯穆爾監獄的誕生並非基於司法需求，而是資本主義；二戰以後，本地農莊需要勞工，於是順理成章設置監獄。

其實監獄歷史不外如是。幾百年來，監獄和資本主義就像是孿生兄弟，一邊說需要更多工人，另一邊就予以回應。實務做法則是扭曲法條，逼「別人」犯法，最後統統關起來做奴工。以美國而言，囚犯本來為北方的聯邦軍生產貨物，解放黑奴以後卻依舊是南方主要的勞動力；針對黑人，法律規定遊蕩和失業都是犯罪，所以到了一八七〇年，南方黑人入獄比例已是白人三倍。至於歐洲，幾世紀以來的趨勢是，失業率高峰期的監禁人口也最高，因為就業市場飽和之後，合乎邏輯的做法是吸收多餘勞力為政府服務。調出過去的監獄資料來看，不難察覺重點放在如何極盡所能騰出空間多塞一些人，設計與販奴船沒兩樣。奴隸、監獄、資本主義與種族問題，自古以來即混合成劇毒。監獄之所以存在是為了壓榨各地原住民或以前為奴的人，一切只是滿足白人經濟體系的利益。

珀斯穆爾監獄的工作坊主軸，是面對自身選擇，並加以改變。但回顧歷史，再看看開普敦現狀依舊極端，我不禁覺得所謂選擇是個諷刺的概念。在監獄和奴工、種族和社會隔離的脈絡下，個人選擇是否真實存在？強調自己對自己負責，鼓勵開口道歉，是否模糊了真相是社會制度故意要某些族群失敗，以便提高其他階級的成就？資本主義的根基是個人，社會因素不應摻雜在內；美國夢也一樣，著重的是「我」而不是「我們」。**自己穿鞋向前走**（Pull yourself up by the bootstraps），大家信了這句話，卻沒想過是否有些人一開始就沒領到鞋？許多人呼籲給囚犯新生機會，問題是他們**原本的**人生為何不見？只看例外當然簡單，總有人能跨越種族、階級的重重困境出人頭地，而錦上添花總是光鮮亮麗，為困在陋規的人雪中送炭則是另一回事。

我腦海閃過「替罪羊」這個詞。閱讀與監獄有關的文獻時，一篇經濟學家格蘭・盧利（Glenn Loury）的文章令我深深著迷。「我們的社會，大家一起塑造的社會，先容許都市貧民區這類激發犯罪行為的環境存在，接著卻又施以刑罰。這就好比活人獻祭。」替罪羊最原始的形象浮現：人類以為可以將社會整體的罪惡塞進一頭羊的身體裡，將羊推下懸崖就能得到赦免。十六世紀哲學家湯瑪士・莫爾（Thomas More）在其著《烏托邦》裡面也提到：「如果你任由別人無法得到良好教育，從孩提時代就學壞，卻又因為他從小習得的言行而施懲，結論不就是自己創造壞人卻又處罰他們？」

「請幫我結帳，」我對服務生說。他鞠躬行禮。

「對不起」的力量

「和解是從真相到正義的旅程。」隔天早上，開普敦新聞一篇報導下了這個標題。報上很多篇幅描述在曼德拉之後，國家沉淪了多少，不過奧加·瑪幸文（Olga Macingwane）還是登上版面。她榮獲正義與和解機構（Institute for Justice and Reconciliation）頒發的獎項，身為一九九六年種族攻擊爆炸案的受害人，瑪幸文女士公開表示願意原諒害自己殘廢的白人凶手。

片刻後我又進入監獄。今天我注意到這裡採光良好，因為種族隔離時期珀斯穆爾監獄將白人也關在這裡，因此窗戶比起黑人或有色人種的牢房來得多。基於同樣理由，走廊分成兩條，不同種族不能混雜。換言之，殖民時代就存在的非洲監獄，從建築結構就能凸顯種族優勢的問題。

到了體育館裡，安東尼親切與我握手，咧著缺了門牙的嘴笑，伊布拉欣和葛斯溫朝我點點頭，其他輔導員靜靜坐著讀聖經。

本日目標：理解犯罪導致的危機、**傷害**、**痛苦**，強納森發下來的講義上這麼寫：**獄友要深入了解自己的錯誤決定帶來什麼後果，而其他人因為這個決定面對什麼危機**。「我自由，」我隨著獄友們輕聲哼唱。強納森開始今日活動，他非常有經驗，很快抓住大家的注意力。

「二十五年四十天又三十五分鐘之前，我也和各位一樣，住在珀斯穆爾監獄裡面，」他說：「今天我開誠布公告訴各位，我也曾經是囚犯，被關了三年。我偷竊，我撒謊，我犯錯。可是現在，站在各位面前的是個改頭換面的人。你們可能很難想像，剛進監獄的時候，我完全不會英文，只會說阿非利卡語。進了監獄以後，我下定決心要改變，於是慢慢學習。過程和你們一樣，首先要對自己誠實，承認自己的錯誤，懂嗎？唯有這麼做，你們才能得到自由。」

他又發下一些紙張。

「每次都有人坦承尚未偵破的罪案。每次都有。」強納森趁著囚犯寫下自白書時悄悄告訴我：「有一回連獄警都認罪了，說他偷偷經營一個走私集團。」他環視全場，眼神銳利如鷹。

「七年前我開辦這個活動。我一個人，沒有輔導員，場子裡有五、六十個囚犯。」他繼續說：「那時候的手冊才十四頁，現在增加到八十五頁。我稱呼囚犯『先生』，頭幾年管理人員還覺得奇怪，不懂為什麼要將他們當成普通人看待。還有妳看到的白桌巾，獄方也一樣不了解。我告訴他們，只不過是要讓囚犯坐在乾淨的桌子，像個正常人一樣，好好吃一餐。」他握拳朝桌面敲了一下，接著說明計畫的大概流程。六天的工作坊結束以後，每週還要與參與者聯絡一次，後面幾個月設法找到受害者，安排雙方對話。

囚犯們不停動筆，強納森也打開話匣子，簡單介紹工作坊的歷史沿革與他成立的監獄希望牧師團隊（Hope Prison Ministries），目前共在九所監獄舉辦活動。一九九四年，曼德拉選上總統，為種族隔離政策正式劃下句點。一九九九年，強納森成為監獄特遣牧師，真相與和解委員會也在南非起了巨大影響力。「透過種族對話、認罪及和解，一個不可思議的過程開始了，國家逐漸得到療癒。」於是強納森投入修復式正義，特地到美國佛蒙特州的相關機構取得證照，回來以後積極聯絡監獄主管機關，提議為珀斯穆爾引入修復式正義：將最麻煩的囚犯交給我，我來和他們溝通，若有志工就請他們一起參與。

他提案的時間很恰當。種族隔離廢除後，南非獄政體系進行大幅改革，珀斯穆爾在一九九一年取消種族分區。不久之後，監獄法修正案通過，獄政部改制為矯治部，廢止所有單人監禁和體罰，矯治部宣誓尊重獄友基本人權。一九九七年，已有高知名度的典獄長強尼·詹森（Johnny Jansen）接管珀斯穆爾，監獄首次敞開大門接受許多NGO入內，在人性化管理上快步前進。目前受害者與加害者雙方對話的活動依舊是矯治部網站的重點宣傳，內容充斥修復式正義的專門詞彙。

根據強納森的說法，後來南非政府大量召開假釋公聽會，鼓勵囚犯主動連繫受害者。他進一步解釋：事實上，不參與對話的囚犯，得到假釋的機會少之又少。由於珀斯穆爾預算不足，始終只有強納森提供修復式正義相關服務，所以他的地位更加吃重。官方立場希望囚犯盡量得到假釋，原因並非慈悲為懷，而是監獄系統人滿為患。

以珀斯穆爾來看，大約每三百個囚犯只有一個社工輔導，於是管理單位只好大量轉介個案給強納森。但他並非來者不拒，而且無法保證成果，尤其未必願意開立提高假釋成功率的推薦函。即使如此，強納森還是覺得自己常常化身賞金獵人，穿梭於大街小巷，逢人就問：**你有沒有看過外號叫北方人的這位先生**？**你認不認識兩年前這兒一位死者的母親**？**七個月之前在外頭遭強暴的女孩去哪兒了**？他努力搜尋，希望說服被害人出席假釋公聽會、與加害人對話、參與能證明囚犯真心悔改的活動，如此一來他才相信犯人適合回歸社會，不必昧著良心為假釋案背書。

問題是如何判斷囚犯真心懺悔？開口道歉，這是修復式正義概念中的 *bête noire*（字面意義為「黑色野獸」，引申為棘手的人事物）。其中存在模糊地帶，也就是哲學家約翰・卓彬斯基（John Drabinski）所謂的「執拗自戀」（obstinate narcissism）：我們匆匆穿越另一人的傷痛，只因為「我們（宣稱）從自己造成的傷害中學習成長了，於是積極地，姑且說是想要『展現』全新的自我」。強納森的任務就本質而言幾近不可能——他必須扮演上帝，窺探囚犯內心，判斷他們的悔改是不是假象。

「很多人跟我說：『我想告訴對方，我很抱歉，我做錯了，真的很對不起。』可是我會回答：『這跟你沒有關係！重點是被害人的需求，不是**你的**需求。』

「有一次假釋委員會要我調解案子，是關於某人殺死黑道大哥的兒子。委員會表示『要盡快！越快越好！』可是我回答：『緩一緩！這種事情太敏感，處理不好很危險，我需要半年時間。』後來我和幫派成員聊過，也在那一帶調查，最後親自找上黑道大哥了解——這些都是必要程序。最後呢，雙方終於坐下來握手，那個犯人也取得假釋，之後並沒有尋仇事件。」強納森用力搖頭，「辦起來很麻煩。」

他回到講臺，收回自白書。

「大家有什麼感覺？寫下自白是不是很像跟桌子訴說往事？」

「感覺說出以前沒辦法說的，」傑羅姆叫道。他的口吻很像是渴求老師讚賞的學生。

「我這輩子從來沒有人可以跟我聊一聊自己到底是什麼感受。」亞希亞說，雷朋眼鏡仍舊掛在白衣服上：「現在回想起來，我的人生也不只是一團屎。」

強納森問：「所以你們知道自己的人生沒有那麼慘，是嗎？」

葛斯溫起身：「我想坦白。我曾對家人發誓絕對不再被關，可是他們讓我很難過。我受不了，才故意做壞事，所以又進了監獄。」

傑羅姆也開口：「我也要坦白。我還偷過東西，因為要養女朋友。」

「養女朋友？」強納森追問。

「唔，一部分用在她身上，一部分拿去玩了。」傑羅姆老實招認。

「還有沒有？」強納森似乎看透他心思。

「呃，毒品吧。」安非他命在這裡太常見了，與各種犯罪密不可分。

「你現在和當初那個女朋友還在一起嗎？」

傑羅姆搖頭。

「大家注意一下。」強納森隔空指著傑羅姆，傑羅姆神情很尷尬。「這就是我們先前說過的**認知謬誤**。還記得嗎？他將責任歸咎於別人，可是真正該怪的是誰？是自己。你偷東西是因為要買毒品。那不是為了別人，是為了**你自己**。」

接下來是昨天預告過的電話時間。

「傑羅姆，你還希望我打這通電話嗎？」強納森問：「確定不是一時衝動，而是真的準備好了？」

傑羅姆點頭，表情明顯不自在。強納森還是拿出黑莓機。

「哈囉！請問是瑪莉亞嗎？」

「是我媽！」傑羅姆大叫，身子搖來搖去，右腿一直抖動。

強納森改用阿非利卡語說了幾句話。「好、好，」他點點頭，又說了幾句話以後掛斷。

強納森轉頭說：「她說『我最近睡得很好』，還有『他在的時候我反而失眠，一直擔心自己的安全。那孩子老是闖禍、愛跟人鬥，我想星期六應該不會過去了。他自己明白原因』。傑羅姆，你媽媽還說，『我愛你，可是不想和你一起生活。』她希望你留在監獄裡，因為你出獄了她反而惶恐，害怕全家人跟著喪命。」

母親的話語冷冷劃過全場。傑羅姆將臉埋進手掌。

「有什麼感覺？」強納森問。

傑羅姆沒講話，臉還是埋在手掌裡。他沒有抬起頭，只是輕聲說：「我想放棄。回去以前那種生活，繼續幹壞事算了。」

強納森伸手搭在他肩膀上。

「你並不孤單。」他說：「我們會陪著你，我們相信你可以改變。」改變，需要有面對被害人的勇氣。修復式正義活動時常運用替身的概念，以一位暴力犯罪的受害者來代表所有受到犯行影響的人。這一天珀斯穆爾的代言人是羅賓・克勞福，他身材矮小、頭髮斑白，看起來是個好爺爺，說起話來聲音飄渺。

「『我們要傳染愛滋給你，他媽的死白人。』他們這麼對我吼，」羅賓的語氣無力：「他們把我的褲子扯到腳踝，強姦我。我尖叫，身上每個有洞的地方都在流血。後來我住進創傷病房四星期，腳踝上有個大洞，是他們拿混凝土塊鑿出來的。原本對準的是腦袋。我一直無法入睡，太恐懼了，身體抖個不停，連排尿或排便都辦不到，也不敢照鏡子。朋友來探視以後，說我那張臉看起來像是生肝臟。」

眾人屏息。

「有人想回應嗎？」強納森問。羅賓看來依舊淒涼，穿著橘色制服的囚犯們都無言以對。

「我對自己國家發生這種事情感到噁心，」一個輔導員開口。

「假如這位是你們的被害人，你們會說什麼呢？」強納森又問。大家一動也不動。「沒人有勇氣說句話嗎？」

「對不起，」傑羅姆的聲音有點模糊。

「這樣不夠！」強納森中氣十足。

終於此起彼落有了回應：「你很勇敢」、「願上帝保佑你」、「很抱歉，請原諒我，我很想改變自己的人生」。

接著大家得寫下一封信給羅賓，內容是對他、還有對於自己加害的人想要說什麼。我到了誠實那一桌，將葛斯溫口述內容化為文字。

「親愛的羅賓，」葛斯溫準備好以後滔滔不絕：「希望你還願意透過自己的痛楚給予我們力量。謝謝你願意分享那段經歷。我非常遺憾。」寫好以後，信折起來，等待活動下一個階段。

葛斯溫瞥了我一眼，開口聊起天。起初說到監獄生活，他和多數獄友一樣住在三十幾人共用的牢房，裡面當然很擁擠。每天下午四點獄警離開，牢房就無法無天，但直到早上六點都得待在裡面。接著又說起在外面的生活，他以前在街上持刀殺人，到底殺過多少人已經記不清楚。再來談到監獄裡的數字幫，「一開始這個幫派還不錯，主要是想對抗種族隔離。」根據外傳的說法，數字幫的起源是兩個祖魯人，一個叫做波（Po）、一個叫做諾格羅札（Nongoloza），他們聚眾洗劫殖民政府據點，將財富分給貧民；種族隔離時代，他們則在監獄內為囚犯權利奮鬥，要求每個人都能有床、有基本伙食，並且開放囚犯戴錶，否則無法妥善管理時間。

葛斯溫說自己進監獄的次數數不清，他知道外頭有人要取自己性命，為此乾脆拒絕上次假釋機會，免得立刻回到以前的生活模式。

午餐來了，葛斯溫要伊布拉欣幫忙他拿一份穆斯林餐。「半年前開始信教，」他解釋：「有些人覺得我是玩假的。怎麼說來著？就演戲、裝的。反正我自己知道就好。」他指指自己胸口。

葛斯溫一邊啃著火腿三明治，一邊說自己打算下個月申請假釋。再來提到毒癮，他一度沉迷、徹底受到藥物控制。放下三明治以後，他直視我的眼睛，我看見眉心那個星形刺青下面的疤痕，好像化不開的皺紋。「貝茲，我想要毒品的時候，真的什麼都幹得出來，要我直接朝克雷頓牧師臉上開槍也沒問題。」我相信，但這到底算是自白，還是炫耀？

「如果我們打電話給你母親，你覺得會如何？」

「她的反應會比傑羅姆的媽媽還糟吧。我剛才也這麼告訴他，換做我媽肯定會狠狠數落我。」

「但是你有什麼感覺？」

他聳聳肩：「習慣了。」

「真的嗎？」

他點點頭，一臉漠然。

「有時候，」我說：「我們以為自己習慣了，但其實不斷受到影響，只是自己沒意識到。」

他聳聳肩，一直抖腳。

羅賓開始唸出收到的信。唸了四封以後，他抬起頭。

「我真的感動得不知道要說什麼好，」他輕聲告訴大家。之後繼續唸完，當天稍晚羅賓表示自己也想參與活動，擔任輔導員。剎時我喘不過氣，腦袋閃過在盧安達的所見所聞。這是許多人認為不可能達成的寬恕與和解。

而我很清楚，資料顯示這完全有可能，心理學研究也證明了「對不起」的力量有多強大。我們應當重新思考被害人的實際需求。修復式正義的文獻探討被害人的四種需求：答案必須真實、賦予他們力量（empowerment）、透過反覆訴說受害故事達成自信重建、藉由負起責任或以牙還牙來實踐補償。為了達成這些目的，最好的做法不是審判和刑罰，而是雙方對話。審判或刑罰裡，受害者被邊緣化，淪為不相關的旁觀者。智利的國家真相與和解委員會在一九九一年做過一份調查，主題是皮諾契特（Pinochet）獨裁時期的人權損害，結果幾乎沒有受害人想報復，他們渴望的是真相和正義，藉以悼念死去的親友，並期望不會再有下次悲劇。受難者參與雙邊對話之後，心中恐懼一次比一次減輕，後來對司法系統表達了高滿意度。

哲學家漢娜．鄂蘭（Hannah Arendt）描述寬恕是「唯一一種出乎預料、開創新局的回應方式，因為寬恕不受制於激發它的行動」。寬恕是奇蹟，這個奇蹟使生命更好。社會心理學、發展心理學以及臨床心理學從一九九〇年代就試圖了解這個奇蹟的運轉機制，後來將其定義為受害者不再消極逃避加害者或試圖報復，改以更具建設性、有利社會的心理動力為行為準則，並製作出「寬恕量表」（Forgiveness Inventory）、「寬恕他人量表」（Forgiveness of

Others scale）來測量慈悲心與報復心。其中一項研究發現自認受害的心態會導致消極，反應在日常生活中則是效率低落和容易放棄。一九九八年兩位心理學家對童年性侵受害人進行調查，結論是寬恕程度高的人後來婚姻較為美滿，並據此推論寬恕這種態度可以在不同的生活層面作用。二〇〇八年發表於《人格與社會心理學期刊》（*Journal of Personality and Social Psychology*）上的研究則指出，復仇並不會為受害者帶來認知閉合（closure）[3]，反而因為焦點集中在犯行者而導致情緒不穩並表現出侵略性。

另一項研究要求參與者回想自己受害的特定情境，然後進行四種不同想像：專注於傷痛、專注於怨恨、專注於加害者也有的人性特點，或者專注於寬恕。而受試者專注於寬恕時，效果反應在生理上，無論收縮壓還是舒張壓的上升幅度都較低，回想事件經過時脈搏也較慢。二〇〇二年，一份三合一研究中，受試者想像自己遭到搶劫，而事件隔天轉折分成四種，分別為獲得對方道歉、獲得對方補償、獲得對方道歉並補償、以及什麼都沒有獲得。結論顯示，得到誠心道歉者感受較少的復仇心態、憤怒和恐懼，寬恕的想法強烈，而若同時得到道歉和補償，效果更是接近兩倍。

總結來說，報復對自己造成更多傷害。一九九九年一項實驗引導男性大學生認為自己無意間損壞實驗室器材，之後實驗者出面，分別表示出寬恕、仇怒、兩者皆有或兩者皆無四種態度，並要求大學生協助將一些物件送到校園其他地方。得到寬恕的受試者最願意配合要求，遭到仇視的大學生則最不願意協助。寬恕本身帶有餽贈性質，犯行者感受到的不對等非常明確，於是他們也會積極彌補，使雙方關係得以對等。也就是說懲罰罪犯就是增加仇恨，導致他們有更多傷人的行為和犯罪率更高，而寬恕卻對社會秩序與和諧具有正面效益。

接著要打電話給葛斯溫的母親。她有空說話也願意說話，並激動地說了一串阿非利卡語。掛上電話以後，強納森與我們分享。

「那邊還有人在找你，」他語氣沉重：「你兩個妹妹每天提心吊膽，怕你跟黑道的牽連會給她們惹禍上身。不過你妹妹還是叫你大哥。我想這代表她們還是很敬愛你吧？而且她們很想念你。」

葛斯溫臉色一白，腿抖得更厲害。強納森繼續說下去。

「你表哥被子彈打過十次，你另一個朋友十一次，所以你母親的意思是，她希望你回家，卻又覺得你好像不應該回家。她說你妹妹需要人照顧，但是你回去的話她們未必安全。」

「我努力過，」葛斯溫脫口而出、十分焦急：「我試著聯絡，可是她會找藉口不見我，不和我說話。」

「多久？」強納森問：「你嘗試了多久時間？」

3 譯按：心理學上的「閉合」意指個體對於外界資訊或事件得到可以理解的詮釋，而不繼續處在模糊困惑的情境中。一般口語中，closure 描述事情有了「收尾」，當事人能夠放下。

「上次見面到現在三年。」

「明天我會帶你母親和妹妹來。我派車去接她們，讓你們在這裡面對面。」強納森走過去，伸手搭著他的肩膀：「你的內心正在哭泣，為你母親難過。我明天就帶她過來。」

葛斯溫看起來幾近崩潰，情緒翻湧。那神情像是拿著工具，卻不懂得該怎麼做。

「貝茲，我從來沒有像這樣子和人說話的機會。」他不斷喘息，好像鬆了一口氣。

「現在是什麼感覺？」我問。

「很棒。」他精神一振：「這樣子我媽媽就不能躲起來了，她得見我，不能逃避。明天終於可以見到她。」

每天都是新的機會，可以彌補過去的錯誤

那天離開珀斯穆爾以後，我沉浸在回憶中。二〇〇五年，我二十出頭，深陷一段感情中。對方剛從加勒比海地區來到美國一年多，人很好，其實也有很多缺點。他叫瓊恩，我們交往原本很開心，直到某一天我接到他太太打來的電話，還談到他兒子。我根本不知道他有妻小，所以受到很大打擊。後來我走出情傷，其實只要跳脫全世界都對不起我、都針對我的情緒，每個人都能從傷痛中痊癒。瓊恩和我分分合合好幾年，他總是將問題歸因於乍聽合理卻又叫人生厭的藉口，像是種族問題、學歷不高、經濟不景氣、綠卡很難拿之類。有好幾年

時間，我心底真正渴望的很簡單，就只是瓊恩的一句對不起。兩人感情隨他時好時壞，而我一再容忍，消磨到最後當然不了了之。

為什麼我會在珀斯穆爾監獄這兒想到過去的心碎？或許不該將自己的小情小愛和囚犯的人生相提並論，但葛斯溫使我想起瓊恩，他們兩人都是社會系統壓迫下的產物，也都不得不慢慢肩負起責任；可惜的是他們振作得了一時，硬撐不了一世，最後結局通常令人氣餒。社會賦予他們的生活模式有瑕疵，兩人已經融入系統、擁抱缺陷。我很幸運沒有成為重案受害者，也無權比較生命經驗，但我知道情感上的傷痛是怎麼回事。

每個人都有過同樣的體會，都見過活生生的罪人——說不定他們還犯下重罪或者損害你的權益，然後努力想改變。不只是改變，甚至想從頭來過，那種自我改造無論多優秀的心理治療也難以比擬。所以可以稱，他們是現代的聖奧古斯汀、麥爾坎X，或者抹大拉的馬利亞——不難理解為什麼宗教或傳奇故事裡面會有那麼多例子是罪人變聖人、有缺陷的靈魂經過最崇高的奉獻後脫胎換骨。因此，無論一個人在現實和心理上與監獄距離多麼遙遠，都能明白要與自己的錯誤對抗、得到寬恕與寬恕他人是什麼感受。換言之，監獄不如大家以為的那麼陌生，所有人理論上都能想像和理解囚犯的生命是什麼滋味。

《信實主》這首聖歌進入每天早上的歌單，我壓抑著自己的定見，一方面覺得宗教在監獄裡面容易導致囚犯自我滿足而變得消極，卻也明白信仰可以帶來正面力量。美國人很懂這道理，所以二〇〇三年佛羅里達州帶頭推行，將以宗教為基礎的運作模型套用在一間矯治機構，並成為四間宗教性人格矯治所的領頭羊。四所機構加起來大約三千三百人每天進行宗教儀式，包括禱告、讀經、生命導師的指引，以及接受如親職教育、憤怒管理之類人格發展課程。管理人員和志工認為獄友們的態度和行為大有改善，而獄友也描述在這種機構內壓力較小，對於自我成長的幫助比傳統監獄來得大。

我收起質疑，看看今日活動目標。「灌輸正直、尊重、信任、清廉的核心價值」。榮恩牧師戴著墨鏡出現，丹尼斯也在。

葛斯溫和亞希亞一樣穿著白色襯衫出現。我過去坐下，他鄭重其事與我握手。安東尼露出招牌的無牙笑容，伊布拉欣一樣淡淡點頭示意。

問到對自己加害過的對象有什麼想法，葛斯溫若無其事說：「唉，榮恩牧師，我覺得很糟糕。」我是不是聽見一絲嘲諷？

「我不想談這個，」伊布拉欣回答。

牧師伸手捧著伊布拉欣的臉，嘆道：「孩子，你很快就會復原。」

他又將手輕輕放在葛斯溫心窩：「孩子，你也一樣。」

「你們兩個是穆斯林？」他問。兩人點頭。「你們的內心其實是真正的基督徒，」牧師又輕捧兩人臉頰：「我看得出來，是基督徒，你們靈魂深處敬愛耶穌基督。」他重複觸臉、觸心的動作。

「我們一起為葛斯溫祈禱，」丹尼斯低頭閉眼。我吞下內心的不耐照著做，大家為葛斯溫那迷失但並非基督徒的靈魂安靜片刻。

接著我們抬起頭。「葛斯溫，你準備好放棄數字幫的身分，不再混黑道了嗎？」

「還沒有，榮恩牧師。」

「還是打算隨身帶槍？」

「牧師，事情沒有這麼簡單。不過我並不打算開槍，回去以後會盡力做個好人。」

牧師很快將注意力轉移到伊布拉欣。「你願意放棄數字幫了嗎？」

伊布拉欣看起來有點不好意思，綠色眼珠裡有股淘氣，但始終沒有講話。榮恩牧師嘀咕說了幾句耶穌基督會拯救誰，然後繼續：「伊布拉欣，你離開這裡以後，會不會屈服於同儕壓力？」

「不會。」

「葛斯溫，你回去以後，要住在哪裡？」

「老家那邊，有朋友，不過也有仇家。也好，他們看到我的改變，會明白怎樣過日子才對。」

「好主意！」

糟透了。我快要按捺不住。

休息時間，其他人衝進廁所，只有我和葛斯溫留在原位。我單刀直入地問他剛才是不是在演戲、是不是故意說牧師想聽的話。他用力搖頭否認。我們對於他要回老家的計畫起了爭辯。我告訴他美國監獄裡的學生回家以後對舊環境避之唯恐不及，因為怕自己陷入同樣處境；其中不少人協助即將誤入歧途的年輕人，分享付出慘痛代價後的過來人智慧，但同時很清楚一定要確定自己先得救，才有餘力幫助他人。可是葛斯溫堅持說自己可以抵抗誘惑，能夠引導別人走上正途。

我們雙方僵持不下，後來他問我願不願意留到下午，他要與母親見面，強納森請人接送她，此刻正在路上。於是下午我和強納森到入口處迎接葛斯溫的母親和妹妹。其實他母親年紀只比我大幾歲，見面時生硬地打招呼，然後看似不情願地在接待室坐下。妹妹十九歲，穿著牛仔褲、紅上衣，綁了頭帶，突如其來一陣啜泣。我趕緊坐到她身邊。

「其實我不想來。」妹妹脹紅的臉上掛著兩行淚水，媽媽則一臉茫然盯著牆壁。我拿了面紙給女孩，問她是不是還在上學？沒有。有工作嗎？她還是搖頭。

「我就……妳知道的，到處晃……」她擤著鼻子說。

強納森回來帶大家去志工辦公室。女志工很客氣，吐出一連串阿非利卡語，身上制服是軍裝風格，還套著戰鬥靴，看來跟獄警沒兩樣。今天早上她才聽說有這次和解面談，但表示會盡力協助。

葛斯溫進來時，大家一動不動，看著他走到媽媽和妹妹中間的位置坐下。三年沒見了，但他面無表情，直視前方。

「擁抱吧！」社工吩咐，葛斯溫聽話地和母親擁抱，但是動作僵硬。與妹妹擁抱之後，女孩再度啜泣。哥哥跟著情緒激動，所以沒放手。母親還是盯著牆壁，妹妹的眼淚在囚服上留下一大塊水漬。葛斯溫握著妹妹的手，妹妹手裡握著面紙。志工開始引導對話，強納森在旁邊間斷地為我翻譯。

這是一場情緒的乒乓賽。原來有天晚上，母親在非法酒館裡喝得酩酊大醉才回家，丈夫也跟在後面，重點是她差一點拿刀捅死自己兒子。於是兒子十歲就開始為非作歹，將母親買給他上學要穿的新衣服當掉換毒品。母親自己也有酒癮跟毒癮，但她十五歲就生小孩，讓她懷孕的男人連婚禮那天都是醉醺醺出場。

「可是他都二十六歲了！」母親指著他，越說越大聲：「還有個八歲的女兒。女兒有危險，我們也有危險！」辦公室裡怒氣衝天，葛斯溫露出我從未見過的神情，陰沉、混亂、痛苦、迷惘。

「難道妳帶男人回家，讓他們毒打我的時候，妳曾出面阻止嗎！」葛斯溫將妹妹的手握得更緊：「妳也沒有保護過她！」

我驟然意識到自己並不適合繼續留在這裡，所以示意強納森我要出去，讓專業人員和他們自家人私下解決。我對葛斯溫擠出笑容表示支持，然後竄出大門。

我在珀斯穆爾監獄的每天每刻都沉浸於囚犯的故事和哀痛。後來安東尼說了自己與妻子的過去：「雖然結了婚，但我寧願去玩橄欖球也懶得出席婚禮或其他聚會。」他不斷搖頭，慢慢說出更大的過錯。我忙著外遇、忙著賺錢。**我強暴了繼女**。

而與母親見面後，葛斯溫的情緒平靜了，也吐露心聲。「我覺得，怎麼說呢？很矛盾。我知道我母親也是受害者，還有我想見見妹妹，她很在乎我，但是我傷害到她。我知道自己的行為、自己犯的罪會起漣漪。」我聽了一驚，這是修復式正義用於說明的詞彙，看樣子活動內容已經滲入他們心中。

「可是，貝茲，我還是很生氣。而且我不懂，為什麼不准我做那些事情？後來我終於想通了，原來終究是我自己的問題——我想要一個爸爸，我很嫉妒那些幸福美滿的家庭，因為我有什麼？什麼都沒有。只有毒品。」

這幾天活動結束以後，下午我也會到咖啡店坐坐，有機會就問了強納森的心路歷程，為何他奉獻生命在修復式正義的領域。

他在開普敦郊外的酒鄉地區帕阿爾鎮（Paarl）長大，祖父的農地在種族隔離時代被強制徵收，而強納森小時候只有在教會裡見得到白人。教會規矩嚴謹，但始終不願承認種族隔離政策違背道德良知。大人教他要尊敬白人，「那時假如有個白人對我微笑，我會以為是上帝透過他來賜福。」他自己大笑起來。

強納森在母親肚子裡的同時，鄰居也懷孕了——很巧生父居然是同一個。之後爸爸又與管家有染，最後拋下妻子和七個小孩遠走高飛。他才十年級就得去工廠賺錢養母親，而且強納森發現自己和父親一個樣兒。

「我喜歡女人，愛逗她們、和她們膩在一塊兒。為了這個目的，我需要錢。」所以強納森使盡手段，像是盜刷信用卡、當扒手或搶劫。

「後來當然就被捉了。我媽到警局的時候說：『孩子，我會為你禱告。』有個表哥也來了，還帶了聖經，我差點兒往他臉上吐口水。那時候我沒辦法接受宗教信仰。」強納森被判六年徒刑，送進珀斯穆爾監獄的最高戒護牢房，因為有色人種區只剩那邊有床位。服刑期間，他學會英文。

由於表現良好，一九九〇年就假釋出獄，當天有位女士在大門等待，是那段期間強納森唯一有聯絡的對象。兩人從小認識，她叫做珍妮。「珍妮說，那天有兩件事要做。」他笑得很開心，感覺是美好回憶：「第一是因為我母親每天早上都為我禱告，所以她要我也照做。第二，她要帶我去見我父親。我聽了以後說，『珍妮，妳瘋了嗎！』那時候我對我爸恨之入骨，因為他根本沒回家看過我。我是真的恨他，但結果我被珍妮說服去到我爸家裡。才剛進去，一個五歲大的小男孩跑過來，摟著我脖子叫大哥。三十一歲的我抱著他，然後牽起我爸的手。雖然我不知道，但其實那就是我對修復式正義的第一次體驗。」

「大家見見我太太！」有一天我走進監獄後，聽到強納森這麼嚷嚷。珍妮擦了粉紅色唇膏，穿著時髦的黑白套裝，烏黑秀髮紮成俐落的馬尾。珍妮的正式頭銜是克雷頓牧師，她的職業和丈夫一樣，而且就在隔壁女子監獄開同樣的工作坊。強納森將兩人交往過程交代得鉅細靡遺，他還年少輕狂風流倜儻的時候就認識珍妮。「我在我女友家遇見她，一直對她拋媚眼，但是她不為所動。幸好我們還是變成朋友。」

兩人保持連繫，即使強納森入獄了關係也沒有斷過。一九八九年一月一日，他被關了將近一年，珍妮忽然親自探視，十分令人訝異。他們還是繼續寫著很長的信，強納森將珍妮每次的訪視都牢牢記在心底。母親過世後，他每封信開頭變成「我親愛的珍妮」，可是其實強納森始終懷疑自己只是一廂情願，以為珍妮不會答應，畢竟她將心力都奉獻在教會。之後強納森只能一直暗示，出獄以後也保持這種關係。他找到工作，為烘焙坊開卡車，每天工時很長，但兩人仍天天見面。漸漸地，強納森的手擱在珍妮腿上她也沒有抗拒。然而，即使強納森約她晚餐，在點心裡面藏好戒指，還是沒勇氣開口求婚。直到一九九一的某天，珍妮望向他說了句：「答案是我願意，但是你還記得該問什麼嗎？」

場內，囚犯們目不轉睛看著珍妮。她播放幻燈片，主題是克雷頓家族。艾米喬伊十八歲、卡拉克羅十五歲。「我沒有要女兒跟著信上帝，但她們自己也覺得這樣生活比較好。」螢幕上是女孩參加高中舞會的畫面，打扮得好像紅色天鵝絨蛋糕；然後換成上教堂的正式穿著，一家人堆滿笑臉氣質優雅。傑羅姆和葛斯溫張大眼睛看著自己未曾有過的完美家庭，事實上在場的囚犯全部與其無緣。

「兩個小丫頭，」珍妮笑道：「完全不覺得自己爸爸進過監獄是羞於啟齒的事情。你們知道為什麼嗎？」

為什麼？囚犯們看得很著迷，幾乎大喊著問。

「因為人的今天比過去重要。各位朋友，這就是我想要說的。每天都是新的機會，可以彌補過去的錯誤。」

每樁罪行都必須透過雙方主動對話才能確認意義

機會終於來臨，穿著囚服的男人們用一週時間尋找靈魂，最後難關則是面對因自己所作所為受害最深的人——家人。

安東尼與我寒暄，表示自己假釋案再次被駁回。我告訴他美國那邊給了同樣消息，監獄直升班上最出色、最有前途的學生，從十八歲就待在監牢，已經過了二十三年，結果那些基於政治因素遴選出來的委員竟認為這還不夠，要他繼續留在裡面。「受害者希望你付出更多時間悔改，」委員會這麼對我學生說。還好我不在場，否則一定破口大罵：「乾脆割他的肉，稱斤稱兩拿去也罷？究竟司法制度出了什麼毛病，要持續深化仇恨到這個地步？」

「其實對我這種人來說，」安東尼指著窗外鐵絲網和山丘，聳聳肩說：「外頭也沒什麼好奢望的，說不定真的比較適合留在監獄裡，反正我都這把歲數了，可能就老死在這兒。」

安東尼的家人今天沒有來，其他很多人的親屬都到了現場，妻子、父母、甚至奶奶、長大成人的兒女，魚貫而入坐在中間長凳上。儘管是大團圓，一開始每個人互相握手打量，氣氛依舊尷尬，沒有人來個大擁抱。傑羅姆還因為幾天前那通電話焦躁不安，一直東張西望，搓著生了淺淺鬍青的下巴，他的母親究竟會不會露臉？

「歡迎！」強納森聲音洪亮：「你們彼此的關係破裂了，今天就是修補的機會。主角是**你們**，由你們上臺說話，告訴他們自己有什麼感受，比方說『很難過』、『很生氣』，又或者你們也許有疑問，『為什麼』、『刑期到底多久』等等。這是你們得到答案的機會，不管想知道什麼都可以，為的不是互相埋怨，而是重建關係。來吧。」

親屬們反應踴躍。亞希亞的大姊首先呼應，在她面前，幫派弟弟雙手擱在腰後一副侷促模樣。整個星期下來，亞希亞總說自己與家人決裂，所有人都討厭他。他也發表過感觸，認為親屬關係造成他內心充滿怨懟。

「其實我不認識你，因為我們根本沒有一起長大。以前我也覺得自己根本不想認識你，因為你是個罪犯。」姊姊打量著他，「可是今天我想跟你說，其實還是有人愛你。」

明明是黑幫大哥，此刻卻忽然啜泣起來，臉埋進手裡哭得不能自已。「你是我弟弟，我們可以想辦法重建這個關係，試試看吧。」說到這兒姊弟倆都落淚，經過強納森鼓勵他們好好地擁抱了。

有個白人囚犯已經五年沒見到母親。得知母親幾週前成了寡婦，也不禁啜泣。「兒子，看著我的眼睛，」母親說：「我會無條件地愛你。」孩子淚眼汪汪鑽進媽媽懷中。

看著這些故事一幕幕在眼前上演，我幾乎沒法呼吸。與葛斯溫母子坐下來的時候也有同樣的感覺。「道歉」（apology）的語源是希臘文 *apologos*，原意就是「故事」。整個星期我一直在聽故事，他們的童年、犯下的罪、如何與家人斷絕關係。可是加害與受害雙方團圓以後，故事忽然進入全新階段，連親人也成為主角。班圖語、阿非利卡語、英語……囚犯們一個接著一個面對家人的真心話。

告訴我真相。教不好孩子，我覺得自己很沒用。怎麼有人會偷自己老婆的錢？

「憎恨是種想說故事的激烈情緒，」哲學家查爾斯．葛利斯沃（Charles Griswold）在著作中這麼說過。修復式正義就是放大敘事過程，使其更廣更深、涵蓋犯錯那方不再逃避的清楚解釋。建立修復式正義的兩大功臣巴布．托斯（Barb Toews）與霍華．澤爾提出見解：每樁罪行都必須透過雙方主動對話才能確認意義，而司法僅在「被害者和加害者合作」的情況下才能發揮作用。

灑落現場的淚水彷彿都泛紅，字字血淚、不斷迴盪，一聲比一聲響亮。**對不起**。

看似冷酷的幫派分子一個個卸下心防在母親懷中嚎啕大哭，父親也終於對自己不了解的孩子表達以往說不出口的愛。一張張帶著刺青的面孔脹紅淚濕，時間在滿滿的歉意中流逝，家屬們卻還有好多想說想問。有些性質敏感的對話，例如妻子面對強暴自己的丈夫，就由輔導員帶到其他地方私下進行。留在現場的我，體驗前所未見的心靈淨化。

老爸，之後買一輛腳踏車給我吧。我們像以前那樣一起出去玩？

強納森喊了暫停。「今天先到這邊，」他說：「我很樂意一輩子看著大家好好團圓，但是我希望每個人能和家人相處一小時，好好陪伴彼此。別再聊天氣了！這段時間對你們很重要，請繼續加油。」

傑羅姆的母親終究沒有來。事後強納森私下告訴我，車子已經到她家門口，但是她醉得亂七八糟沒法上車。傑羅姆癱在桌上，失落不已。我坐在葛斯溫旁邊，他開始聊天。

「貝茲，我想清楚了，還是不要假釋。」他嚼著肉餅說：「我還沒準備好，現在回去會有很糟糕的下場，我得先學會控制脾氣，多和家人溝通。太早回去會出亂子。」

我問他有沒有聽過麥爾坎X。

「是饒舌歌手嗎？」

我大略告訴他麥爾坎X的生平，解釋一個人怎麼在美國監獄裡面讀書學習、從為非作歹變成社運領導者。

「貝茲，我跟妳保證，」他回答：「我會開始唸書，去上識字班。我一定會……貝茲，我真的好難過，對不起家人，對不起自己的人生。」

所有的道歉都是承諾，是語言，也是行為，其真實意義存在於未來。猶太哲人邁蒙尼德給真正的悔改下了定義：「當罪人再次面對同樣的誘惑卻不再犯錯、可以抗拒，就是真的懂了。」我相信葛斯溫是真心歉疚，會好好履行諾言。我也相信這週從每個囚犯口中聽到的道歉。然而，寬恕也不能躁進，一步一步慢慢來。他們能否說到做到，以後見分曉。

活動收尾有個戲劇性的高潮。原來在第一天，強納森就請獄警幫忙買了三條巧克力，分別交給葛斯溫、亞希亞、傑羅姆三個人。巧克力在監獄可是很難得，所以在七天以後，他們是否還得出來？會不會自己吃掉，或者偷偷賣給其他獄友？葛斯溫一臉得意站上椅子，亮出巧克力給大家看，用阿非利卡語沉穩地告訴大家：「以前我沒辦法讓別人信任，但是現在已經知道那種個性會傷害很多人。我手上的東西不只是一條巧克力，它對我而言格外有意義。」之後說了英語，「我終於可以感受自己、看清楚自己，然後相信自己。」全場熱烈拍手叫好，他們三個站在椅子上揮舞巧克力棒的樣子好像榮獲MVP。

那位曾經被關在珀斯穆爾監獄的輔導員PJ，為大家做了一段阿非利卡語的饒舌演出，接著又冷靜地分享了自己以前犯下虐待和謀殺案、被關以後在宗教中得到救贖的心路歷程。強納森上前擁抱，轉身對所有參與的親屬致詞。

「請各位認真看看他，」牧師高聲呼籲：「然後再看看你們的孩子。**他是個好人。他是你的孩子。**」

下午威博特又開車過來監獄接我。

「女士，您明天就不會再過來了，對吧？」他問。

「嗯，活動今天結束了。」

「希望您不介意我這麼說，不過其實我每天載您過來還挺開心的。」

「謝謝你，威博特。」

「每天看著女士您平安抵達、平安回去，我很欣慰。」他遲疑一陣，輕咳之後解釋：「事實上我也只差這麼一點就要進監獄了。幸好法官說他願意給我一次機會，所以我盡力做好。這份工作我才做第二個月，但不會再犯法了，要改頭換面。」

兩個世界在此刻交會。

工作坊結束之後我沒馬上走，在開普敦多待了一星期。看過監獄、看過白人都會區康斯坦提亞，卻沒有走得更遠，於是決定到比起珀斯穆爾還惡名昭彰的羅本島監獄看看，曼德拉在那裡關了十八年之久。旅遊無法掩蓋那地方的歷史地位。搭上觀光巴士，我還是哼著在珀斯穆爾聽見的歌，旋律繚繞心頭。**我自由，主，我自由**。

最後一天我又回到康斯坦提亞區，來到一扇辦公室的玻璃門前面輕輕敲了兩下。招牌很小，上面寫著「非洲監獄牧師：專門服務被遺忘的非洲獄友」。

「好，走吧！」強納森衝出來，他想帶我看看珀斯穆爾監獄的全貌，不要局限在工作坊的地點，所以就開了五分鐘的車過去繞一整圈。裡面的景況依然令人沮喪，雖然修復式正義極具潛力，監獄本身卻無法提供救贖。將近三分之一的囚犯等待審判，南非再犯率又高達百分之八十。我們經過一個被獄友戲稱為「阿富汗」的區塊，強納森解釋說那裡鬥毆滋事特別頻繁。又穿過一條雙排走廊後，他告訴我：「之前我就在這裡樓下待了九個月。」

行經中段B棟，強納森請獄警找安東尼和伊布拉欣出來，他們微笑道謝，我也祝兩人平安順心。葛斯溫呢？

「跟我來，」獄警說。我們緩步穿過氣氛蒼涼的走廊，腳步聲不斷迴響，擁擠的牢獄裡許多眼珠子望過來。下午一點鐘，葛斯溫躺在上鋪午睡，四十四個室友之中的某人過去戳醒他。

葛斯溫睜開眼睛之後立刻跳下來，扣好釦子跑到鐵柵前面與我握手。**我會記住我說過的話，不會忘記的。也不會忘記妳，貝茲**。

回美國途中我就收到強納森的電子郵件：星期四出現了令人欣喜、極具意義的後續發展。我們花了兩小時的時間重新整理週六的活動心得，亞希亞站起來說：「我跟監獄裡面數字幫走得太近了。經過上週六，我開始低調，結果受到很多壓力。我很想出獄，可是——」大家都以為他要找藉口，沒想到亞希亞說，「要是我真的能出去，還需要你們多幫忙，支持我走下去。」哈，所有人都呆了。

隔著飛機窗戶，我回憶安東尼、伊布拉欣、亞希亞、傑羅姆、葛斯溫的模樣，但是他們終究受限於南非獄政的重重阻礙，以後會從珀斯穆爾監獄換到可以待更久的地方，可能調動不只一次。隨著每次遷徙，歲月如梭，修復式正義的內涵以及個人的情緒控制恐怕逐漸褪色消散。我不禁懷疑，同時也是看過盧安達和南非以後最真心的祈願：倘若修復式正義並不只是司法系統的輔助工具，而是司法系統的核心，這世界會變成什麼樣貌？

03

牢籠裡的藝術｜烏干達與牙買加

非洲行程結束，我回到紐約以後先去探視監獄直升班，我不在期間一個叫做瑞的學生出獄了。雖然先前我聽見語音留言說「我回家了！」便立刻致電問候，但能面對面來個接風大擁抱，開心不在話下。直升班的學生都一樣，離開監獄後沒幾天就去學校報到；而瑞的反應也和前輩們相同，站在約翰傑刑事司法學院前面瞪大眼睛、情緒激動。儘管名義上他早已是學院的一份子，但畢竟之前上課地點是在監獄內，如今才回到外面展開新生活。瑞設定的目標是六個月內開始到學校上課，截至目前為止進度平穩，他也以平常心應對繁文縟節，例如定期與假釋官會談、參加憤怒控制和職業訓練課程等等。

隱憂在於瑞才二十七歲，而且依舊住在布魯克林區，當初就是在那裡耳濡目染才混幫派、涉入販毒。經過七年，布魯克林區比起當初看來是往上靠攏一些。「貝茲，以前我在雜貨店可沒看過什麼有機農產品呀，」他笑得燦爛。問題是時髦酒吧和手工乳酪店家底下，本質依舊是將瑞推進監獄的貝德史督[1]地帶，而我也不確定有什麼好方法可以幫助他擺脫過去，唯一能做的是盡量鼓勵，要他專注未來，學歷是人生藍圖裡重要的一環。

「身為你的教授，」離開學院送他去搭地鐵的路上我說：「我看得出來你有才華，那是你更高層次的一面。」我教他寫作、發揮創意，在紐約的監獄教室裡，我見證了語言藝術的魔力；從一九七〇年代起，由於監獄寫作計畫等等活動有成，美國社會形成共識，相信語言和藝術的表達過程極具認知治療作用，尤其在監獄環境下功效卓著。後來許多組織如密西根監獄藝術協會（Michigan's Arts in Prison）不只為獄友舉辦寫作團體，還有音樂、園藝、瑜伽、視覺與表演藝術各種項目，並且持續推動數十年，價值深獲學術認可。

但我想要更專注探討藝術究竟具備何種矯治效果？如果是在監獄內、而不是在大學課堂上，又如何？去過盧安達和南非，我重新思考司法的基礎是什麼，觀察過報復和寬恕的過程，我也看見許多可能性，那是截然不同的矯治方式。而才回到美國，我又滿懷期待想要了解另一個矯治工具，也就是藝術，是否同樣能在刑罰的環境中提供療癒。為此，我又得回到非洲去——這次目的地是烏干達。

烏干達約有三萬五千名囚犯，其中半數尚未定讞，而監獄系統原始目標容量僅一萬五千人。二〇〇四年，烏干達獄政司進行評估，結果卻是一幅地獄景象：設計供二十三人使用的牢房住了兩百六十五人，半數囚犯沒有乾淨水源。政府著手改革，可是二〇一一年人權觀察組織認為改進幅度有限，根據報告，有百分之四十一的囚犯遭毆打，有時還是管理人員授意其他獄友動手；不願意粗重勞動的人，即便老人、身障或孕婦，都會遭到杖打、擲石、被拷在樹上，甚至焚燒；有人曾經被扒光衣服趕進水淹至腳踝的房間。烏干達監獄裡，愛滋與肺結核比例近外界兩倍，但直到二〇一一年相關醫療仍局限在單一監獄，事實上兩百二十三座監獄中只有六十三座有醫療人員常駐。

倒是有個開心的發現：非洲監獄計畫這個組織在倫敦與坎帕拉設有辦公室，為監獄系統提供教育、輔導及醫療服務，並開放志工加入。他們對我提出的新方案有興趣，打算在烏干達開設文學創作課程。

監獄是社會控制工具，和體罰互為表裡

抵達恩德培國際機場之後，我花了三小時車程才找到公寓。這兒要押金，結果內部陰暗髒亂、老舊不堪，外頭還圍著鐵絲網，有個一臉剽悍拿著烏茲衝鋒槍的警衛鎮守。第一晚我真的太累，放下行李箱就呼呼大睡，隔天我到喜來登飯店要了便宜一點的價錢；旅館所在位置曾經是烏干達前獨裁者伊迪·阿敏的宮殿，廣闊草地上發生過多次血腥處決。後來我還得找地方換錢。

「抱歉，小姐，這張二十美元的鈔票我們沒辦法收，年份不好。」

「年份？」我問。

1 譯按：BedStuy是紐約人對Bedford-Stuyvesant（貝德福大道和史督文森高地）這個區域的稱呼。

「是，」對方沒有多做解釋。

我還買了一張行動電話卡，儲值五十美元，撥打以後系統卻說沒有餘額。

「小姐，妳這個號碼是以前別家公司用過的。」

「怎麼可能，我才剛買的？所以那五十美元就飛了？」

「對。」回答乾淨俐落。

回到旅館，大門有炸彈檢查哨。二〇一〇年，坎帕拉發生一起殺死七十四人的自殺炸彈攻擊，與蓋達基地組織互通聲息的索馬里民兵團自稱為幕後主使，後來烏干達在各要地設置崗哨檢查爆裂物。他們手上有槍、態度凶狠，後車廂與儀表板旁邊的櫃子都得打開，等警衛揮手我們才能通行。其實搜查過程令人不解這樣怎能預防爆炸案，但就製造持續的恐慌不安倒是成效卓著。

「明天八點四十五來接妳，」計程車司機說。

「我十一點到就好了，不是才半小時的路程？」

「會塞車，」他回答。

星期一，早晨晴朗，去辦公室的路上塞車，車子走走停停，熱得我滿身大汗。二月的坎帕拉陽光依舊熾烈，車窗外人群熙來攘往，有些穿著軍裝，路面很多坑洞，飛過天空的禿鸛像是無人機。我拿出手機要拍照，司機忽然關上車窗。

「會有強盜，」他提醒：「他們裝成路人，一溜煙跑過來直接把妳手機搶走。」

非洲監獄計畫的辦公室是山丘上一棟小屋，警衛在訪客簿上註記我們的名字，裡面有五個人，大家與我握手問候。牆上有幅烏干達地圖，以圖釘標示出兩百二十三個監獄位置。我為寫作課編排了講義，內容包括：**你覺得自己有沒有創意？喜不喜歡故事或詩歌？是否想透過寫作表達自我**？涵蓋的文類很多，有自傳寫作、戲劇、小說和詩詞，作業則盡量通俗，而且選用非裔美籍文學的經典，以及肯亞、奈及利亞、烏干達當地的作品，是我週末特地去書店搜集來的。會面結束後等計程車來接我時，我的電話響了。

「小姐妳好，我是大衛。」是計程車司機，「我有點事情沒辦法過去，但是我找了別人幫忙，名字也叫大衛。聽他說還在塞車，不過應該待會兒就到。」

所謂待會兒其實是一小時。回程塞車，又一小時。進了喜來登，穿過金屬探測器和一堆檢查程序，我心裡實在煩躁，直接繞到旁邊的天堂燒烤，享受一筒水菸和一罐尼羅河特調啤酒。走在尼羅河大道上，有間酒吧播放著牙買加電子舞曲，路上的應召女郎長得漂亮、衣著華麗且熟門熟路，在每張桌子附近找客人。

翌日早晨我下樓到大廳時，也有應召女子同電梯。我出門前在旅館內的商店晃晃，看到一些書籍打折促銷，但內容不太搭調：《烏干達鳥類百科》、《終結烏干達槍枝暴力》、《十六種女人要你命：教你辨認和迴避》。

「很多人覺得進監獄就代表有錯，」計程車司機大衛如是說，他才剛閃過與一群波達波達（bodaboda，當地的摩托計程車）相撞的慘劇。「但我覺得不是這樣吧？又不是沒有冤獄。」

到了加油站，監獄計畫的成員琴恩過來迎接。我尚未取得在盧濟拉監獄擔任志工的文件，所以得由她帶進去，希望能一路過關斬將。我們從大路轉進小巷，小路兩旁是坍塌磚屋和生鏽的鐵皮屋頂，一片狼藉。泥地上輪胎痕很深，泥水簡直成了小河。途中經過破破爛爛的屋子，衝出一群雞，外頭的招牌「好生活醫療中心」還沒有拆掉，油炸麵包樹果實和咖喱餃的香氣非常誘人。

琴恩停車跟攤販買了一些印度薄餅。雖然年紀比我還小幾歲，她看上去卻幾乎像年長一輩，不知是不是身上那襲粉藍色套裝的緣故。朝監獄走去的路上，她提起自己在坎帕拉長大、取得大學學歷，以前是中學教師。

「現在呢，以監獄為家。」

我點點頭。「偶爾會有這種感觸？」

「不，我是真的住在裡面。」

原來琴恩的丈夫是獄警，夫妻與兩個小孩就住在監獄土地上的一棟單房小屋。而所謂大門，事實上是鐵絲網開洞。琴恩指著獄警宿舍給我看。之後我們沿著石頭路往裡面走去。囚犯穿著陽光黃制服，像是土地上的雛菊，他們正在翻土。

「典獄長要囚犯整理花園，」琴恩解釋。

盧濟拉監獄以不同區塊區隔不同群體，例如已定讞、未定讞、女性、死刑犯。監獄於一九二七年落成，是殖民時代主要的監禁場所。那時期這種監獄主要服膺白人國家利益，囚犯是棉業免費的勞動力，商人為了不被關就花錢賄賂官員；烏干達也一樣，社會體制製造出許多囚禁人民的理由。歷史上，非洲監獄就是一種社會控制工具，和體罰互為表裡。如烏干達這種英國殖民地直到一九三〇年代才廢止體罰，那年代有六成囚犯被以逃漏稅或通姦罪名關起來。

靠近大門處，穿著黃色衣服和拖鞋的老囚犯拿著湊合的掃帚清掃。獄警揮手要我和琴恩進去，他穿著軍裝、卡其襯衫和短襪，並戴著紅色貝雷帽。

「包包可以放這裡，」琴恩指著充當入口哨塔的小屋。我將皮包掛在生鏽牆勾上，旁邊堆著用過的手寫識別證。

外面花園打理得很好，同樣黃色制服的人來回整頓青蔥灌木。這畫面不禁讓我想起課堂上介紹過的美國奴隸自述（slave narrative）的經典：弗雷德里克·道格拉斯（Frederick Douglass）筆下主人的風聲花園有如伊甸，對飢餓的奴隸太過誘惑，但他們犯了禁令就會遭到毒打。

負責的獄警先和我握手，然後出示徽章並放在桌上，打量我一陣以後低聲說了幾句話，意思大概是正式許可下來之前先提供工作證之類。再一次握手，大功告成。

又穿過幾道門和卵石小徑，就是監獄深處亂七八糟的宿舍區。太陽下黃色制服四處堆放，長褲披在灌木叢上，枯樹枝吊著上衣乍看像是開滿花。混凝土小屋的窗戶後面有眼睛在窺探著，琴恩告訴我每天早上七點到下午四點，囚犯可以自由活動。後來我們跟著幾個男的走向像是箱子的水泥建築，那就是目的地。囚犯們脫了鞋，好像要進入聖殿似的。

「歡迎來到非洲監獄計畫設立的圖書館，」琴恩說。

屋內中央有張木桌，周邊有三臺舊電腦，十多人坐在長凳上，制服背面印著個人資訊，例如「候審，二十三號房，債務問題，清潔工」。有些人靜靜走來走去整理書籍，我瞥見有亞瑟．米勒的《熔爐》、星艦迷航記系列、《數學方法》和《希臘旅館導覽》。黑板上寫了一句話：「婚姻的缺點：造成貧窮。」今天是成人應用識字班的最後一堂課，被大家戲稱為「校長」的威爾森正在做總結。之後他還和另外九人取得授權，開課傳授金融、社交、家庭計畫方面的知識給同為獄友的弟兄。從他耐心卻也威嚴的態度來看，教學經驗應該十分豐富，而且不難察覺其領袖地位。威爾森與他的「教師教育班」成員們都會參與我的創意寫作課。

「對，湯姆，說得很對。」威爾森講課生動活潑：「婚姻其實會帶來很大的經濟壓力，所以在找對象以及決定是否結婚之前要三思。」

琴恩要大家注意，然後介紹我是美國來的教授，也是之後寫作課的講師。其中一個人目光銳利，舉手發問。

「很榮幸能有這個機會，也誠心歡迎妳。我自己很喜歡湯瑪斯．哈代（Thomas Hardy）的小說。不過，」他問：「教授，為什麼只能一星期？不能是完整的大學課程嗎？」

「他的意思是，」威爾森出面解釋：「很多像妳一樣的好心人來開課，但是來來去去，課程結束就離開。不知道妳能不能設計可以延續的課程？」

「我是這麼希望的，」我回答道。「你們所有人經過訓練以後都能夠成為寫作老師，在我離開以後可以接棒講師的位置。」湯姆聽了若有所思點點頭，接著有個粗壯囚犯進來，他有雙紅色小眼，蓄著鬍，肚子頗大。

「這位是主席，」威爾森為我介紹。盧濟拉監獄採取犯人自治制度，所以課程也需要負責人背書授權。

「沒問題，可以開課，」他用力和我握手：「創意寫作？我也來旁聽。」

學生們還有一連串的問題，想知道證書門檻、給分標準之類。到了點名時間，大家魚貫出去，我通過金屬探測器回到喜來登。

痛苦是療癒的過程

第一堂課早上，我還在旅館喝黑咖啡時，電話忽然響了。

「小姐，我今天不能過去，」司機大衛說：「有事情得去醫院，但是我請哈金代班。」

哈金出現載我過去了，堆著笑臉跟我多要些小費。

平安抵達監獄圖書館，我等學生進來。獄警每天浪費很多時間點名，因此占用寶貴的上課時間，學生們一個一個慢慢到齊。哈桑曾經在建築公司上班，有商業學位。尼可拉斯是布干達（Buganda）族後裔[2]，以前從軍。神情嚴肅的湯姆喜歡高爾夫球，有法學院預科證書，獄友們叫他大法官。資深的監獄福利官也來上課，她一派慵懶，令人懷疑也許她連自己的福利都不在乎，要怎麼替別人爭取福利。穆罕默德身高二一〇，但年紀不到二十一，他說自己寫了些音樂，現場還演出一段雷鬼歌曲，副歌有一句是：**噢，女性受了多大的苦**。

「曾經有一位叫做阿里斯托芬（Aristophanes）的人說，『心靈因文字而生出翅膀。』」威爾森大聲唸出課程綱要，然後抬起頭：「這句名言背後的概念是，即使一個人遭到囚禁，他的文字依舊自由，就像心靈一樣，永遠不受拘束。」

「有沒有人讀過奴隸自述文學？」我問，但是他們一臉茫然。

「美國一開始建立在奴隸制度上，」我解釋：「奴隸們書寫自己的經驗，出版以後獲得很大的迴響。他們為什麼這麼做？」

「揭發社會不公！」穆罕默德叫道，伸手指向半空。

湯姆聲音洪亮唸誦了弗雷德里克．道格拉斯一八四五年出版的作品，也是美國最著名的奴隸自述經典。「我無法確認自己的年齡，從來沒有看過正式文件紀錄。大部分奴隸都一樣，就像馬兒不知道自己幾歲。做主子的大半希望奴隸一無所知下去。」

「他連自己的生日也不知道，」威爾森說。

「很悲哀吧，」我問。大家都點頭。

「值得注意的是，」湯姆說：「他不以自己已經確定的事情來展開故事，而是從確實不知道的部分開始。很特別。」

我們又唸了另一段，作者道格拉斯目睹血淋淋的鞭刑。

「很殘酷。」威爾森直接道出心聲，也說道格拉斯文筆很好，表現出壓抑、富有韻律的節奏起伏，並且援引聖經。學生們很認真，但氣氛不熱烈。我要求他們動筆，書寫自傳第一頁。遠方響起鼓聲，他們隨著節奏振筆疾書，我也趁機讀了他們的課前期望：**我希望充實知識。我希望保持想法新穎有創意。我期待在寫作中體驗團隊精神並激發、喚醒自己的創意。**

過了半小時，學生們開始分享成果。

其中一個人寫到索馬利亞第一大城摩加迪休發生戰亂，回家以後得知自己父母兒子都死於愛滋。

「生命艱辛，」這是他下的結語，但若要以這句話貫穿現場每個人的生活，還嫌力道薄弱。威爾森給自傳下了標題叫做「從垃圾堆裡站起來」，並親自朗讀內容：「我還沒出生就不被看好，因為這是一夫多妻家庭，父親巴法基先生有另外七個太太。兄弟姊妹太多，大約六十人，排名落到第三十七的我卻是母親唯一的一個。」

2 譯按：布干達是該地古王國，直到一八九四年才正式由英國殖民並改名為烏干達（以斯瓦希里語發音的布干達）。

他五歲喪母，後來受到繼母們虐待，「她們都相信巫術。」為了賺學費，他去鄰村替一個有錢人做工，沒想到才開始沒多久就被同事誣陷，要為公司損失負責。開庭之前他被關了一年半，結果被判處十三個月徒刑並要賠償六百美元。無論威爾森有沒有責任，不難理解他的人生充斥貧困、虐待及傷痛。

這裡每個人都一樣。他們之所以對奴隸自述沒有多大反應，是因為內容不算新鮮事。有人換了一個又一個的家，卻始終遭受虐待；有人從小就得乞討食物，他們對抗貧窮、在外流浪、和病魔戰鬥——我的學生是這樣的一群人。就連非洲監獄計畫來的琴恩，明明只是陪著大家一起練習，結果說出的故事也同樣淒涼。

「我以前的生命裡，唯一的體驗就是虐待、毆打和不幸。」她大聲朗讀：「也因此我一直情緒不穩定，只要想起過去受到的折磨就不由自主落淚。」

最後一個發表的是湯姆。他之前開口就提起狄更斯與哈代，可見受過正式教育，這一點在他流暢的文筆也得到印證。湯姆就在恩德培市長大，環境並不差，入獄原因是白領犯罪，過去以為是朋友的人全部與他斷絕往來。

「我只能向前看，積極改善自身處境、心態正向。至於當初棄我於不顧的人也不必放在心上，因為我沒有多餘心力用在記仇這種小事。我想成為更好的人，在這條路上我不會回頭。」

下課以後我依然深受感動，而且很意外學生都接納這次的隨堂活動，願意好好訴說自己的故事。同時我也心情沉重，為他們的過去和現在感到哀傷。面對作弄人的造化，只靠文字能起什麼轉變？

週末的時候，朋友的朋友、才二十幾歲的艾爾來找我，我們兩人都喜歡雷鬼音樂，而且沒想到雷鬼在這邊很受歡迎。烏干達人口有四分之三未滿三十，大半是一九八六年選出新總統以後才出生的，因此音樂文化顯得特別年輕。在此之前，一開始有伊迪・阿敏的暴政，後來又經歷幾次軍變政變，直到約韋里・穆塞韋尼（Yoweri Museveni）上臺以後，局勢才得以穩定並發展文化。烏干達音樂節還在自我追尋的道路上，過程中必然要大量參考外來刺激。艾爾帶我一晚上跑了好幾間相當厲害的夜店，我的感想是烏干達人可能比牙買加人還要牙買加。

或許因為我是外地人，帶著我也新鮮，於是艾爾自願兼任導遊，讓我看看這裡的日常生活。星期六早上他開著銀色賓士過來，但擋風玻璃裂了，還少了一側照後鏡。

「上個月被一輛波達波達撞的，」他解釋：「所以路上要避開警察，沒有照後鏡不能上路。妳懂吧？」他繼續說：「有沒有去貧民區看過？白人好像都喜歡看貧民區，在那裡做了不少善事。」

於是我們前往坎帕拉舊城區，位於以前高角羚棲息的山丘地帶。討價還價以後，我們買票進入盧布利（Luburi），也就是以前布干達王國的宮殿，導覽涵蓋參觀阿敏的拷問室及勞斯萊斯轎車。由於偷竊和搶劫在烏干達是家常便飯，我來這裡以後老是提高警覺，幸好艾爾為人親切，這天我終於能放鬆些。他問了很多美國的生活，尤其是開銷部分，順便告訴我烏干達的社會現況、批評當地的排外風氣，也解釋其實包括他自己在內，很多居民是盧安達移民後裔，艾爾的家族在早期小規模種族迫害時代就逃出來。後來他一直想要說服我：烏干達人其實比盧安達人好相處。

「盧安達人就算表面上笑嘻嘻，到時候還是會動手殺人。在這裡至少死得明白啊，對不對？」

後來開車的時候，他突然在駕駛座上慌張大叫：「快點，給我一點現金！」

「啊？」我下意識掏了錢。

艾爾將汽車停在路邊，搖下車窗：「警官您好！」那笑容真是可掬。

「你好。婦女節過得還順心嗎？」

「好極了，警官先生！我待會兒還要為旁邊這位女士下廚呢！」艾爾伸手，對方也笑著握住了。

「一路順風。」警察對我說：「婦女節快樂！」

我們趕緊繼續前進，免得因為缺了一邊照後鏡還要繳罰款。剛才那一幕應該算是最友善的賄賂吧。

「我啊，很高興不是住在盧安達。要是換成吉佳利，沒辦法像剛才那樣吧？活在什麼都要規規矩矩的地方也很煩。」

隔天早上看報紙時，一篇報導談論穆塞韋尼總統和政府弊案，另一篇是距離坎帕拉兩小時的郊區發生爆炸案，再來則是有個二十歲、感染愛滋的女性和一歲大兒子住在盧濟拉監獄，已經長達三年，一直在等候重審。罪名是什麼？偷了一支行動電話。我去監獄之後將這件事情說給學生聽，他們沒什麼反應。

「有多少人是付不出罰金或者沒錢賄賂，所以才被關？」我問他們，並提起週末路上的遭遇。有九個人舉手。

貪腐滲入這個國家的骨子裡。二〇一二年，國際透明組織（Transparency International）發起「東非賄賂調查」（East African Bribery Report），結果烏干達的案件數名列第一，指數高達百分之四十點七。同年有一千兩百七十萬美元的捐款提供給烏干達總理辦公室，指定用於重建該國飽受二十年戰亂蹂躪的北部以及最貧窮的卡拉莫賈地區——然而，那筆錢最後卻進入好幾個私人帳戶，導致歐盟暫停援助。

其實不僅烏干達如此，觀察全球各地的監禁制度，會發現金錢和司法兩者存有太多不堪的連結。即使在美國，大家也明白花多少錢請律師，贏面就有多大，更不用說保釋也要錢，所以有錢人鮮少接受認罪協商。但這不就是另一種形式的賄賂？真相令人沮喪，可是各國司法真的有價，且異常昂貴。有個案子是密西根青少年在禁止捕魚的季節捕魚，於是進監獄蹲了三天；還有伊拉克戰爭退役的老兵無家可歸又喝多了，闖入別人棄置的房子，下場是被關二十二天。這兩個案例中，監禁的用意甚至不在於懲罰，而是被告負擔不起日益飆升的刑法罰金。再來，逮捕令、法院指示的藥物和酒精檢測、DNA鑑識、陪審團費用——這一切不就是於法有據的勒索？

我們開始對威爾森發表的自傳內容進行討論。

「牧師，」湯姆先開口。通常都是湯姆帶頭，因為他的文學底子較好，但態度總是嚴肅，我到現在還沒看過他的笑臉。「你字裡行間透露出訊息，認為一夫多妻制給你和家人帶來不好的影響。應該不是我會錯意吧？」

「沒錯。」

「那麼你如何將這個訊息展現給讀者呢？」透過這個問題，大家意識到寫作上的重點：意義不是用說的，必須具體展現。威爾森深呼吸一口氣。

「經濟壓力、手足之間的紛爭、被繼母們排擠的痛苦，當然也會被她們打，而且是每天，有時候拿皮帶打，有時候拿木棍打。久而久之我就意志消沉。」他嘆口氣。

「你還提到自己曾經為有錢人做事吧？那是什麼感覺？」湯姆幾乎成了我的助教，我樂見其成。

「我已經長大了，回想時盡量不哭。但說真的，那段日子很難熬，比在家還要辛苦，而且年復一年受委屈，最後只能跟上帝哭訴，懷疑自己是不是被祂遺棄了。」

威爾森停下來搖搖頭：「寫自傳很難受，因為得回憶那些事情，一想到就不舒服。」

「那種痛苦是療癒的過程。」湯姆苦口婆心，威爾森聳聳肩，手指在黃色軟帽上磨蹭。後來幾天，我進一步理解了威爾森的痛苦，也看見他的傷口雖緩慢但確實逐漸癒合。一天早上，上課時間還沒到，他和我坐在長凳上，聊到了之後的生涯規畫。威爾森打算出獄以後成立服務監獄的教會，協助更生人進入農場工作，之後他以布道般的口吻為我說明這裡囚犯的處境。

「空間太擠，我每天只能側睡，被子上滿是蝨子和疥蟲。伙食不夠，沒有乾淨水源，很多人出賣肉體是為了喝口水。」

「這兒的環境連我媽那種人都會覺得不可思議。」穆罕默德在一旁聽見我們的對話跟著加入：「一開始我哭天喊地覺得自己明明沒犯罪為什麼會被關進來，不過久而久之也學會怎麼生存了。」

外頭有人大聲嚷嚷，一個學生讀《美國奴隸》（*Slavery in America*）讀到一半抬起頭：「我們還是去點名好了，免得他們拿棍子進來。」

聽到棍子我打了個寒顫，或許也是因為點名搞得人心惶惶，這天上課氣氛比較沉悶。我節錄曼德拉的《漫漫自由路》（*Long Walk to Freedom*），可是沒人有空預習，也因為還不懂練習重點，所以沒有人寫得出戲劇性對白。他們第三次點名回來，我索性開始隨堂活動。「我很快樂。」我在黑板上寫下這句話，然後請學生接手，用句子展現自己的快樂，而不是只說出快樂兩個字。

羅德瑞克舉手說：「我很高興終於等到開庭的日期。」

「但那是怎樣的一種快樂？」

「那乾脆說『我出獄了好開心』？」希拉吉指著空氣說。

「終於不用乞討食物，我好開心。」主席大聲道。

最後威爾森也站起來說：「我開心得跳起來了。」

「對！」我叫道：「這樣子就展現了畫面和情緒。」

他們紛紛點頭。

接著換一句：我很訝異。

穆罕默德：我爸打我媽，所以她離家出走，我很訝異。

哈桑：我得當軍人，拿的槍很重，我好訝異。

從這些鮮明的傷痛記憶中提取情緒，對囚犯而言是很大的考驗。

又要點名了，學生們趕緊收拾。

「我們要回『病房』了。」威爾森嘀咕說：「貝茲，妳知道為什麼要用這個詞嗎？因為醫院這麼說。對那些人而言，我們有病，而他們正在施予治療。」

寫作可以使我們的心思離開監獄

我在坎帕拉找到一些樂趣。在外國人常去的地區能看見當地藝術蓬勃發展，傍晚開始酒吧有水菸，維多利亞湖畔的沙子很白。可惜每天依舊要面對被偷被搶、烏茲衝鋒槍和炸彈檢查哨，再加上無論見過的還是沒見過的許多人，目光都帶有敵意，氛圍使我精神疲憊。進入盧濟拉監獄所見並無法提振士氣，學生都很優秀，但距離他們實現夢想遙遙無期。每天下車之後走去監獄的路上經過貧民區，景象叫人非常心痛，也助長我心裡那股憤世嫉俗、充滿隔閡的情緒，彷彿我在盧安達、在美國所做的一切都是假象，我自以為追尋的可能性真的存在嗎？尤其身在烏干達，反而聽到盧安達的黑暗面，有人認為那裡軍警協助政治清算，鎖定批判政府人士加以監禁、甚至滅口。我聽了以後很傷心，懷疑自己那些美好期待是不是幻夢。

然而，進了監獄我就看見學生們在桌子前面埋首動筆，忙得連打招呼的時間也沒有。儘管盧濟拉內部環境和制度缺失一再澆我冷水，只要一上課我就會稍稍舒坦。他們寫作的內容深刻又生動，某一天主題是短篇故事，威爾森又擄獲眾人的心，他說到蛇和毛毛蟲參加宴會，最後卻被打一頓趕出來。

「後來蛇怪蝴蝶不該騙他說能夠得到大家接納。」他唸誦：「但他們都忘記了，蛇只是將舊的皮褪下來，本質沒有改變。」

「這就是所謂的寓言。」我說：「故事應該有個啟發。」

湯姆舉手，這次他臉上終於有了淺淺笑意。今早我進監獄大門時就遇見他，他說會稍微遲到，獄方管理人員找他談話。

「湯姆，一定有人告訴過你，你文筆真的很好。」我說。

「怎麼敢當。」他微微鞠躬，那時還沒有笑意：「不過我真的很希望妳可以在這裡開設大學程度的班級。」

結果我只能支支吾吾，說我會看看能不能為他發表作品，暗忖以他的才華而言，自己能做的實在有限。

「如果我真的聽懂了，」湯姆朝著威爾森說：「這個故事是要告訴我們，改變太膚淺的話就沒有意義。」

「還有，」威爾森插話：「我們可以像蝴蝶一樣，經過蛻變、成長，改造自己，然後生出翅膀。這座監獄裡面有很多人正在努力。」

下一個自願發表的人是主席。他的故事是星期天和家人去維多利亞湖畔休憩，乘坐波達波達「跟在豪華轎車組成的艦隊後面，吸著它們排放的廢氣，看車主們在湖畔享用大餐，好像一口一口吞下鈔票」。他筆下的漁船和水面波光好像有了生命，一隻隻髒腳放進湖裡的畫面活靈活現，「漂亮姑娘們來回逡巡，請客人點杯飲料、來盤烤魚，不知不覺中取走大家身上的現金。」

唸到這裡他忽然停下來，將作業攤在桌上。「我只寫了這些，」主席說：「再回想下去很痛苦，」

「痛苦？」威爾森問：「你才剛剛帶著我們一起去度假，讓我們都忘記痛苦啊。寫得很美！」

「我聽得都想吃魚了，」穆罕默德嘆口氣。

「要搭配尼羅河特調，」哈桑跟著說。主席聽了大家的讚美似乎心情好了些，表示自己晚上會完成文章。

「就算只是暫時，寫作可以使我們的心思離開監獄。」威爾森說：「有文字，就有翅膀。」

當週之後某一天，艾爾找朋友帶我去坎帕拉市高級地段蔻洛洛（Kololo）區金合歡樹大道用晚餐，三人一下子就熟稔了。艾爾心思敏銳也不厭其煩地一再解釋當地風俗，加上他真的很清楚什麼地方有上等雷鬼音樂，而且是少數不會讓我時時意識到自己白人身分的真正朋友，但對他而言，我也還是很新奇：怎麼會有個女人跑來整天蹲在監獄裡呢？

「妳真的在監獄裡面工作？」艾爾的朋友從副駕駛座轉頭問我。他解釋自己去加州念大學，所以講話帶著美國腔調，後來又說：「妳應該見一下我爸。」

車子迴轉，好像進入坎帕拉的平行宇宙，道路兩旁有樹木，路面上不再坑坑窪窪，房屋風格很美式。車子停在一道鐵門前，有兩名武裝警衛駐守，進門之後還要拉起圍欄才會看到戶外用餐區，已經有五、六個人坐在紅木椅子上。

艾爾向朋友的父親打招呼，對方穿著條紋襯衫、器宇不凡，身旁的女性頭髮盤得十分高雅。他打量了我一會兒。

「這美國人是？」

「我是紐約來的大學教授，這……」

「請坐，」他吩咐完就拉出一張包著塑膠膜的椅子，也立刻有人送來一盤雞肉和涼拌菜。

「吃吧！」他舉起戴著尾戒的手，取出嘴裡吃剩的骨頭放在餐盤上。

「今天正好慶祝他出獄，」夫人解釋。

原來我有幸和穆庫拉上尉同桌用餐，他曾經在哈佛甘迺迪政府學院內做研究，還擔任過衛生部長，不過涉嫌侵佔一筆八萬四千美元的疾病防治捐款被判處四年徒刑，入獄兩個半月以後上訴成功才獲釋。盤子收掉以後，他抬頭和我聊了起來。

「所以妳在盧濟拉做志工？」

我點點頭。

「那裡環境真是糟糕，一定要好好改善，得有人想點辦法。」他握拳往桌子一敲：「關在裡面的人其實都很聰明，可以學點技能，就算養雞也好！能做點有用的事情吧，不然就去社區服務啊，關在監獄做什麼，真是浪費。」

他開了一瓶可樂。我看著他，想起紐約市前警察局長伯納・克里克（Bernard Kerik）也曾因為逃漏稅問題入獄三年，後來他大聲疾呼監獄系統必須改革，不但寫書還上媒體，一直呼籲強制最低刑度設計會害慘犯人。

「以前從來沒看他那麼激動過。」餐後穆庫拉的兒子這麼告訴我，而我已經將名片交給前部長先生，還表示會請同事與他連繫，研擬大規模改革計畫的合作可能。「入獄之前他大概從沒在意過裡面如何，結果現在成天想著這件事。」

我只懷疑衝擊感褪去以後，他是否還會繼續思考下去。

還好這也是我在盧濟拉的最後一天了，反正我根本沒申請到正式通行證，還與一個態度很差的警衛起了言語衝突，之後恐怕沒機會從側門偷溜進去了。好不容易好說歹說通過烏茲槍口，我進去圖書館，原本讀著《遠大前程》（*Great Expectations*）的威爾森抬起頭。

「貝茲教授，妳有沒有宗教信仰？」他問。

「沒有喔。」

琴恩吃了一驚跟著抬頭：「紐約那邊對沒信教的人不會排斥嗎？」

「我的信仰就是做善事、追求正義啊。」我知道這答案太過牽強，但也只能盡力避開這個有些敏感的話題。威爾森識相地笑一笑，搭著我肩膀。

「就算沒有耶穌指引，貝茲妳也一直都在行正道了。」就極度傳統保守的國家而言，他這番話已經展現出高度寬容，但也很符合我認識的威爾森。

那天上課主題是論說文，我們討論婚姻法案，羅德瑞克堅持那是可怕的立法概念。「不就是貶低婚姻的價值嗎？聖經上可沒有說過同居這種事情，只有婚姻。」

「但是如果同居或相伴很多年，其實就和結婚沒有兩樣啊。」湯姆也不退讓：「所以英語有一句俗話說『看起來像鴨子的話就是鴨子』。」

「不對！」威爾森叫道：「婚姻是神聖的，我們不應該隨意更動。」

「我很清楚這種文化僵固狀態，」湯姆跟著激動了：「但這個國家在蛻變，我們不應該墨守成規，必須掙脫舊思想。」

他說話平穩卻強硬，有點像是國會議事。

「我們不能以過時的習俗將女性視為禁臠。」湯姆繼續解釋：「烏干達需要改善家庭環境，但買新娘的文化風氣卻將女性看成財產，我們不應該倒退回一九二〇年代。」

「問題就是如果連嫁妝都不用付，」威爾森不同意：「對男人來說反而像是免費。有花錢至少還會珍惜一點！」

因為時間不多，而計畫是以非裔美籍人的詩詞做為課程收尾，所以我不得已中斷他們的辯論。

「詩，」威爾森好像品嘗著這個字：「是思想融合了節拍韻律。」

尼可拉斯為全班朗誦馬婭・安傑盧的作品：

囚鳥鳴叫，唧唧啾啾，憂懼未知，仍舊渴求
聲音遍布，遠方山丘，只因囚鳥，歌頌自由

威爾森的臉幾乎貼在講義上，簡直就要陷進那些字句裡。「在盧濟拉的我們就是囚鳥，」他感慨道。

剩下一小時，我們在字裡行間的沉思中度過。威爾森朗讀馬婭．安傑盧時那抑揚頓挫十分動聽，他那張蒼老又年輕的臉上笑意燦爛。

是我眼中的火、齒間的光，腰身的擺盪，腳步的飛揚。
我是個女人，出色的女人。

「這種力與美屬於堅強的女性。也許是人性。」威爾森神情很快樂。班上每個人都恍惚了，連我也一樣；這麼多年的教學經驗中，沉浸在文字的體驗未曾如此深刻。我猜想是因為這裡每個人都懷抱真切渴望，若我都想離開了，他們怎能待得住。這種強烈渴望可以敞開心靈，接受文學與藝術帶來的轉化力量，效果極其巨大、刻骨銘心。

我要他們作詩，學生們毫不扭捏地分享了自己的創作。穆罕默德的作品叫做〈貧窮〉，力道強勁：

快點！用力！這裡！
放下來！舉起來！都打開！搬出去！
貧窮、貧窮、貧窮！為何你還逗留？

吉米的詩結尾很精彩：

大家何時願意清醒，
別讓每個人都成為監獄的主人，
好好想想，逝去的時間永遠追不回。

最後是彼得：

噢，愛滋、愛滋、愛滋，多麼殘忍的疾病。
奪走我的父母與兄妹，為何放我一人
留在人間？
不知你能否理解，獨活很累。
愛滋，如果你聽見

帶我離開這世界。

一片沉默。

沒有任何言語能夠充分回應這樣的文字。而另一方面我內心欣喜，因為學生們竟能在短時間之內掌握一種未曾接觸過的文學形式。

「上帝保佑妳，」默罕默德輕聲說。告別時間到了，空氣中充滿感傷。

「記得替我們問候紐約的獄友，」湯姆語氣很無奈。

「不能再多留一星期嗎？」威爾森問：「妳帶我們接觸到這種美妙，卻又要將它帶走。」

我聽了很難過、很慚愧，每次在監獄裡面開課都這樣。對我而言是重返自由，但是學生們要面對的依舊是牢房。今天的狀況更糟糕，難過不僅是因為我關心他們卻又得離開，還因為我這一走恐怕就不會再回來——我將他們留在這種地方，人間煉獄。而慚愧的是，威爾森說得對，我在這裡埋下人性、創意和思想自由的種子，揭開囚犯的情感瘡疤，卻好像跳傘那樣安安全全回到原本生活。雖然我懷抱一絲希望，但也懷疑課程恐怕無法延續。他們超越了自己，可是才一週，維繫不下去的話有什麼意義？

「走吧，」湯姆語氣沉重，攬起威爾森的手臂，隨著其他人離開圖書館，從學生變回囚犯。

我低頭望著桌面，屋內空空蕩蕩，剩下一張課程大綱，上面引述了雷・布萊伯利（Ray

Bradbury）的句子：「只有沉迷於寫作，才不會被現實擊垮。」

一週以來，班上學生確實沉迷於寫作中，但並非逃避現實，過程可以帶來情感面的成長。二〇一三年的研究顯示，受試者如果閱讀文學作品，之後透過照片中演員眼神來判斷情緒會較為精準，研究者研判，原因是文學作品強化腦部細微的社交功能與思考程序，於是進一步對社會穩定運作達到貢獻。一九九〇年也有一項針對閱讀療法的研究，結論認為獄友參加寫作課程以後，對於挫折的容忍度提高了，更願意披露自己的痛苦、罪惡和悲傷感受；寫作過程、事後修改、自我和同儕的評論，也都有助於探索價值觀，增加自尊，培養同理心。

這星期我親眼看著他們做文評、辯論，彼此對話深具啟發性，同時囚犯開始挖掘從過去到現在的各種情緒，學會如何傾聽他人、同理他人，理解別人的矛盾掙扎——即便他們的故事一個比一個可怕殘酷。

「閱讀幫我學會控制脾氣。」在紐約的學生卡爾這麼提過：「開始看書，就得看完。有時我讀得心浮氣躁，不懂到底什麼意思，挫折感累積以後很生氣。不過為了讀到結尾，我必須有耐心，而耐心就是易怒的特效藥。」在加州，另一個寫作班的獄友學生則將自身體驗整理成一句話：「我學到的不只是寫作，還有自己可以治療自己。」

沒錯，即使人被關在監獄裡面，一旦開始接觸藝術、美感與思辨，囚犯也能夠找回最崇高的自我——「宛如新生」，這是另一個獄友學生柯瑞所言，他認為在課堂上才能連結到更高層次的自我，若回到永遠給他貼上犯人標籤的世界就不可能。柯瑞還說過，他覺得我從老師的角度，看得見他人性裡面尊貴的一面，其他人則辦不到。

巴西哲學家保羅・弗雷勒（Paolo Frere）在著作中提到：「人類天性無法沉默，透過語言、文字、行動得到反思。」他還認為對話是一種「創造的行為」，需要愛和信念，「對人類的信念，對創造與再造的信念⋯⋯對自己可以更具人性的信念。」這就是在牢籠、在艱苦環境中也要閱讀、講話和寫作的理由：**為了喚起人性**。為了乘上言語的雙翼。為了回到語言。為了找回監獄想磨滅的身分。為了在肉體遭到禁錮時掌握心靈自由。為了不再只是「我」，成為以文字填滿教室的「我們」。

搭機返國之前，艾爾和我去了金賈市（Jinja）一趟，據說尼羅河起源於此。離開坎帕拉大塞車以後我們進入鄉村，周圍都是松樹林或鳳梨園，我們打船到河上小島，下榻在模仿樹屋的特色旅館。蘆薈環繞，水流潺潺，心靈在此沉澱，我開始思考這趟旅程的意義，衡量自己的收穫，以及點燃囚犯心中火苗後不得不離去的惆悵。假如發揮的功效如桶子裡一滴水那樣單薄，改變是不是就沒了價值？接著我想起進入盧濟拉監獄第一天就浮現的質疑：面對真正的絕望，文字算是什麼？沒錯，將藝術帶進監獄對於個體轉變有很大作用，可是之於社會結構、之於司法刑罰制度內巨大的碾壓，這種活動似乎只能稱之為消遣？

禁止逃獄

為了脫離思想泥沼，離開烏干達幾週以後，我前往牙買加，這個加勒比海國家就監獄內的藝術提供了全新的視野，只不過領域不大一樣，是音樂。從英國到印度，世界上許多社會都認為音樂可以淨化囚犯心靈，而美國也有諸如奴隸歌謠、監獄藍調這類文化，甚至在安哥拉監獄（Angola Prison）出了一個民歌傳奇人物鉛肚（Lead Belly）[3]。

「已經是官方計畫之一，因為有歐洲國家出錢贊助，」牙買加當地社運和教育人士凱文．瓦倫（Kevin Wallen）解釋音樂矯治計畫的進展時如此表示。我約他在京斯敦郊外赫夏海灘（Hellshire Beach）[4]一起午餐，想要了解自己將要參觀的這個計畫的歷史脈絡。

一九九七年，凱文．瓦倫和哈佛教授查爾斯．聶森（Charles Nesson）著手改善牙買加監獄環境，設置圖書館、電腦室、廣播站、錄音室等設施，於是誕生出賈．庫爾這位知名雷鬼樂者，可惜幾年前我沒能得到採訪許可見他一面。賈．庫爾在這裡錄製了幾首我最愛的情歌，而我終於能進去一窺究竟，了解是什麼樣的計畫造就他。為我處理手續的義大利人卡拉十分積極，幾年前這個計畫從凱文交接給她。

翌日我搭計程車出發。新京斯敦像美國大都會一樣，摩天大樓和熱鬧商場處處林立，然而牙買加首都的市中心區年久失修，對旅客而言不大體面。京斯敦的新舊區之分不只是地理，也是社會階級；這段車程緩慢平穩，可是路旁風景清楚揭示貧富差距和幫派存在。黑幫暴力犯罪從一九七〇年代起肆虐京斯敦的「戰區」（garrison communities），也就是政治因素導致的少數民族區，結果是在過去十年間牙買加的命案比例在全球名列前茅。雖然島國人口才兩百七十萬，卻在二〇〇四年以後每年超過一千人被殺害，所有刑案中他殺占了百分之五。但不意外的是：牙買加也有將近半數的囚犯罪名根本與暴力無關。根據二〇一二年該國警方統計研究，「典型囚犯」多半在三十四歲以下，而且二十四歲以前就因違反槍械法而遭到逮捕，後來也多半持有槍枝卻未依法繳交註冊費用。

「去GP，」我告訴計程車司機。GP指的是綜合監獄（General Penitentiary）。「知道吧？」

「妳有啥米毛病？」他以當地腔回我話。

道路對面看起來像堡壘的建築物就是牙買加最大的監禁機構，目前裡面住了大約一千七百人，可是設計容量只有六百五十人。血紅色磚塊加上混凝土，優雅的哨亭、二十呎高的圍牆，在政府網站上被稱作「精緻的牙買加喬治亞建築風格」。歷史追溯到一八四五年，也就是牙買加全面廢除奴隸制度的七年後，然而奴隸不是唯一的刑罰手段。一八六五年牙買加通

3 譯按：本名為Huddie William Ledbetter，外號鉛肚的來源眾說紛紜，可能與姓氏發音、在監獄中展現過人體魄、南方黑人飲酒習慣等等有關。

4 譯按：據稱原名為「養生」（Healthshire），但因為發音模糊反而成為「地獄」（Hellshire）。

過肉刑法，當地人稱作鞭刑法，連竊盜都能判處最高五十鞭；刑事奴隸法可謂美國囚犯租借制度的先驅，將之前淪為奴隸的囚犯再度以人頭計價交到僱主手中。一八四一到一八六一年間，擔任牙買加監獄總長的約翰．道崔（John Daughtry）參考費城東區矯治所的方式整頓GP，到了一九八五年，犯罪矯治法又將囚犯正名為獄友、獄卒變成矯治人員，連機構名稱都改為塔街成人矯治中心（Tower Street Adult Correctional Centre），只不過大家還是習慣叫它GP。

「我喜歡妳的眼睛。」在停車場等卡拉時，一個滿口黃牙的年輕人過來搭訕。他來這裡接被關了十七年的哥哥出獄，但沒人告知確實的出獄時間，所以他只好天一亮就過來等。他說囚犯每個月可以有兩次會面探視，不然親屬可以選星期三送食物和日用品進去。等他哥哥出來，今天第一站是去醫生那裡報到，徹底體檢之外還要喝什麼淨化茶。

「我現在住牙買加，之前在布魯克林，」年輕人拉了拉頭上的洋基隊帽子。

「奧提斯維爾？」我說出自己任教的紐約監獄。只是個猜測，但他那口吻就是暗示了。

年輕人點點頭：「六年，到處換。奧提斯維爾、艾爾米拉，瑞克斯島最糟糕。該不會看過我吧？以前打很凶。但總之和這裡比起來，美國還是像度假啦。看過裡面嗎？」他往旁邊撇撇頭。

卡拉到了，她黑白夾雜的頭髮在腦後綁得像條繩子，非常公事公辦的感覺，見了我以後一揮手就快步朝門口走去。

「走吧，已經遲到了。」她說：「動作要快些。」

「幫我看看我哥幾點出來？」年輕人露出一口爛牙朝我背影叫道。

我的護照影本被貼在混凝土牆上，就在服裝規定的條例底下。手機得放進大保險箱，裡面堆滿各式諾基亞。檢查我隨身物品的獄警拿出尺，在很大一本訪客名簿上寫下名字。

穿過一直瘋狂嗶嗶叫的金屬探測器，我們走進廣場，卡其色囚服一件件掛在曬衣繩上隨風擺盪，圍籬上掛著牌子，上面寫著：感謝上帝賜予我們新的一天。

女王！小個兒！白妞！

我挺喜歡妳呀！

和我說話！

女王大人！

四面八方都有人朝我亂喊。

對我來說這倒是頭一遭。一般來說，闖進監獄的外人只會受到注目禮，偶爾可能有人揮揮手，但我們總介於存在與不存在之間，畢竟住在這裡的人自己也好像被活埋似的。可是在GP不一樣，囚犯確確實實注意到我，這現象叫人頗為不安，與以往相比恐怕更快直擊人間地獄的核心——因為沒有掉頭不看的餘地。這裡的囚犯每天離開監禁、死而復生的時間只有四個半小時，而他們顯然抓緊機會享受生命，所以廣場很嘈雜，每個人忙著自己的事情，幾乎可說根本是座大型足球場，只是周圍環繞如同中世紀的小型牢房。

後來回到辦公室，我見到卡拉的助理喬治，他描述自己在牢房的三年體驗。

「至少可以說帶來很多啟示。」他這麼告訴我：「很小很小的空間要擠三到五個人，而且沒有馬桶，尿尿得找瓶子。大便就更麻煩了，一開始得昭告所有人，再來是去拿報紙。問題是，其實只有大流氓或混出名氣了人家才肯容忍你，不然就會說等出牢房的時間再去解決。久而久之，有些人忍不住大在自己身上，也有人就生病了。

「地板只夠兩個人躺，其他人只好搭吊床。『很貴哦，』我一進去裡面，會裁縫的人就告訴我，要是負擔不了吊床費用，只好站著睡覺。補充一下，牙買加男人平常不會靠太近躺在一塊兒，社會風氣非常恐同。」

喬治說得還算委婉。一九九七年矯正部長有意提供保險套給囚犯使用，此話一出竟導致獄警罷工抗議、監獄內起了暴動，十六人死亡，部長因此下臺。後來成立特殊囚區，被視為同性戀的囚犯就轉移進去；由於牙買加人對同性戀極度恐懼排斥，所以監獄系統無法針對愛滋採取任何防治措施。

「一些囚犯只能每晚站著，直到家人有機會伸出援手。」喬治繼續說：「我確實目睹不少拿刀捅人的事情，有時候起因是小事，例如踩到別人腳趾之類。」

小個兒！女王！

足球飛過半空，幾個穿著卡其色囚服的人跑過來，卡拉開口問候。獄警一邊制止其他人喧囂、一邊帶我們走進牢房旁邊的混凝土小屋，門在我們背後關上。

屋內一片寂靜無聲。

眼前環境很像盧濟拉的圖書館，不過在這裡是電腦室。

約有二十二人，一週五天、每天在這裡待上四小時，他們停下打字的手朝我露出微笑，有幾個看起來應該沒超過十六歲。亮綠色牆壁上貼著海報，標語是「教育是未來之路」。

「來，有東西給妳看。」卡拉打開旁邊小門，哇噢！是一間超大更衣室，不對，是廣播站，牙買加自由之聲。房間裡面貼滿明星海報，有格雷戈里・艾薩克（Gregory Isaacs）、邁克爾・波頓（Michael Bolton）、夏奇（Shaggy）和肯尼・羅傑斯（Kenny Rogers），現在拿著麥克風的人是瑟拉諾（Serano），我認得這位音樂人，記錄牙買加監獄音樂活動的《救贖之歌》（*Songs of Redemption*）介紹過他。看著他，我想起威爾森，同樣是大男孩的身體裡住著老人的靈魂：瑟拉諾個頭很矮，洋基隊帽子和蜜桃色頭巾底下竄出髒辮[5]，穿著Nike白色空軍一號運動鞋，手錶很大、感覺尺寸大了一倍。他的笑容也一樣是兩倍大，塞滿整個房間。

「哈囉！」

「我是粉絲哦，」我這麼說。是真的，看了紀錄片以後我十分欣賞他的歌聲，就像賈・庫爾一樣在每個音符裡勾勒出靈魂的傷痛。

5 譯按：dreadlocks，原為長髮長期不清潔保養呈現的狀態，後來成為時尚髮型。由於dread原意為恐懼，在當地方言中有「畏懼上帝」的含義，所以髒辮在牙買加拉斯塔法里運動中蔚為風尚。

「大家看看！」他對著麥克風說：「剛剛才提到《祕密》一書，『我和我』[6]立刻就做了示範呢？『我和我』希望能夠透過音樂和世界連繫，結果這位美麗小姐立刻出現。大家要保持信念！」

他開始播放紀錄片原聲帶，我們趁機聊聊天，不過我的注意力一直被雷鬼音樂吸引過去，心思暫時離開這個密閉空間。當年道崔設計GP的時候，一定沒想過會變成這樣，他在一八四四年留下的文字紀錄中對於牙買加第一座現代監獄的想像是「除了槌子、斧頭、鋸子以外，沒有其他的聲音」。

接著卡拉又帶我到隔壁的「文化中心」，就在電腦室旁邊，也是混凝土建築。舞臺上有壁畫，畫的是巴布．馬利和當代雷鬼女歌手伊芙莉卡女王（Queen Ifrica）。這裡裝置了巨大的音響，牆壁上吊著很多吉他，有個男人正在打邦戈鼓。參與音樂計畫的囚犯可以錄製歌曲發行，卡拉先前提到她很注意創作者有沒有收到版稅，可惜牙買加音樂產業制度錯綜複雜，誰能從中獲益始終撲朔迷離，看起來多數人賺到的錢只夠糊口。

一個獄警帶我走進舞臺旁邊的錄音間，老舊混音機上擱著過期的音樂雜誌。「希望有機會擴建，」他開口說：「我自己也玩音樂，覺得這個矯治計畫很不錯，與獄友們合作起來也很愉快。」

我們出去的時候經過教育區。「差不多有一般高中的程度了，」獄警這麼形容。教室門上還如同殖民時代掛著一堆規定標語：禁穿垮褲、禁說粗話、注重衛生、褲頭及腰之類。卡拉領著我回到自由社會之前，我最後看見的是：禁止逃獄[7]。

我們又覺得自己是人了

朋友在停車場等我，開車載我回到新京斯敦。「世界紛紛擾擾，」巴布．馬利的哼唱聲從汽車音響傳出，我應和著得到了一個悲哀結論：監獄音樂計畫終究只是止痛藥。烏干達的圖書館、牙買加的錄音室都是同樣的意象，也就是截肢以後包個OK繃。只有很少數囚犯能夠幸運參與，再者與他們面對的巨大煎熬相比，計畫效果微乎其微。

不過再怎麼微弱的功效總是有意義。OK繃或許稱不上治療，但也能夠止血。關於監獄內的文字或音樂創作，研究始終認為能帶來正面轉變。一九八三年調查發現，加州囚犯若參與藝術類教育計畫，申請假釋的成功率提高七十四個百分點。南非數據指出，青年出獄後參加音樂教育活動，前六個月再犯率僅百分之九，拉長到一年則降為零。紐約藝術矯治方案也有好成果，許多個案展現正面思考、憤怒程度下降、違法頻率也低了很多，客觀評估也認

---

6 譯按：原文為I and I。由於奴隸制度剝奪個人身分認同，拉斯塔法里運動人士以這個詞彙加以重建，含義包括「我和上帝之中的我」、「肉體的我與靈性的我」並擴展到「所有人都是一體」（也就是代替了「我們」）。

7 譯按：原文None Shall Escape。就標語意義而言是禁止逃獄，但就英文語意可以解釋為「任何人都無法逃離」。

同他們性格變得可靠、社交能力成熟，願意為團體福祉犧牲個人需求。音樂教育家威稜・馮迪沃爾（Willem Van de Wall）針對以音樂幫助囚犯建立歸屬感和忠誠感發表了許多文章，以色列音樂教授拉雅・斯爾博（Laya Silber）也在女性囚犯合唱團員中觀察到新的社會連結和較能容忍批評的性格變化。

回想起瑟拉諾那大得不可思議的笑容，我腦海中浮現他在文化中心舞臺上表演的片段，精彩極了，但他後來在熱烈掌聲中走下舞臺，將自己鎖在錄音間無法克制地啜泣。「太激動了，」他哭著說：「賈・庫爾早就體認到……音樂會創造靈魂和自我，我們又覺得自己是人了。」

藝術有宣洩情緒、淨化心靈的作用，同時也傳達了美感。可是監獄本身並不美，無論囚犯寫出如何美妙的文字或樂曲都改變不了這個事實。音樂會、寫作課結束之後，指導者如我回到了自由世界時，記得學生的才華，但學生仍要面對牢籠裡的各種黑暗。讓人活得像人，卻只有每週幾小時時間，是不是太殘酷的捉弄？這問題涉及的層面太廣，成了討論監獄藝術活動的「第二十二條軍規」[8]。OK繃使人一時忘記化膿的傷口，更糟的是令人誤以為已經妥善處理傷口。若以烏干達和牙買加監獄內的慘況而言，或許不要粉飾太平，該流的血就流出來給大眾看見，反而才有機會找出病根，真正著手治療。畢竟問題累積太久，成千上萬人像貨物囤積在狹小空間裡，只因為他們沒錢賄賂體制。這災難絕非「矯治」兩字能掩蓋，貧困與犯罪肇因於腐敗的司法系統和駭人的財富差距。

更何況不只是烏干達和牙買加，太多地方陷入同樣的困境。強納森在南非努力的修復式正義，就很多面向來看依舊只是OK繃等級，不過他提供了一個機會，或許能夠將基於報復的司法轉變為以修復為導向，但藝文活動作為獨立的項目則沒有那麼大的意義。

離開牙買加時，我的心情和離開烏干達時一樣極其挫折。將藝術帶進監獄毫無疑問立意良善，可惜對於幾近餓死的體制來說，猶如麵包屑一般微不足道，還可能成為煙幕彈妨礙我們看清大局，忘記真正癥結在司法系統、在建立安全和人道的收容環境，而現在的監獄根本不合格。要改變局勢，不是拼拼湊湊、修修補補就能有所作為，必須勇於追求願景。我喜愛藝術，然而在通往願景的路上，藝術說不定是絆腳石，因為它恰如其分：美得叫人目眩神迷，一時半刻忘卻了現實殘酷。

8 譯按：即 Catch 22。原為小說，後引申為「兩難」或「自相矛盾」之意。

04 女性和戲劇｜泰國

我們陷入無可逃離的相互性，共同捆縛於同一幕命運。

——馬丁·路德·金

從牙買加回到美國，我馬上連繫從監獄返家的學生，也進去奧提斯維爾探望還在裡面的人。這次有位同事蘿倫·莫勒（Lorraine Moller）加入，她的專長是戲劇，也至美國各地監獄取材，多半與女囚合作。今天她是客座講師，我們在警衛室等待時聊了一會兒，談到近年來全球女性囚犯大幅增加。「妳該去泰國看看他們的公主是怎麼做的，」聽了我的想法以後她這麼回答。

蘿倫口中的公主是帕差拉吉帝雅帕（Bajrakitiyabha）殿下，現年三十五歲[1]，是現任泰

1 譯按：原文出版時間計算。公主出生於一九七八年十二月七日。

皇蒲美蓬與皇后詩莉吉的孫女，曾經擔任檢察官，在泰國具有指標性地位，也是為監獄女性爭取權利的先鋒。而她走上這條路的故事十分戲劇化。公主在康乃爾大學攻讀法律的時候曾返回祖國參觀曼谷一所監獄，途中竟然有個囚犯五體投地陳情說：**請回來救救我們**。

於是公主當著看傻眼的眾人面前應允囚犯。經過五年，公主拿了三個學位，回國推動康蘭吉計畫（Kamlangji Project），從泰語翻譯過來是「崇高的意義與行動」，目的在為全國女子監獄建立「典範」。

公主殿下也曾經在約翰傑學院研習了幾個月刑法，蘿倫就是那時候和她結識，一起去參觀過紐約的女子監獄。

「我也想幫助她的子民，」蘿倫說。

因此我們取得邀請，成為康蘭吉計畫團隊的正式訪客。事前無從得知行程細節，但推敲應當會以參訪主要監獄機構並舉辦戲劇工作坊為主。透過這次機會可以好好了解泰國、乃至於全世界陷入的新三角習題：女性、毒品和監獄。

全球有超過六十二萬五千名女性受到監禁，美國女囚人數從一九七七年來增加幅度為百分之八百二十三，但目前監獄裡約八萬名女性有七成並非暴力犯罪。這現象存在於很多國家，女性的罪名以竊盜、詐欺、藥物濫用之類為主，都是與貧窮有關的問題。而泰國兩萬五千兩百三十一位受刑女性中，大概兩萬一千人的罪名跟毒品相關，暴力犯行才五百五十人左右；更甚者，其中竟有約一萬八千人被判處二十年以上刑期，還有四十一件死刑。數字太離譜可怕，也難怪公主無法忽視。

貧窮本身即牢籠

抵達曼谷隔天早上我在旅館大廳候車，遇見很多穿著草鞋和袈裟的僧侶在此集會，我被一片橘色大海淹沒。接我的人因為遲到匆匆跑來，上氣不接下氣，她叫帕提亞，自我介紹以後溫柔地與我握手，連聲為塞車道歉，並帶我走上貼有司法部標誌的廂型車。車上有帕提亞的同事潘娜亞等著，阿潘與阿帕[2]這兩位甫進入司法部不久的新成員將陪同我見識有名的「微笑國度」。

「素坤逸捷運站離這裡有多遠？」我還在體會這都市有多寬廣。

「很近，」阿帕說：「大概一個多鐘頭。」

車子在蘇閣索（Sukosol）飯店接了蘿倫，她是由當地政府安排住宿，開門的女侍身材高䠷、一身紫色袍子，她們總是像祈禱般雙手合十並深深鞠躬，說起 sawadeka（泰語的問候）就像唱歌一樣悅耳。

今天我們的第一站是司法事務辦公室，招牌上斗大字體寫著歡迎約翰傑學院代表團。這

2譯按：泰國人有以單音節作為外號彼此稱呼的習俗。

裡是政府智庫，每個細節都傳達進步和效率；亮黃色椅子和鮮艷塑膠花的搭配很有IKEA風格，牆上掛著歷任矯治部官員和公主的肖像，還有一些振奮人心的標語，像是「追求司法公正」之類。會議室的光線潔白明亮，整齊的午餐碟子上裝了炸雞、椰子布丁和酸辣蝦湯，蘿倫與我惡補了一堂泰國司法現況的課程。

目前泰國有一百一十四所監獄，分為：收容刑期超過十五年者的中央監獄，以及收容藥物相關罪犯的矯治機構，還有一處收容「慣犯」的流放所。囚犯像是犯錯孩童一樣分為六個等級：極佳、優良、良、普通、差、極差。然而，監獄人口也超收三倍之多，原因和美國一樣，就是所謂對毒品宣戰。二〇〇三年，泰國政府一夜之間改變對於甲基安非他命的政策態度，將其列為一級毒品，於是監獄人數達到前所未有的高峰，導致財政幾乎崩潰。政府首先搜集可能的販毒情報，再透過金錢誘因達到逮捕目的；逮捕成立時，線民可得到充公財物價值的百分之十五作為獎勵，主事官員們則能拿到百分之四十。大規模掃蕩行動導致數千人喪命，官方表示死因是幫派槍戰，但是人權相關組織調查後發現是警方執法過當。

政府後來逐步削減監獄人數，針對表現良好的囚犯提供減刑、提前假釋，並藉由皇室婚禮、慶生等名義進行特赦。例如有一年泰皇生日就釋放了三萬七千四百人，就連死刑犯也能受惠皇室特赦，至於無期徒刑犯人在泰國則平均受刑十多年。

資訊滾滾而來，我努力跟上，尤其還要對抗政府官員呈現監獄現況時的報告風格：他們的口吻彷彿主題並非活生生的人。但對我而言，看著投影片展示最新的「人道拘禁設備」，要怎麼點點頭就算了？皇室特赦和縮短刑期的關聯做成一張張圖表並列出算式，這部分更令我大惑不解，為什麼要費盡心思找出罪名把人關起來以後，再費盡心思找藉口把人放出來？當然，為了不在優雅的接待人員面前失禮，我並沒有說出心聲。後來一整天，外頭下著傾盆大雨，隆重的歡迎儀式持續不斷，我也一直鞠躬、收禮、反覆唸著 sawadeka。

政府還僱用攝影師，每一回接待儀式都像記者會。蘿倫行前特別讀了泰國禮俗，不斷提醒我：翹腳很不禮貌，不能讓人看見腳底。收名片要用雙手，認真讀過才收好。回旅館以後我累得半死，對於今天接收到的資訊不知該作何感想，更好奇接下來行程是什麼內容。

翌日我們前往曼谷中央女子矯治所，位於高度戒護的孔普雷（Klong Prem）監獄，裡面住了兩萬兩千名囚犯。矯治所是棟巨大的白色建築物，帶有淺黃色澤，像個大到不可思議的結婚蛋糕，上面插著泰國國旗，掛了鑲金框的超大型泰皇肖像。

走在康蘭吉團隊最前方陪同我們的，是娜帕蓬博士（Dr. Napaporn），她態度誠懇、臉上總是掛著微笑，而且是公主親自招募的計畫主持人。接觸不久後我就明白殿下為何選擇她。娜帕蓬博士對於有關泰國女性和監獄的一切瞭如指掌，為人積極又悲天憫人——對照昨天我見識到的政府冷漠真是一劑強心針，在博士這兒，所有數據重獲生命。

車程中她簡介了公主在全球所做的努力，成果是二〇一〇年通過《聯合國女性囚犯待遇和女性罪犯非拘禁措施規則》，通稱為「曼谷規則」。重點之一，是主張女性為一個族群，具有獨特的需求和需要照顧的地方。以歐洲為例，關在監獄的女性有八成被診斷出精神疾病，每十人中有一人在遭到監禁之前嘗試自殺，百分之七十五有濫用藥物或酒精問題。美國監獄裡的女性囚犯罹患精神疾病的比例同樣高達百分之七十三，可見針對女性囚犯的照顧措施應擴及各國，比方針對精神問題、藥物使用和性虐待經歷都應當進行篩檢，還有孕婦應當得到營養、哺乳方面的諮詢建議，監獄管理人員必須具備更高的性別敏感度。曼谷規則呼籲分娩期間不應對女囚上銬（令人意外的是，美國居然只有七個州願意響應此點），並且主張量刑時要進行具有性別意識的風險評估，項目包括女性的家暴經驗、精神病史、藥物濫用狀況等等。

進入監獄以後，路旁有個像貧民窟一樣的區域，娜帕蓬博士解釋說那是矯治人員的住處。卡其色制服的工作人員列隊歡迎，帶我們上樓到了頗為豪華的會議室，有紅色鵝絨椅和黃布簾。她們送來芒果汁和香蕉馬芬，還說麵包是由此處的囚犯製作。燈光黯淡，電腦開始播放畫面，介紹這座監獄有大圖書館、餐飲職訓、運動和美術課程等等，接下來甚至有縫紉、冥想、按摩、瑜伽、美容、烘焙等課程！

不是什麼行銷廣告吧？我們來到度假村？氣氛越來越詭異，接著我們穿過金屬探測器，但後面還是跟著一堆攝影師。一名獄方人員行禮後開始報告，當天囚犯人數共計四千五百，其中五十三人前往法庭。

又通過一扇金屬閘門，終於到了真正的囚區，看起來整齊乾淨，還有一片碧綠草地和小佛寺，周圍幾棟樓房老舊了些，一群女人坐在長凳上。

她們穿著寬鬆上衣和長裙，已經被具體求刑的犯人是嬰兒藍和皇家藍，還在候審的則是褐色。見到我們，女囚們紛紛合掌鞠躬，她們在這裡等待會客，因藥物而入獄的人每週一次，其餘罪名者則每天都能有一次。不過會客時間僅十五分鐘，多半隔著玻璃講話；近距離接觸一年才一回，而且主要開放給親子。以全球趨勢來說，女性探視丈夫的頻率較穩定，男性探望妻子則未必。

再跟著隊伍穿過一道門，裡面是個有空調的房間，忽然一個繈褓中的嬰兒就被塞到我懷裡。純白育嬰室內有二十多個小可愛，牆壁上公主照片裱在鍍金相框中，角落玩具排列整齊，有三位母親正在餵奶，空氣裡瀰漫爽身粉與乳液的香味。裹著毯子的寶寶們躺在顏色鮮豔的枕頭上，集中在房間中央的檯子上，由幾位赤腳的專業保姆看顧著。我的心在此刻融化。

「從來沒看過小孩子這麼乖。」

「因為他們過得好！」娜帕蓬大聲回答：「要是在外頭，他們家裡通常沒什麼錢。在這裡，奶水尿布都免費。」

蘿倫輕聲哄著並接過我懷中的孩子，然後又有一個小喬瑟夫被塞進我懷裡。

「這孩子具有非洲血統，媽媽來自蘇丹，」獄方人員告訴我。小喬瑟夫咧嘴笑，還沒有牙齒，口水滴在我衣領上。

「真希望我女兒趕快生一個！」蘿倫邊哄小孩邊說。

娜帕蓬博士說獄內約有一百位囚犯為人母，集中在同一間宿舍。「嬰兒可以待到一歲，」她解釋時小喬瑟夫離開我懷抱，「但是三歲之前司法部會提供住處，每週都能和母親見面。之後就要交給其他親人，否則只好送往孤兒院。」博士特別提到，孩子一歲時的那次分別總是令人揪心。

監獄在全球各地造成的副作用就是家庭破碎，影響及於情感和經濟兩個層面。在美國，監獄中的女性有七成五是母親，兩百七十萬兒童的父母遭到監禁。二〇一四年針對這些孩童所做的研究發現，他們常有嚴重的健康或行為問題，雙親入獄對兒童的影響恐怕比父母離異或亡故還嚴重，且美國只有十個州容許女囚和新生兒相處二到三天。泰國康蘭吉團隊追蹤後發現，監獄內百分之四十三的女性遭到逮捕之前，是家中經濟支柱；該國女性勞動參與率本就屬全球頂尖，部分原因在於當地佛教教義認為男性可以「出世」，但女性只能「入世」，她們無法成為僧侶，也就有賺錢養家的義務。

大雨滂沱，空氣悶熱，我拿到一把格紋雨傘，囚犯們則拿紙板或垃圾袋擋在頭上快步跑進室內。走了一段路，我們進入圖書館，這是由公主在二〇〇六年協助成立的，裡面空調舒適，氣氛平凡得令人安心。不少女士們坐在桌前閱讀雜誌、竊竊私語又或者正在找書。蘿倫問起矯治人員監獄內暴力問題是否嚴重，對方回答：「少之又少。當然不是沒人鬧事，主要是嫌地方太小、別人講話吵鬧之類的。女人嘛，怎麼說呢？比男人敏感一些吧，有時候會大驚小怪，情緒很多。」

他們說這裡是宿舍，但是實在太乾淨了：鋪著油氈地板、洗臉檯兩旁掛著小熊維尼圖樣的毛巾；房間角落堆著藍色床褥，面積與套房式公寓差不多，卻得住進四十五名女性。牆壁上掛著平板電視，僅有兩臺電扇似乎很難對抗六月曼谷的酷暑。囚犯要在這裡度過很多時間，六點鐘起床沐浴用餐，八點開始是工作坊或圖書館時間，下午三點第二餐，四點半回房要到隔天才能出來。

宿舍外面有一塊軟木板，上面記錄了人數、罪名、刑期。我問起娜帕蓬博士名單上刑期最長的人，她瞥了一眼說二十五年又十一個月，罪名則是持有亞巴（Yaba），泰語的「瘋藥」，實際上就是混入古柯鹼的冰毒。這種東西在當地盛行，康蘭吉研究顯示，有九成女性是因為和亞巴相關的案件遭到起訴，裡頭百分之三十五的當事人持有不到十四錠。博士露出難過的神情解釋：若持有十五錠，就可能判處無期徒刑或死刑。

我又看了看，發現這裡的囚犯都是用姓名而非編號。

「怎麼能用編號呢，要知道她們的名字和長相啊。」管理人員說：「女性比較敏感，所以要記住她們的名字和臉。」

外頭積水快要變成小湖。有人請我們換上雨鞋，穿過蒸騰的霧氣後來到工坊。房間裡罩著粉紅色的蚊帳，遠看好像一團棉花糖，製作者趴在裁縫機前面努力。有人拿了一件大花上衣給我們看，笑著鞠躬後又一溜煙跑回去繼續做事。

我試著看出微笑底下有些什麼，但很困難。儘管得知一些悲慘的數據資料，但目前我還無法從身而為人的角度來理解這些女囚。我沒有與她們對話，視線交會也近乎是零，她們太常低頭鞠躬了。雖然蘿倫與我明天有另一所監獄的行程並安排了訪談，但我懷疑自己是否像以前一樣，能與當地人達到心靈交流。這是皇室安排的訪問，加上高聳入雲的文化屏障，我對囚犯的反應能有多大期待？縫紉機噠噠響，感覺就像普通工廠。我忽然意識到這情境其實一樣悲哀：看看育嬰中心，監獄竟比外面世界更好？或者從資本主義角度看是迎頭趕上？這一切無論如何都指向同一結論，也就是貧窮本身即牢籠，因此我在紐約的學生時常回家幾個月以後就會感慨，說每天為生活辛勞，感覺和在監獄的日子差別沒有想像中大。

參訪行程的結尾與開頭同樣奇妙，出現了食物與紀念品。監獄附設的餐廳就在鐵網外，在當地頗負盛名，一方面因為囚犯受職訓以後擔任服務人員，另一方面餐點品質也不錯。今天還遇上收視率很高的電視節目過來拍攝，他們在女廁前面訪問獄方人員，或者在用餐區找上大口吃麵的客人。桌上的餐墊、以手工棉布裝著的菜單、筷子全是粉紅色的，女侍們也穿著同顏色衣服，臉上是我一整天下來常看到的淡漠神情，為我們點菜以後送上青木瓜沙拉及泰式炒麵。

隔壁紀念品商店裡面有囚犯製作的產品並兼營按摩。看著架上枕頭、杯墊、皮包之類的產品，上面都繡著同個圖案：在遊樂園裡的小女孩。我正暗忖購買這些東西到底幫到監獄體系，還是有助改革方案，接著就看見展示的皇室成員照片，泰皇的姪子捲起褲管讓監獄訓練的按摩師做腳底按摩。

「我知道妳會叫我放輕鬆別擔心，但沒辦法，我就是緊張，」蘿倫嘆道。我們在飯店頂樓的餐廳用晚餐。如其他亞洲大都會，天際線滿滿的後現代建築群，彷彿曼谷位在雲端。下週蘿倫和我要開戲劇工作坊，但是我們尚未找到適合的切入點。出發前幾週她一直傳電子郵件跟我討論，這個練習怎麼樣？妳要不要先讀讀看這本書，說的是泰國文化下的性別角色。還有這本，主題是當地的色情業？我則要她靜下心，計畫過頭通常會壞事。

「沒事的，」我安撫道，又吞了一大口酒。

用餐完畢，我去考山路（Khao San Road）晃一晃，這邊是到曼谷旅遊的必去景點，很多賣小玩意兒和串燒的攤販，酒吧音樂震天價響，裡頭坐滿穿著巴布．馬利T恤的德國人。有個招牌寫著「出售笑氣和托福成績證明」，另一個是「供應烈酒，不檢查證件」。我想這就是所謂的夜生活、背包客喜歡的氛圍，而這個情境底下自然少不了另一個元素，那就是毒品。

此處的喧囂和監獄緊密相連。九〇年代早期風行的冰毒與搖頭丸在這裡一樣有市場，主要賣給尋歡取樂的外地旅客，有需求就有供給，而誰是供給的管道？多半就是今天在監獄裡看見的那些女人。泰國也是鄰國緬甸銷售海洛因的中繼站，是僅次阿富汗的鴉片來源。因毒品的網絡錯綜複雜，最主要的參與者是住在國境或山區的弱勢族群[3]。一九七九年通過迷

3 譯按：泰國邊境的山區居民人口近百萬，多半居住在政府列為保護區的森林中，因此也被視為外來者或罪犯而無法取得公民資格。事實上其中很高比例是泰國當地人。

幻藥法案，將更多藥物列為毒品並採取嚴刑峻法，無論口號或手段都回應著同時期美國對毒品宣戰的政策；而且也如同美國，真正用意是提高政府聲望、轉移人民注意力以免施政不良遭到抨擊。

我感到一陣睡眼惺忪，便召了嘟嘟車回飯店。

我不敢看她們的眼睛

當週後來某天，我進入另一所泰國女子監獄，看見四個短髮女性正在做 Hello Kitty 的書架。

娜帕蓬與她們輕聲對話並介紹我們。囚犯恭敬合掌。小萍今年十九歲，塗了粉紅色唇膏、戴著粉紅色布髮夾，刑期十八年，入獄是因為攜帶男友的毒品，原因為何？只因男友要求。博士向我解釋：泰國文化下的性別尊卑明顯，多數女性無法質疑男性的主導地位。她做過研究，統計結果是因藥物問題入獄的女性之中，過半數有共同被告，而共同被告有四成四是她們的丈夫或情人。

在一旁為粉色書架細心上膠的是文妮，她帶著微笑說自己已經為人母，有三個小孩，卻被判處無期徒刑。其實那時候她身上只有兩顆亞巴，但因為她要回去寮國探視家人，穿越國境時被捕，所以就變成無期徒刑。

我努力想要提問些什麼，但是眼前沉靜的絕望實在叫人痛心，加上女囚被壓在禮儀和權力結構的蜘蛛網底下，回答起來簡單扼要、搔不著癢處。廚房裡的烹飪團隊是十五個穿著制服的女囚，她們擺出美人魚一樣的姿態坐在地板上，堆起的農產品上壓了幾個銀色大鍋。牆壁上的菜單說明晚餐有雞湯、小黃瓜炒臘腸、咖哩打拋豬，現場也有辦家家酒似的樣本給客人看。我們走進氣味彷彿天堂的烘焙坊，立刻有許多人異口同聲大叫：Kapoonka（泰語的歡迎或謝謝）！

「這麼熱的天氣，做糕點不會很辛苦嗎？」蘿倫問一名囚犯，她特地蹲下去直視對方的眼睛。

「有一點，但是我喜歡在這裡做事，感覺跟在家裡一樣。」她拿出戚風布朗尼。

五十八歲的葛瑞絲在這裡待了十一年，再過兩個月就能出獄。她打算到泰北開烘焙坊，這裡的訓練對她很有幫助。還有另一個人說自己刑期一年，罪名是持有卡痛樹葉，一種類似大麻的天然麻醉劑，其實在泰國農村地帶都有種植這種樹供醫療使用。

我想起一九九〇年代美國也有八成左右藥物相關求刑的起因是大麻。到了二〇一三年，美國有三千兩百七十八人（其中百分之六十五為黑人）因為非暴力犯罪被求處無期徒刑，其中一人的罪名是仲介買賣價值十美元的大麻，還有一人為了兩歲大兒子的骨髓移植手術鋌而走險在卡車裡藏冰毒，結果至今已在牢裡蹲了二十年。美國、泰國、許多國家皆然，量刑時將藥物本身看得比被告更重要，真正的毒梟攜帶十五公斤海洛因闖關和收下一百美元協助運毒的卡車司機，很可能刑期相同。從司法公正的角度來看，至少也該考量行動獲利的程度——販毒組織的頭目，刑責理當比跑腿的人來得重。那也代表我們今天見到的這些女性根本不該坐牢，泰國女囚有百分之七十九是警方釣魚行動中順便逮到的。

「坐牢之前我就在飯店當侍者，」葛瑞絲說：「對出獄後的生活沒有太多擔憂。」她送上自己做的水果蛋糕。

我們到了另一棟樓，囚犯在課堂上為彼此腳底按摩好練習手法，還有十幾人在玻璃隔間裡學習電腦技術。娜帕蓬博士說陽臺那裡正在實施「藝術治療」，五個囚犯正在畫畫，作品是有漫畫風格的日記本、公主與泰皇的肖像，以及巨幅的象神；印度教神話相信象神能帶來成就。之後看到十幾位女性在練習插花，有人送上白玫瑰做成的精緻花藝品給蘿倫。矯治人員指著康乃馨花海中的一個囚犯。

「她們每天睡覺前都要化妝，」矯治官笑著說：「覺得這樣子做夢的時候也能美美的。」

蘿倫問起獄方對於行為有問題的人如何處理。

「去跑操場，」矯治官回答：「或者去蹲在旁邊，和別人分開，可能持續一星期。再不然就去打掃吧。」

我心想還真是對付頑劣兒童的做法。目前參觀的兩座女子監獄，由於康蘭吉計畫而成為風格獨特的小世界，彷彿一切從母性誕生，介於軍營和女性度假村之間，囚犯時時刻刻得參與某個活動。美國也有過類似時期，就是所謂的進步時代（Progressive Era）改革運動，當時訴求社會改變對被告的觀念，不再將他們視為墮落者，而是誤入歧途者，還可以導回正途，只是要用科學方法，比方說緩刑、假釋，還有精確的程度分級、送入對應機構。美國許多女子監獄起初以教化院的形式成立，例如紐約一九〇七年設置的貝德福山丘（Bedford Hills）監獄，以及一八八七年即有的女子庇護所。相較於男性監獄，這類機構的規定較為寬鬆，以院長為首的管理團隊也全是女性，囚犯多半能透過假釋回到外界從事幫傭之類的工作，裡面提供體育、閱讀、寫作、醫療保健、健走、唱詩班等課程。印第安納州的教化院讓女囚穿上格子花紋衣服，在鋪上桌巾與鮮花陪襯的餐桌用餐。到了一九三〇年代這樣的風潮式微，原因之一是經濟蕭條，財源無法負荷。

「我不敢看她們的眼睛，」外交部來的一位官員在出去的路上告訴我：「對我而言很難受，還好我不是每天都得進來。我看得出來，雖然裡面很多活動、也有人照顧好她們，但囚犯不快樂，她們想要回去陪孩子、陪母親。」

泰國人的觀念裡有一個詞彙是 *bunkhun*，可以大略翻譯為「責任」，意思是女性必須照顧自己的孩子與母親，這是世代相傳的恩惠和義務。換作男性，報答養育之恩最崇高的方式是出家，不能出家的女性就只能從食衣住行這些實際面著手。

後來那天下午我們去參觀了華麗夢幻的黎明寺（鄭王廟），在市區中彷彿仙境一樣高高聳立。看著精美的佛陀塑像，同時得閃避遊客的相機，我腦袋思索著關於 *bunkhun* 的意義，很快思緒飄到與旅館一位經理的對話。她叫做阿月。

「我屬虎，」一天晚上我們聊了起來，「妳呢？」

我回答自己屬龍，星座是處女。接著阿月說她和母親、姪女一起住，以前曾經和男人訂婚，沒想到對方根本是同性戀，最後還做了變性手術。她兼差當婚紗店的模特兒，卻已經不想結婚。

「有佛陀和媽媽就好。男人會傷害妳，媽媽可不會。」

我自己沒有小孩，幾個月才探望母親一次。蘿倫提過她將學校提供的研究休假用在照顧生病的母親，而我卻將時間拿來四處旅遊；甚至我心裡記掛的、急著聯絡的、出國之前會通知的，全都是紐約那邊剛出獄的學生。

阿潘來接我回飯店，問我晚上要做什麼。

「我要回家陪陪父母家人，」她搶在我回答之前就繼續說：「妳一定覺得很無聊吧。」

我沒有講話。事實上我感受到的是嫉妒。原生家庭已經在我生命中缺席了幾十年，目前我心中對「家」的概念是透過朋友、學生以及內在自我拼湊而成，可惜這不代表對於傳統的天倫之樂停止嚮往。這次旅行帶我看見許多破碎的家庭，也逼我面對成長過程的缺憾。

「我媽年紀很大才生下我，」阿潘繼續說：「看我出來的時候很健康，她好開心。我跟她一直很親。」

妳很幸運，我這麼想著，視線飄到車窗外。

每一個人的生命都可以發光

本週的活動有個大方向，標題是「找到回家的路」。用過飯店的早餐，我讀起曼谷日報上的諮商專欄。

「親愛的安妮，」我讀給蘿倫聽，因為她又開始慌張不安了。今天和康蘭吉團隊開會以後，我們要南下叻丕府（Ratchaburi）的監獄展開戲劇工作坊，但目前還沒有具體的課程表。上週末我們兩個人分頭行動，蘿倫留在曼谷，我去清邁一趟，回來以後入住同一間飯店。

「我哥哥剛訂婚，」我繼續唸下去：「可是我發現他未婚妻和以前男友時時傳訊息聯絡。我該說嗎，還是就裝聾作啞下去呢？」

「可真是兩難啊，」蘿倫心不在焉地回答。

「對啊，」我說：「對家人忠誠，還是依循刻板的性別規範呢？這裡的女人覺得自己只要微笑不語就好了。」

蘿倫放下咖啡，整個人幾乎跳起來。

「就是這個！以這個主題寫劇本吧。」她叫道：「角色定位。我們就用這個當作練習題材，她們一定會有共鳴。」

於是我們很快擬妥計畫，之後前往一間辦公室裡再度受人接待、聽演講、拍照，然後才前往監獄。這趟參訪在康蘭吉計畫內部逐漸演變成小型研討會，許多國家都有代表出席，大家一起討論監獄裡面可以使用的矯治療法。西澳來的布萊恩已經六十七歲，專長在於原住民研究，針對囚犯提出了「敘事療法」（narrative therapy）；來自印度的珊亞莎穿著橘色袍子，戴著白色頭巾和許多串珠，身為瑜伽治療師的她木訥寡言，臉上的笑容如同瑜伽一樣神祕；還有一位戲劇治療領域的大師，當地尊稱他是昌師傅，他父親是首位泰籍UCLA畢業生，也是第一位泰籍哈姆雷特演員——昌師傅完全是大家想像中年高德劭的智者樣貌，穿著寬鬆的民俗風長褲與涼鞋，留著灰色長髮和濃密大鬍。

「以前我可是泰國的強尼．戴普，」幾天之前我們去昌師傅那兒拜訪時，聽到他這樣打趣說。離開市區之後，外面是運河與田園，鑽進灌木林間的一片小空地，就看到莫拉多邁（Moradokmai）學院。這是類似公社的小組織，有四十個佛教徒學生就讀，大半來自窮困鄉村，在這裡所有的課程都透過戲劇呈現。我了解以後不禁提出心裡的疑問：佛教和戲劇之間有關聯嗎？

「沒有所謂的關聯，原本就是一體的。」昌師傅的答案太深奧，我只能繼續搔頭苦思。

今明兩天蘿倫將在監獄進行戲劇治療課程，我則擔任助手，順便推廣獄友高等教育、受刑人直升專案。娜帕蓬博士帶我們上車，十足VIP地位。南下車程中，博士依舊精神奕奕，後來我們得知公主曾直接前往大學校園面試及招募教授以推動康蘭吉計畫，而娜帕蓬以前就關懷其他弱勢族群，包括少數民族和身心障礙等等，不過踏進監獄看見女囚的境況以後，她更覺得這不僅是工作，而是使命。我說自己也能理解那種衝擊。

「不知道可以持續多久，」她說：「每天我都擔心這件事。康蘭吉計畫沒辦法永無止境，經費有用完的一天，而我能做的就是盡力對更多人伸出援手，妳們說是不是？」博士介紹了今天要去的監獄，位於泰緬交界，團隊觸手才剛伸進去。

「裡面很黑、很擠，我能怎麼辦呢？該從哪裡下手？先訓練管理人員？還是開個瑜伽課程？瑜伽可以減輕焦慮、增進睡眠品質。在牢房裡想睡得好不容易。整個計畫理想高遠，面對巨大的問題卻只能起一丁點的作用。」

我回應時說了馬丁的故事。他是我的學生，出獄回家沒多久差一點又回牢裡。馬丁在酒館和人打架，到我辦公室的時候還有一邊眼睛瘀青，原本打算不念書了直接工作賺錢，經過我好說歹說、軟硬兼施拖著他去註冊以後，總算逼他入學。現在馬丁在哲學系是個明星學生，同時進了法學院預科，也在頂尖的事務所裡實習。

「每一個人的生命都可以發光，」這是我對她那聲嘆息的回應。

廂型車繼續南下，我和隔壁布萊恩聊了起來。「你怎麼會投入監獄工作？」

「因為我進過監獄，」他說。

布萊恩入獄過，不過他堅持自己無罪。出來以後他將生命奉獻給傷害自己的體制。由於具備社會學與犯罪學背景，布萊恩加入了人數日益增加的犯罪學家社群。這群學者透過學術與自身經驗探究刑法系統。我和他聊了在獄中的多年經驗以後，輕聲問：「那你太太有什麼想法呢？」

「我們離婚了。」布萊恩回答：「我也體會到家庭關係的脆弱與相對性。」

我用力點頭：「其實朋友就是家人。」我說出自己的人生觀。

「沒錯，」他附和。

車窗外的畫面勾走我的注意力，翠綠山麓上一層層梯田彷彿張開胸懷迎接永恆。為什麼世上通往地獄的路徑周圍都是美妙風景？烘托之下，水泥建築和刺網更顯得怵目驚心，絕美與絕醜相附相依。

叻丕府中央監獄收容了九百名女囚。進入熱鬧廣場，旁邊有個推車載著小音響播放音樂，兩名穿著白色圍裙的囚犯站在攤子後面供應咖啡點心。角落十幾位女性埋首手工藝，用紙編出籃子、小動物，還做出一幅典獄長全副武裝的大肖像。娜帕蓬博士取了一個紙籃子塞給我。「最新流行！」一名獄警笑著叫道，她的兩個同事拿了紙雕的小狗和老鼠放進去。

「快、快，她們正好要開始上瑜伽。」博士催促蘿倫和我，眾人走進館內，白色地板十分光亮，數百位女士靜靜坐著等候。有人送來開水和木薯糕，手巾帶著淡雅香氣。二十五個女囚魚貫而出，一身黑衣黑褲，不少人特別綁起頭髮、擦上鮮艷的粉紅色唇彩。

開始唱歌，旋律像是帶著憂愁的搖籃曲，囚犯們嗓音都很高。在我隔壁的昌師傅為我翻譯：「生命起起落落，時時保持夢想。生命高高低低，希望永存不滅。信、望、愛。」餘韻繚繞，黑衣女子們擺出瑜伽姿勢，身子化為圓圈或金字塔，或下犬式優雅地伸展，動作令我嘖嘖稱奇。結尾高潮處，她們排出蓮花陣型，而且維持了兩分鐘之久，我們忍不住大聲叫好，然而這麼美麗的畫面放在鐵絲網裡頭也令我難過得想哭。可惜連落淚的時間也沒有，娜帕蓬博士帶著昌師傅、蘿倫、布萊恩、珊亞莎和我動身，每個小組要去監獄不同地方預備。

我和蘿倫有二十五個學生。她們排成半圓形，模樣侷促不安。

「這裡是戲劇的空間，也就是說，在這裡大家是自由的！」蘿倫變得活潑，一到教學場合她就能展現自信。「有誰喜歡表演？」

學生遲疑地舉手淺笑，讓人摸不清是不是真心。幸好經過鏡像練習的暖身活動，氣氛終於熱絡起來。學生兩兩一組，一個人出題、另一個人要模仿，重點是不可以笑場。

蘿倫和我陪著一起做，她身子晃來晃去又拚命做鬼臉，我差點失笑。學生們跳來跳去、彎來彎去，不斷傳出嘻嘻哈哈的笑聲，稍遠處兩名獄警也跟著玩，朝囚犯這裡扮瘋扮傻，其中一人的那張大圓臉好可愛，我也分了心。

暖身活動結束，開始進入課程前導。蘿倫要她們排成半圓形，有些人摟著隔鄰的腰、有人肩膀靠在一塊兒。接下來，每個人說出自己的名字，但要加上一個詞形容自己。

「可愛的蘿倫，」她先開始。

「忙碌的貝茲。」

快樂的普蘿伊、開心的普蕾姆、阿南媽媽、女兒小萍、逗趣的汪娣。

她們越來越自在，也越來越多笑聲。

我拿出剪報讀給大家聽，翻譯很厲害完全跟得上。我告訴學生們，首先有安妮，然後是哥哥約翰、他的未婚妻莉莎，還有莉莎以前的交往對象勞勃，以及老闆湯姆。

有個學生舉手。

「這個勞勃是什麼樣的人？做什麼工作？」

「他工作很好，是個有錢人。」

站在角落觀察的娜帕蓬博士忽然招手要我過去。她悄悄說：「不如設定勞勃是個毒販，用金錢和奢侈品想要引誘莉莎拋棄腳踏實地的未婚夫。」

「這樣一來，」她解釋：「對學生也具有啟發性，讓她們知道遇上不好的男人要果斷。很多人已經親身走了一遭。」

「勞勃呢，」我回到課堂上說：「是個販毒的，所以錢多得花不完。」

囚犯們眼睛張大。珊亞莎的進階瑜伽課程在我們後面的館裡進行，冥想時唸誦的梵音成了背景配樂。

「約翰每天工作很久，」我繼續。

「他在哪裡上班？」

「賣車子的吧！」另一個學生叫道。

「很好，」我說：「他很努力，每天都很晚才回到家，所以莉莎覺得孤單寂寞、心情一直不好。」

全班一起想像接下來可能的情節。

「我們需要演員，」蘿倫指示道：「誰要演莉莎？」

一個苗條的年輕女生舉手，她留著長馬尾、綁了紅絲帶。約翰呢？大家指著一個短髮、塊頭和臉都較大的同學，她紅著臉赤腳上前。

「還需要一個舞臺。」

學生們跑來跑去挪開椅子，動作十分俐落。於是我們有了辦公室和自行想像的電腦，約翰就在這裡上班。擺著鬱金香的另一端則是莉莎和勞勃見面的地點。

第一幕：大家即興演出。

約翰在辦公室裡敲鍵盤，老闆進來了，丟了更多工作給他，所以又要加班。他不停打字，手指在空氣中跳動，神情非常專注。這時候，莉莎轉著自己的馬尾，望著想像的手機螢幕，拿起想像的鏡子開始擦唇膏。約翰還在忙。

「卡。」蘿倫表示時間到了，明天繼續。

「噢！」學生們同聲埋怨，但只能與我們揮手道別。

「狀況還不錯吧？」蘿倫問。博士幫我提了紙籃子過來。

「很厲害呢，」翻譯開口說。她現在是觀護人，以前也做過教師。「以前我上課時大家都不吭聲，不肯表達意見。泰國女人覺得那樣才有氣質。今天倒是不一樣。」

我想起上週參觀昌師傅那所學校時的見聞。大家坐在露天劇場，盤裡有荔枝和山竹。

「戲劇比現實還真，」外號叫冠軍的學生說：「可以幫我們說出不敢說的話。」他隔壁的女孩接口道：「在舞臺上我才能告訴大家那些沒有人知道的故事。」

蘿倫也提過所謂的角色剝奪（role deprivation）。一般而言，人類習慣同時扮演多重身分，是母親也是女兒，是工作者也是妻子，還可以一邊當學生。然而，在監獄這個環境裡，每個人都被化約成唯一一個角色，那就是囚犯。而囚犯從事戲劇活動，就得到角色復甦的機會，能夠扮演不同身分的人，感受更多層次的自我，即便只是幾小時的時間。

我今天確實看見表演時她們眼中的光彩，從暖身活動開始女囚們就慢慢甩開了「服從的囚犯」這個桎梏。

代表團從監獄各處出來，集合在華美的小佛寺前面，一起穿過戒護閘門。廂型車行駛在月光下，我問起布萊恩敘事療法課程進行得如何，就我了解內容應該是分享人生故事，從中找到正向轉化的契機。他說有一個女囚哭個不停，因為她整整七年沒見到親生骨肉。

「那你怎麼處理？」

「我說了自己的故事。」布萊恩一派沉穩：「孩子們排斥我，我很痛苦，好多個晚上我一個人喝悶酒，喝太多造成胃食道逆流，後來演變成胃癌。」

我瞠目結舌。

「我第二任妻子也是末期，已經好幾年了。現實殘酷，我們都是受害者，不過我們可以選擇走出來，換個角度思考，不要再將自己看成受害者。只要做到這一點，我們就贏了。」

車子停在飯店前面，康蘭吉團隊迎接大家。房間普通，但是供應的泰國料理相當豐盛。戲劇大師昌師傅換上牛仔褲和一件艾比路T恤[4]，為我端了一盤酸辣魚。

「不知道你們在美國怎麼稱呼這個？這裡叫牠白魚，沒有骨頭，也不會繁殖後代。」

「聽起來挺悲哀的，」蘿倫舉起湯匙。

晚上團隊安排了外出行程，最後我們進入一間帶有美國中西部風情的酒館，甚至還有人拿著吉他自彈自唱〈妳的愛多深〉（How Deep Is Your Love）。在大家的鼓譟下，我喝了香檳杯裡冒泡的粉紅色液體。「教授，別醉倒！」大家笑鬧著。我是沒有倒，但與布萊恩一樣沉醉在酒精裡，好將白天看到的悲慘鎖在心底。大家享用當地釀造的朗姆酒、聊著監獄和家庭，有時候話題轉向家庭如何變成另一種監獄。就在這些心靈層次的連結、愉快溫暖的談笑中，我彷彿品嚐到了家的滋味。

需要治療的究竟是這些女子，還是陷人入罪的法律？

「她們私底下有練習哦，」賈荻說。隔天早上我和蘿倫進去監獄教室就看見學生們忙著布置舞臺、熟悉角色。

4 譯按：印有披頭四專輯《艾比路》（*Abbey Road*）封面圖像的T恤。

約翰依舊在辦公室裡辛勤工作，氣焰囂張的老闆將權威發揮得淋漓盡致，莉莎在餐廳癡癡等待未婚夫時揪著馬尾前後甩動。勞勃就在隔壁桌，終於對落單的美女採取行動，過沒兩下就拿出紙籃子名牌包和黃色假花當禮物。約翰望向折起來的拖鞋，不，是手機，螢幕上出現了不對勁的訊息。身為觀眾的我們都屏息以待。

「求婚該怎麼呈現？」我們打斷問：「地點選在哪裡？」

「普吉島！」她們一起大叫。

兩個學生自己跳出來扮演陽光下隨風舞動的棕櫚樹，另外兩人幫忙配上背景海浪聲。約翰面朝莉莎單膝跪地，但女主角明顯內心掙扎。到底應該選擇老實勤勞但經濟拮据的男人，還是能帶來豐碩物質享受的毒販？我們請學生分成四組，每一組演出屬於自己的結局。

第一組：莉莎選擇約翰，奔向他的懷抱，後來兩人生了小孩，過得幸福美滿。勞勃遭到逮捕，被上了空氣手銬嚎啕大哭，黯然退場。

第二組：莉莎拒絕約翰，同時也要勞勃別再聯絡。「我有自己就夠了。」女主角大聲宣布，高舉雙手得意下臺。

第三組：莉莎和勞勃遠走高飛，披上想像的皮草，迷失在花花世界裡，後來染上毒癮，獨自瑟縮在角落。女主角的模樣很難說是好下場。

最後的第四組：莉莎選擇了毒販勞勃，兩個人一起落網入獄。莉莎的馬尾垂得很低，淚眼汪汪地望向監獄窗外，低聲呼喚著約翰。

下臺一鞠躬，大家掌聲不斷。

當天最後的活動：贈與。所有人手牽手圍成一圈，自行判斷隔壁的人需要什麼，然後餽贈給她。蘿倫帶頭，她的禮物是希望。

「我送給妳的是，可以趕快回家。」一個囚犯說。

我送給妳……很快就可以見到家人。

忘記這些痛苦。

能和孩子團圓。

回去照顧媽媽。

圓臉的獄警也加入，與旁邊囚犯緊緊握著手。她給的禮物是愛。

輪到我身旁的囚犯。「我給妳的禮物是，事業成功，」她堆滿笑臉。不過我抓著她的手暗忖，有點諷刺呀，怎麼別人不是愛就是家庭，我卻是工作呢。「還有，很快就能回來看我們。」不知道她是不是讀了我的心。

接下來的經驗我也是第一次。從四面八方湧上來，如同家人一樣牢牢的擁抱。以前也有好幾次我想要擁抱奧提斯維爾監獄的學生，比方說榮恩的假釋案第五次被駁回，朱利歐提起十二年前自己年輕氣盛、一時衝動就殺了人於是啜泣起來，還有馬克看到成績是A時說起曾以為自己一無是處的當下。不過女教授在男子監獄裡當然沒辦法隨便和囚犯擁抱，得等到他們出獄後才不奇怪。

女囚們一個接著一個緊緊抱住我，每個人都情不自禁地落淚了，無論我、蘿倫，還是在場的其他人。其實我並不確定大家為什麼哭泣，才經過兩天、我連她們的名字都沒記熟。感覺起來，與其說是離別的悲傷，更接近於情緒的宣洩。又或者，經過工作坊的各種活動，彼此之間的情感連結在這一刻透過生理反應展現。戲劇表演是團隊活動，能夠建立起非常濃烈的歸屬感；而當著眾人面前演出、接受同儕和外人欣賞，受囚者無形中做出吶喊：**看看我！我仍舊存在！**

於是上星期昌師傅充滿玄機的那句話，戲劇與佛教本為一體，剎時給了我當頭棒喝。演戲是一種反應的過程，詮釋人物就是展現自己對其他角色的想法，而佛教教義中也提到眾生皆有佛性、人我並無二致。這種思想甚至滲透了泰國人彼此問候的方式：他們不是揮揮手說句嗨，因為那只是展示自我；他們的合掌動作象徵你我屬於整體，他者就是「我們自身的延伸，是真如投射出的不同面貌」，這是佛教學者的說法。

與此相反的場景就像易卜生（Henrik Ibsen）筆下的精神病院：「每個人被困在名為自我的皮囊裡，上了名為自我的蓋子，沉入名為自我的老水井。」

囚犯仍屬於人類網絡，他們就是我們、我們就是他們。不善待囚犯，就是不善待自己。佛陀說過：「一切皆懼死、莫不畏杖痛，恕己可為譬。」[5]

離開時蘿倫嘆了氣。

「我還挺想住下來的。」當然，蘿倫自己也明白這句話很荒唐，但我懂她的心情。監獄的本質依然恐怖駭人，在這裡的女性，無論母親或者女兒，都被迫骨肉離分。但在這片人倫廢墟上，康蘭吉計畫勉強拼湊出類似公社、社群的姐妹情誼，雖然只是碎片黏貼、裂痕清晰可見，但至少是個家。流行文化為求腥羶而將監獄囚犯塑造成暴力禽獸無人性，真相是相反的，即便多數人仍以為他們活該。

「瑜伽治療還順利嗎？」上車的時候娜帕蓬博士問了珊亞莎，她露出燦爛笑容。

但是我嚇了一跳。治療。

這星期我們每個人進監獄的名義都是治療，而監獄也早已聲稱自己的工作是「矯治」，然而我怎麼聽怎麼不對勁。雖然我不知道自己班上學生的罪名，也不知道多少人染上毒癮、攜帶過丈夫的藥物，但從娜帕蓬博士那裡聽到的數據不會假。沒意外的話，學生裡面恐怕有四分之一自己就是受害者，因為女性受虐的比例在曼谷是百分之二十三，在泰國鄉村則是百分之三十四，而且其中有百分之三十九明確指出是性虐待；她們應該大半來自經濟、教育或社會弱勢情境，即使犯了法也不清楚，即使明白犯罪和刑罰也依舊感受到法律壓迫，因為請不起律師——事實上連美國也一樣，有八成遭起訴者根本沒錢找人辯護。一項研究發現，泰國女性囚犯有七成四在警方訊問時沒有律師協助，四成表示受到警方恫嚇，一成二遭到刑求。

5 譯按：出自《法句經》。但本句經文的英譯版本和中譯版本略有差距，英譯版直譯為「在他人身上看見自己，那麼你還能傷害誰、造成什麼痛苦？」

需要治療的究竟是這些女子，還是陷人入罪的法律？全球各地皆對毒品採取嚴刑峻法，結果導致監獄人滿為患。美國的聯邦監獄和墨西哥的監獄系統裡面，過半數是吸毒或販毒者，西班牙的比例為四分之一、日本是五分之一；馬來西亞的囚犯中有九百人遭判死刑，其中超過一半是毒品犯。這些囚犯未必有多大藥癮，全世界因毒品而入獄的人裡有百分之八十三的罪名只是持有違禁藥物。

多少的瑜伽或戲劇都無法治好這個殘酷的現實。

我想起從南非到美國，監獄牆壁上時常都貼著海報，內容是一些所謂的培力過程（empowerment），有十二個步驟的標語要囚犯改變自己的生活、培養正向思考、寬廣的未來等著你掌握——讓自己的心靈遠離監獄！可是這樣的標語暗示了責任不在於不公平的社會結構與制度，全是個人要負責，縱使事實是他們必須要有超人的意志力才能克服種種強加的難關。

車子回到曼谷，晚上在酒吧有兩個女侍送酒來給我和布萊恩，看起來與才剛道別的女囚像是雙胞胎。或許是飯店制服的緣故，那襲紫衣與囚服很神似，不過質料是昂貴的絲綢。我的心思一直沒離開故作扭捏、玩著頭髮的「莉莎」，還有面對著空氣打字的「約翰」。到最後，我只透過表演認識那些女囚，但戲劇演出可以比自我更加真實，特別是自我已經被困在牢籠、埋在監獄裡的時候。

幾週以後，我人回到紐約，收到一封 e-meil 邀請函，問我願不願意八月時再回泰國一趟，與公主殿下會晤？離開之前娜帕蓬博士就已經提過，希望到了夏天可以將這個「找到回家的路」的團隊重新集合起來，因為那時候公主會到叻丕府視察。我雖然同意，心中卻有種愧疚感，暗忖為什麼她不聯絡泰國本土學者？

但答應了就要去，而且我確實很想見見公主本人。夏天快結束的時候，我又身處前往叻丕府的路上。到了監獄，一片橘海，旗幟、緞帶、桌巾、帳篷都配合公主駕到而有了更動。數百名記者和西裝筆挺看似官員的大人物們走來走去，而囚犯們則給邊緣化了：她們只能耐著性子坐在場地旁的長凳上。我掃視一圈，想看看能不能找到認識的學生，可惜那些笑臉儘管端莊卻都很陌生。圓臉的獄警倒是在場，她和我們都在皇室客人的帳篷裡，這兒設了鋪有軟墊的座位和一個小講臺。

天氣炎熱潮濕，身子一下子就黏答答，汗珠沿著手臂滑落，我的衣服從淺藍變成深藍——皇室禮賓團隊特別在郵件中提醒，覲見公主時衣物顏色不可以過深。

我們等著公主殿下，等了好一陣子。

活動精彩起來，我覺得自己忽然成了明星，要演出一場沒有排練過的戲碼，舞臺指導說的話還聽不大明白。面朝這兒！向那邊鞠躬！沿著走道，右腳先！匍匐回座！沒錯，公主入座以後，大家上前必須匍匐前進，在泰國任誰也沒資格居於比皇室成員更高的位置。然後又有人要我和蘿倫練習屈膝禮，站起來一次、公主贈送紀念品時答禮一次。第一次不可以視線接觸，但是第二次一定要視線接觸。囚犯拿著掃帚清掃地毯，司法部長和一群攝影記者來來去去。

好不容易殿下終於來了。她態度謙恭，笑容羞澀，身上的粉藍色套裝、名牌高跟鞋以及香奈兒包包襯托出氣質。接受她禮物時，我的屈膝禮不可思議地居然沒歪掉，總算安全回到座位。

蘿倫和我後來也有機會抓著金色麥克風致辭，她說起戲劇活動對監獄的重要性，我則倡議要提供教育管道給囚犯。娜帕蓬博士也上臺，她呼籲社會尊重人性尊嚴、當局應當改革司法和刑罰體制。後來珊亞莎的瑜伽學生演出令人目眩神迷的舞蹈，一樣列隊接受公主褒揚，也一樣輪流屈膝致意。最後的最後，殿下離開鍍金寶座，走到麥克風前面。

「監獄不應該是人世間的黑暗角落。」她語氣沉穩，不過剩下的致詞內容我聽翻譯還是聽不大懂，只有直接對著囚犯說的那一句話傳進我心裡。「希望妳們都能幸福快樂。」致詞完畢，公主又離去了。

女囚犯們好像憑空出現，唱起繚繞我心頭的那首搖籃曲，不過這回昌師傅翻譯出的歌詞內容卻不一樣了。「行善，會有好報，」他在我耳語道：「散播希望，要行善、要行善。」

活動結束。

出去的時候娜帕蓬博士看來樂壞了，她說與會的大學教授對於高等教育班很有興趣，公主也相當支持。回國之前，有另一次機會在蓮花中國餐廳遇見她。「妳應該明白，其實這一切都是表演給你們看的？」娜帕蓬博士拿餅皮捲起北京烤鴨時這麼說。

「之前三趟監獄行程嗎？想像得到。」我也老實回答。

博士解釋：康蘭吉計畫確實改善了監獄環境，成果本身不假，問題是得到計畫輔導的監獄成為例外，泰國絕大多數女囚的處境與我們所見的相差太多。接著她又嘴角上揚。

「妳有沒有看新聞？媒體都在報導哦。」博士拿出手機，螢幕上有我們的畫面，底下配了泰語字幕。看起來各大電視臺和報紙頭版都是這個活動，原來今天算是慶功宴，這週媒體頭條是「公主進監獄」。

我頓悟了。戲劇展現不在於工作坊，而在於兩次泰國之旅本身。經過康蘭吉計畫改造的監獄無法代表全部現實，卻足以代表現實轉變的可能性。它不是現在，但可以是未來，而計畫意義不因此減損，反而更顯出戲劇力量有多大。假的笑容有一天能發自內心，模範監獄有一天會是所有監獄的常態。

昨天叻丕府監獄的活動也是一場大戲，目的是在可能性和現實之間架起橋樑。泰國上下忽然開始關注囚犯的生活，那原本不是一個遭到遺忘的黑暗角落嗎？起因就是國人敬愛的公主拿著香奈兒包包直接走進去給大家看。我們的功能也一樣，就當地人的角度而言，我們是值得尊敬的外國學者。於是皇室派了人、西方世界派了人，兩股力量交織是為了成就一個美好的理念；我在盧安達表明身分以後，忽然就替桑托斯取得活動許可，其實背後也是同樣道理。直至此時，我才清楚理解自己和蘿倫來到泰國的真正使命，學術專長是次要，反而外國人身分和白皮膚更有意義，因為這兩個公關元素使泰國監獄的改革運動更加引人注目。

所謂公關不就是精心策劃的一場好戲？對於監獄和囚犯，最重要的不也就是公關？將婦女逼進監獄的是法條，而法條之所以存在是奠基於民意，若能改變輿論對犯罪和司法的認知，對囚犯和罪犯的想像——讓社會大眾看見她們並非十惡不赦之人，而是緝毒惡法下的不幸受害者；她們投入瑜伽、同樣崇敬公主殿下——如此一來，政治人物也得改變立場。美國有過前例：一九八八年那場總統大選，喬治．布希與對手邁克爾．杜卡基斯原本僵持不下，但一支帶有控訴意味的電視廣告指稱杜卡基斯「縱放罪犯」，背景是他曾經支持囚犯週末休假的計畫，但該計畫實行後囚犯威利．霍頓（Willie Horton）因此逃獄並再度犯下強暴和搶劫案。有人認為這支廣告是布希勝選關鍵，營造後來「縱放罪犯」等同政治死刑的氛圍。

反之，假如民眾訴求獄政改革，那麼政治力就會轉向。既然嚴刑峻法可以透過行銷手段獲得支持，反濫刑的理念應該也做得到。換言之，表演不只是表演，更絕不膚淺；只有打動人心的演出，才能發揮扭轉體制的力量。

05 單人禁閉與超高度安全級別監獄｜巴西

為了教化囚犯，於是將囚犯置於完全獨處的空間。然而絕對的孤寂若無外力介入，則超越人類所能忍受，不留情面也不留餘地摧毀了罪犯的人性。那不是教化，而是殺害。

——托克維爾

那人獨居不好。

——〈創世記〉第二章第十八節

卡斯卡韋爾（*Cascavel*），葡萄牙語，意思是「響尾蛇」。

卡斯卡韋爾也是位於巴西巴拉那州，鄰近阿根廷邊界的小城市。從聖保羅轉搭兩趟短程飛機，再從這裡的小機場搭一個多小時的車，終於抵達了目的地，一個更小的市鎮。它叫做卡坦杜瓦斯（Catanduvas），周圍景色秀麗：晨空中懸掛著指片般的殘月，豐饒綠意穿插形狀古怪的松樹，看來像一道道彩虹顛倒串在火柴棒上——達利（Dali）的作品躍然眼前。

其實我的休假用完了，不過因為監獄直升班多開了一門基礎英語，所以又換到幾天空檔。眼前所見如此熟悉又如此令人不悅，幾乎每一趟監獄旅程都免不了：卡坦杜瓦斯監獄（The Penitenciaria Federal de Catanduvas）是巴西第一所聯邦層級的超高度安全級別監獄，外形像是從美國監獄切了一塊塊運過來。這次行程的目的是了解巴西邁開戲劇性步伐走向大規模監禁的背後，那些所謂窮凶惡極的囚犯們究竟住在什麼樣的環境裡。

巴西目前有五十五萬監獄人口，南北美合併來看仍是成長最快的地區，過去二十年裡膨脹近乎四倍。超高度安全級別監獄在過去二十五年席捲全球，但在巴西還算是新鮮玩意兒，我對其中單人禁閉的措施特別有感。美國約有八萬人過著與世隔絕的獨居生活，但若將監牢、移民滯留中心、少年感化院和軍營這些地方也納入統計，則總數落在十萬之譜。如果家長將兒女軟禁在家中不與外界接觸，就叫做虐待兒童，可是成千上萬的美國青少年明明活在同樣條件下卻無人聞問，諷刺的現實在我腦海盤旋不去。

陪同我的安德烈是位律師，專長白領犯罪，他在巴西的監獄做志工服務。「怪了，」他解開安全帶時說：「上回過來時是兩個男人拿著大槍迎接我啊。」眼前所見只有金屬和鐵絲網，整個建築彷彿被徹底抽除人性。圍欄上的紅色招牌以葡萄牙語標註了「注意」、「警告」之類的句子，安德烈下車以後朝對講機大聲叫了幾句。

「Bondia（早安）！」

今晨我在聖保羅第一次和安德烈本人見面。技術上來說，幾個月以前我讀到當地監獄試行輔導計畫以後，就和安德烈搭上線。在「閱讀矯治」計畫下，囚犯可以申請閱讀經過審查的文、哲、科學類書籍，每篇摘要心得可以減刑四天，每年減刑額度為四十八天。電子郵件往來後，安德烈替我規畫了參訪行程，並答應擔任翻譯。這次停留時間不夠久，無法為囚犯做些什麼，但幸運的是得到兩個整天可以在監獄裡和囚犯相處，地點不只是教室，還有牢房，過程中能了解他們對於讀書計畫以及監獄是何感受。

週末我在聖保羅度過，好好感受這城市的三大特色：華麗的街頭藝術、動人的森巴旋律、還有無所不在的軍警——他們因殺人聞名。根據巴西公共安全論壇（Brazilian Forum on Public Safety）的資料，二〇〇九至二〇一四年，全國死於警察武力的人數是一萬一千一百九十七人；可供對比的數據是美國在之前三十年裡警察殺死了一萬一千零九十人。里約市公共安全署長還曾經將警方執法時誤殺無辜路人的案件，比喻為做煎蛋捲必須先將蛋殼打破。

那雙眼睛，是通向哀痛靈魂的窗

在卡坦杜瓦斯監獄外面等了許久以後，終於來了一輛廂型車，上面標誌寫著 DEPEN，原本我還以為是不是少了一個 D，但當然不是。DEPEN 是巴西國家獄政部的縮寫，廂型車護送一輛黑色福特休旅車出來，車上面載著獄方官員正要去用午餐，暗色玻璃車窗降下，對方邀請我們同行。

我們跟在福特後面，慢慢開到外觀破爛老舊的商店街，但這兒已經算是熱鬧城區。外面太陽很大，店裡是美國西部風情的自助餐，我們端著燉肉過去和地主們同桌，典獄長穿著黑色西裝、綠色眸子眼光犀利，但隔著鏡片顯露笑意。教育主任瑪拉將金棕色頭髮往旁邊一撥，朝我伸出指甲修剪整齊的手。

「巴拉那州有超過六十人受僱在監獄裡面工作。」典獄長神情挺得意地說起歷史，安德烈在一旁為我翻譯。

超高度安全級別監獄是針對幫派分子而生，也是拉丁美洲人監獄生涯中黑暗的一頁。首先是二〇一二年，墨西哥暴力犯罪集團洛斯哲塔斯（Los Zetas）在阿波達卡市（Apodaca）的監獄內殘殺了四十四人；接著委內瑞拉的監獄受到黑幫控制，獄警能夠負責的只有看守設施邊界、數人頭以及護送至法庭。到了巴西，時間追溯到一九九一年聖保羅卡蘭迪魯州立監獄（Carandiru Prison），該機構惡名昭彰，後來已經關閉。那年巴西鎮暴部隊殺害一百一十一名囚犯，其中包含尚未經過審判僅是拘留的被告，而且手段大半是以機槍從牢房門口近距離射殺。即便沒死在槍口的人也被扒光衣物，然後遭到受過訓練、瞄準生殖器的警犬攻擊；還有一些人被利刃刺死，或被強迫目睹處決經過、扛屍體和刷洗血液，因為警察害怕染上愛滋。然而，慘案導致復仇心態，於是出現名為首都第一司令部（Primeiro Comandoda

Capital）、簡稱為PCC的犯罪組織。許多人將PCC類比南非數字幫，而巴西全國上下的監獄很快便落入PCC控制，引發數十起監獄暴動事件，奪走數百條人命。其中較具代表性是二〇一四年，就在卡坦杜瓦斯監獄內，騷動持續長達三十小時，數十名戴著面具的囚犯攻占監獄屋頂，揚起PCC大旗。他們抓了其他囚犯、將俘虜雙手捆在背後，之後輪番毒打或吊在屋簷下。

卡坦杜瓦斯超高度安全級別監獄成立於二〇〇六年，是巴西政府對於幫派暴力的直接回應。小鎮居民都收到矯治部發行的手冊，內容指出這是巴西聯邦政府第一所專門收容高度暴力犯的監獄，目標是遏制黑道幫派活動。監獄內有四分之一的囚犯是各地落網的PCC領導人物，他們離開一般州立監獄體系以後暫時住進這間超高度安全級別監獄，裡面有兩百零八個單人房，建築本身就花費一千八百萬美元，是巴西對監禁制度史無前例的大手筆投資，但預計還會有四所類似機構陸續完工。超高級監獄內每位囚犯每年消耗預算十二萬美元，而州立監獄體系的囚犯平均則是每年三十六美元，因為一般囚犯多半要自己負擔伙食和衣物費用。

午餐以後我們重返監獄，瑪拉帶我們通過繁瑣安檢。這裡設置了兩組精密金屬探測器、電子指紋辨識系統、X光輸送帶、各種手持儀器，還有人工搜身。監視攝影系統可以從各個角度看到我們的行動，影像同步傳送到首都巴西利亞市。

身穿海軍藍制服的幹員巡邏各處，其中一人負責護送瑪拉、安德烈和我。他身上一大串鑰匙叮叮噹噹作響，我側面得知原本所有門戶設計為電子鎖，但某次系統中毒以後大家動彈不得，於是只好回歸傳統。通過刮刀式刺網，廣場上礫石滿布，有男有女、綠色制服的人挑著水桶或垃圾袋走動，起先我以為是犯人，沒想到只是清潔工。更深入一些，濃濃的消毒水氣味鑽進鼻孔。

裡面一片死寂。

囚犯在哪裡？

「你們學校教法律嗎？我有法律學位呢。」導遊頗自豪，他們是聯邦政府的幹員，所以薪水福利比一般州立監獄員工好，多數具備大專學歷，除了維護監獄安全也要搜集情資，主要目標自然是幫派活動。超高級監獄裡，每個犯人由兩名幹員管理，但在州立監獄體系中，每三百五十個囚犯才一個人負責。

「穿上，」瑪拉遞給我一件類似實驗室用的白袍，她自己已經套上了。感覺好奇怪，我們是科學家還是醫師嗎。不過考量這裡的環境背景幾乎毫無生氣，似乎也很合適。

沿著走廊前進，一扇門兩旁掛著塑膠袋，很明顯是裝垃圾的，裡面塞滿看來快壞掉的麵包。過了那道門是一個讓人聯想到肉品冷凍庫的環境，難道是停屍間？不對，這裡的小房間是監獄中的監獄、隔離中的隔離——紀律管理特區，簡稱RDD（Regime Disciplinar Diferenciado），這種極端隔離手段用在極端紀律問題上。許多巴西公民認為RDD與憲法所謂不得施以不人道處置的精神有衝突，因為被關進這裡完完全全無法和其餘囚犯有任何形式的接觸。可是每個移送到卡坦杜瓦斯監獄的犯人，最初二十天都必須在裡面度過。

幹員打開房門，裡面是空的，乍看就像真人大小的娃娃屋，只不過是惡夢版本。牢房一塵不染，和停車格差不多大，有方形書桌、圓形椅子和長方形的床，但其實只是螢光燈管底下的幾個混凝土塊罷了。高處有教堂那樣的窗戶投下柔和陽光，光點在黃色牆壁上舞動，周圍籠罩著橘色陰影。頂上是四塊正方形的天空，就這麼多了。牢房另一頭連接「日照區」，內設有淋浴間，但淋浴間內還開了監視窗方便掌握囚犯狀況。牢房裡面唯一活過人的證據，是金屬門背後刻著數日子的線條。

另一側兩道緊閉的門後住著活生生的人，但是我看不見也聽不到。我能肯定有人，因為門上掛著文件，而且註明入房日期。兩人都一樣，已經在極端隔離中度過兩星期。

「妳有很多想法？」幹員看著我的筆記本說：「美國人自己有很多超高級監獄啊，當初我們這裡一堆人過去取經，現在你們又一堆人過來參觀，好好笑。」的確，單人監禁和超高度安全級別監獄都是美國的發明，早在一七八七年基督教貴格會就在費城胡桃街監獄實驗過單人牢房，一八二九年成立的東州教養所前身是修道院，內部全是單人房，囚犯必須如古時僧人戴上兜帽，隨身物品只有聖經。直到十九世紀末期，紐約州奧本監獄採行白天苦工加上集體行動的管理模式逐漸盛行，一九三〇年代舊金山惡魔島監獄D區、聖昆丁（San Quentin）、佛森（Folsom）、阿提卡這類收容數千人的超大型多層結構監獄出現，囚犯被迫接受每日照表操課的待遇，在這些設施中極端隔離手段如單人房重新復甦。

一九八三年單人監禁正式回歸。伊利諾州馬里昂市（Marion）一所監獄帶頭採用每日隔離二十三小時制度，之後隨著美國監獄人口暴增、輿論主張以暴制暴，其他州也跟進了。今日的加州，單獨監禁平均值為六點八年；回到一九八九年，州政府設立了鵜鶘灣監獄（Pelican Bay State Prison），也就是第一所超高度安全級別監獄，主要特點就是獨囚制度、沒有任何活動或交誼設施，加上不接受外界檢驗或申訴的強硬管理體系。一九九四年，科羅拉多州建設了有落磯山惡魔島之稱的佛羅倫斯監獄（ADX Florence），最高紀錄是一名聯邦囚犯因為「不得與人類接觸」的命令遭到禁閉三十二年。一九九九年，美國在三十四州裡共有五十七所超高級監獄，而鵜鶘灣監獄內有兩百二十七個囚犯已經獨處超過十年。

拉丁美洲於一八三〇到一九四〇年間建設現代化監獄，有些仿照東州、有些效法奧本。歷經超過一百年，官員們考察了美國以及世界各地，包括澳洲、加拿大、墨西哥、哥倫比亞、愛爾蘭、丹麥、南非以及俄羅斯，觀摩了無數超高度安全級別設施以後，推出了我們眼前的卡坦杜瓦斯監獄。

我們前往幹員口中代號為查理的區塊，途中我終於聽到活人發出的聲音：雙層密閉門後面傳出朦朧呼喊，迴盪在迷宮似的走道上。

囚犯被困在迷宮中心——說是迷宮並不為過，因為動線故意設計得令人分不清方向。「雖然在同一個房間待了十年，」托克維爾描述美國被禁閉的犯人：「卻直到出去那一刻才真正確認牢房在整棟樓的什麼位置。」

我被帶到牢房前面，小小窗戶拉開一線。我試著窺看。

一雙眼睛湊上來。我後來得知他叫卡洛斯。

他在狹小乾淨的牢房裡面立正站好，彷彿排隊一樣。

「你好！」安德烈開口。

那雙眼睛……是通向哀痛靈魂的窗。

這次對話，或者說「訪談」，是最詭異最恐怖的經驗。我面對著保險櫃那樣的門，只透過一個小孔講話，安德烈在我耳邊翻譯、速度很快，周圍還有很多人聽著我們的交談內容。

卡洛斯，四十一歲，來自里約聲名狼藉的法裴拉（*favela*，巴西葡語中的貧民區）；一九八〇年代起，都市中貧窮階級人口越來越龐大，他們找到空地就將之占據形成聚落。這種區域和牙買加京斯敦的戰區或南非的情況本質相同，缺乏基礎社會建設且受到幫派控制。卡洛斯因為殺人、非法持槍、偽造文書、劫持人質已經坐了十六年牢，兩年八個月前從州立監獄轉到卡坦杜瓦斯。

「可是瑪拉，」我轉頭：「囚犯禁閉不是有三百六十天的上限嗎？之後應該就要轉回州立監獄才對？」典獄長明明才說過。

「多數案例確實如此，」她回答：「但不一定。看狀況，規則會有所變動。」

卡洛斯的天藍色襯衫上面印有聯邦矯治監獄獄友字樣。他說自己刑期高達九十八年，但實際上巴西沒有人服刑超過三十年。

「還好不是美國，」他脫口而出。

卡洛斯從牆壁上取下三張照片驕傲地展示，照片裡面是他的五個小孩，從五歲到二十三歲，還有一個孫子已經七歲大。如同其他囚犯，自從來到卡坦杜瓦斯以後，他就沒有面對面探視。他家人負擔不了飛來這裡的機票，連搭公車都是很大開銷——而如果搭公車去里約市的線上探視中心，可以透過類似 Skype 的系統與監獄囚犯進行視訊對話。之前有次機會是卡洛斯為整幢監獄刷油漆，典獄長自掏腰包代墊他家人前往探視中心的車資（其實不過二十美元），但卡洛斯的家人至今只去過三回。

「沒有家人，要我如何改過自新？」他問：「有時我會做惡夢，夢到自己被家人遺棄，驚醒以後非常恐慌害怕。我知道我做錯了，也從自己、從別人的經驗裡學到教訓，但是我沒有機會證明啊。我的感想就是，應該要給人第二次機會，至少看看這個人是不是真的改變了。」卡洛斯用力吞下一口口水。

「每天待在這牢房裡二十二小時，是地獄。老實說，我每天都活在地獄裡，好像要窒息了，或者說根本已經死了。還能說什麼呢，這不就是活埋嗎！」

其實他想說的應該還有很多，不過我們轉換話題聊到杜斯妥也夫斯基。瑪拉說卡洛斯參與了閱讀矯治，計畫是二〇〇九年開始的，起因是一個行事作風爭議很多的聯邦法官對監獄官員說：「反正沒有錢開什麼矯治計畫，不如就叫囚犯讀書啊！」這一點在美國也早有先例，我們那兒美其名為透過文學再造生命，最早是麻州採用了「讀書療法」，以閱讀課程為新的緩刑形式。該計畫網站的說法是好故事可以激發讀者對人物的同情心，並擴展到他人、甚至自己身上，設身處地為別人著想時，囚犯不必直接面對自己的罪行也能處理情緒掙扎。

卡洛斯從書架上拿起《罪與罰》。他開始報告閱讀心得。

「犯罪會對家庭造成影響，所以要三思而後行。故事最重要的意義就在這一點，他偷了東西、殺了人，最後受不了良心煎熬，做了壞事怎麼能沒有罪惡感。」

「那卡洛斯，你覺得良心不安嗎？」我問。

「每天都會。我覺得自己的生命是個錯誤。妳懂這種感受嗎？身為活生生的錯誤，而且生命中除了錯誤，什麼也沒有。但是就算活在地獄裡，我還是保持希望。雖然四十二歲了，至少不是人生終點。我還是希望有機會可以進大學，有興趣的科目是神學和心理學。我也試著寫書，取名叫做《深谷行者》。你我關照內心就會發現那個行者，每個人都要抓緊繩子向上攀爬，千萬不要注視底下的深淵。」

走廊上出現兩名男子和一輛金屬推車，車上的小碟子裝了幾顆藥。這裡有八成的囚犯需要吃藥。

「我是來這裡才開始吃藥……」卡洛斯說：「不吃藥睡不著，太焦慮、太憂鬱了，要一個人度過這麼長的時間實在沒辦法，我好害怕。」

幹員關上門口的小窗。來不及說再見，卡洛斯便從我面前消失。時間到了。

我們跟在另一輛金屬推車後面來到圖書館，但其實比較像是塞滿書的更衣間。書籍凌亂，特別是標著閱讀矯治認可的書更是到處堆，作者有若澤・薩拉馬戈（José Saramago）、克拉麗斯・利斯佩克托（Clarice Lispector）、達賴喇嘛和沙林傑（Jerome David Salinger），此外也有聖經、字典、福音歌本與很多流行雜誌。

「好多西德尼・謝爾頓（Sidney Sheldon）的書，」瑪拉口吻有點不滿。和奧提斯維爾的圖書館一樣，這裡也有一小櫃的歷史書籍、一些拉丁美洲研究，但奇科幻的藏書特別豐富。「囚犯想看書，所以向政府提出請求。結果呢，」她翻開光亮的頁面：「來了這些愚蠢的雜誌。」

走出大門，空氣一下子清新起來，地平線上一片翠綠。安德烈和我先順便送瑪拉回到她在卡斯卡韋爾的公寓。前面也有道閘門，與她的工作地點一樣像是美國來的複製品。「感謝美國，連住家的樣式都幫我們準備好了，」安德烈脫口說出我的心聲。

旅館倒是有一九五二年的邁阿密風格，或者說整個城鎮搬到另一個時空也同樣合適。大體上就是一九八〇年代的美國：路上女性的髮型都比較誇張，點心是小起司麵包球，路邊小酒館還播放著搖滾樂。安德烈和我找了一間酒吧坐下來，點了炸魚排和當地的木薯粉料理後聊起感觸，他擰著雙手表示自己國家如此熱愛監禁實在令人悲哀。電視播放世界杯足球賽，四周酒客有說有笑，但安德烈說那些造價高昂的體育場在曲終人散後也會變成監獄。他壓著太陽穴嘆道：「連我家裡，我哥、我爸，每個人都覺得把犯人關起來、鑰匙丟掉，最省事。可是這怎麼算得上解決問題？」

我相信愛、相信救贖，但這裡沒有

隔天早上到達監獄，鐵絲網彼端出現許許多多女性外形的螢光色塊。進入監獄有服裝規定，除了黃色和粉紅色外一律禁止，目的是讓遠在首都巴西利亞的高階人員能輕鬆從監視影像分辨出誰是囚犯、誰是工作人員、誰又是訪客，結果造就這幅充滿戲劇張力的畫面。她們都來自很遙遠的地方，有一些還得到PCC援助，因為來探望的丈夫是幫派裡有頭有臉的大人物。不少人凌晨就睡在大門外，為的只是排隊順位可以前面一點；無論如何，她們都要忍受漫長等待以及繁瑣的安檢搜身，身上每個凹洞都要查，換來只是幾小時和愛人相伴。最荒誕的大概就是她們居然還不得不打扮成這幅繽紛的模樣。

穿過那群婦女並接受安檢之後，我們領到一小杯的巴西咖啡，監獄裡面沿路都看得見塑膠杯到處亂丟。幹員必須輪班值夜，所以這一小杯一小杯又黑又甜的液體就像潤滑油般維持著機器順利運轉。

下雨了。走在幽暗的混凝土長廊間，寒意漸漸滲進骨子。過了一個轉角，看見鐵柵後面有比較大的空間，陽光穿透頭頂的刮刀刺網裂成一絲絲。這裡就是先前瞥見的日照區，囚犯必須分批進入、每次上限十三名，在日照區禁止三人以上的對話。

一顆足球擊上牆壁，接著好幾個人影迅速穿梭、一邊踢球一邊吆喝。他們大口呼吸，扯下上衣、光著腳丫燦爛微笑且興奮跳躍。這是生命。

接著傳來一聲：停！

鴉雀無聲。

球緩緩停下。囚犯們不能動，必須靠牆低頭排好，笑容當然不見了。「一號！」幹員大喊。

要做的事情已經熟得不能再熟。犯人低頭走向幹員，轉身、跪下，伸出雙手到鐵柵外上銬；然後，換個方向，走到另一名幹員那裡，再轉身，門開了、又關了，他的肉體又遭到活埋，必須再支撐二十二小時。

「二號！」幹員再次喊叫。

這儀式反覆操作直到日照區只剩下洩了氣的球。幹員們還戴上塑膠手套四處檢查，看看有沒有遺留物。

過了幾分鐘，門又打開，下一批十三個囚犯成一路縱隊低頭沉默走進日照區，面朝牆壁後一個一個暫時除去手銬。

「Liberal！」幹員指示。意思是自由活動。

囚犯滿臉笑容、彼此擁抱，頭終於抬起來了，不只互相聊天，也會和警衛交談。靠近鐵柵處準備了電動剃刀，需要理髮就直接過去用，所以地面上散著一撮撮髮絲，而半空中則是足球飛來飛去。感覺就好像是看著他們死了以後又重生。

我看見卡洛斯，容貌比起只能注視眼睛的時候還要更像個大男孩。他身上T恤印著監獄的字樣，但我一個恍惚看成地獄。

「來吧，帶妳看看牢房內部，」幹員說。

「可以就這樣進去看？」我覺得那是私領域，好像不該如此隨便。

「當然可以，監獄是公有的，不是他們的。」幹員語氣還挺得意的，他逕自帶我們進入C區的房間。

混凝土造出的書架上擱著一本尼可拉斯・史派克（Nicholas Sparks）的《分手信》，旁邊是淋浴間，每天固定時間自動灑水。床上有四張褪色相片，裡頭都是小孩。書桌上一支筆心被從塑膠殼內抽出，這名囚犯的創作走板畫風格，有大麥町、祈禱的雙手和籠中鳥。高處小窗戶透進微弱的粉紅光線，隱約聽得見金屬門開啟後有人朝彼此高呼的聲音。監獄在英文裡面沿襲了「悔罪所」（penitentiary）這個詞彙，而這是我第一次切身體會到所謂的悔罪是什麼感受。這個地方籠罩著一股詭異的陰鬱，就像古時候的修道院，但前方可能是教堂，也可能是集中營。

幹員提到牢房裡面沒有鏡子。曾經有媒體來拍攝，在牢門的小窗外面留下攝影機一整夜，回來時發現囚犯一直盯著鏡頭，看自己的倒影入了迷。

「牢房乾淨、整齊、有效率。」幹員的口吻彷彿將這兒當成自己的心血結晶：「和州立監獄不同等級，很安全衛生。」

的確，卡坦杜瓦斯和其他巴西州立監獄有如天壤之別，我也是基於這個理由才能夠過來參觀。巴西政府斥巨資建造監獄，自然想向世界證明其效益；二〇一四年流出一支影片是巴西的囚犯居然斬首另外三個獄友，於是聯合國人權組織開始對於本地過度擁擠、暴力頻傳且超過八成囚犯無法負擔律師的監獄表達高度關切，並表示「事態嚴重」。巴西還有很多州無法分開安置男女囚，女性監獄內的男性管理人員要求性服務也時有所聞，青少年和成人也會關在一起，而且牢房裡面不一定有盥洗設備。二〇〇九年，有一萬六千四百六十六人的監禁違反規定，例如許多人遭到羈押的時間比最後判處的刑期還要久，最誇張的案例是有位男性花了十一年時間才等到開庭。此外，從二〇〇九年到二〇一一年間，聖靈州（Espirito Santo）已有多方指控獄內虐待的問題，但政府竟然封鎖監獄進出，連原本依法具有督導權的單位也被排拒在外。

另一條走廊上又有幾輛金屬推車出現，推車的幹員們都戴著寬邊墨鏡。這是另一種儀式：飲料倒滿塑膠杯，從小窗送進去，囚犯們迫不及待接過，然後小窗再度關上。

後來我們與穿著粉紅色衣服的婦女擦身而過，她們雙頰浮腫、泛著淚光，我還聽見嬰兒的哭聲。

「好可憐，」瑪拉揉揉眼睛說：「來探視犯人的，一直大叫爸爸！」

剩下的時間我去了卡坦杜瓦斯裡面兩個相對的樂園：資格符合的人犯每天可以離開牢房幾小時去上課或工作。工作機會不多，可以說罕見，主要是拿廢棄的雜誌紙張編織籃子，或以紙張加上冰棒棍製作成小孩玩具，成品則在當地手工藝品市集販售。我們進去工作室時，十幾個男人圍著幾張小桌子正在工作，他們拿了兩種產品樣本給我看，瑪拉說我手上那個是紙雕小鴨，還有以火柴棒做出來的摩西、耶穌和施洗者約翰。

「和他們聊聊吧，」瑪拉鼓勵我，然後向囚犯們介紹了女教授。

我再次吞下內心的不安和作嘔感，試著不把自己當做人類動物園的遊客，轉身望進鐵欄杆裡面。

奧古斯都，黑框眼鏡下掩藏了一雙疲憊的眼睛，他說希望有一天能進大學攻讀生物，並且提到根據巴西的刑罰規定，犯人工作五天就可以減免一天刑期，但也只有約四分之一的囚犯可以得到工作機會。

「工作可以鎮定情緒，」他說：「其實只要不在牢房裡都好。能離開牢房不要一個人關著，我什麼都願意。悶在裡面實在太久了。我相信愛、相信救贖，但這裡沒有愛。」

隔壁兩人神情同樣悽苦，瑪拉告訴我他們是一對父子。我注視著那位父親，彷彿又看見南非的安東尼；安東尼的女兒在珀斯穆爾監獄的另一邊，兒子也向同一個藥頭買毒品。我也想起一個紐約的學生，即便出獄回家應該欣喜，他卻仍以淚洗面，因為他十八歲大的兒子還在牢裡。眼見一對父子都住進超高級監獄，我心痛得紅了眼眶；世界各地有許多父親因為貧窮和牢獄與子女分別，但父子在監獄裡並肩坐著又是另一番光景，轉頭就看見兒子淪入同樣處境的挫折太難想像。

我噙著淚與他們閒聊，問起他們最近讀什麼書。奧古斯都說起《安娜．卡列尼娜》和書裡傳達的真愛情緒時頗為激動，但沒過多久變成他們訪問我。美國的再犯率有多高？這個監獄和妳教書的那裡一樣嗎？美國是不是也該採用閱讀矯治？美國真的還有死刑？真的嗎，死刑？無期徒刑呢？這個監獄是學美國的嗎？超高度安全是美國傳來的？我們蹲在這裡這麼久都是美國人想出來的制度？我有點頭昏腦脹，後來迷迷糊糊地跟著瑪拉走出去，然後不由自主問起：「那個二十一歲搶銀行的犯人，真的罪無可逭嗎？」

「那算什麼呢，」她回答：「上個月有個十九歲的犯人進來。我心想，這孩子瘦巴巴的，能犯什麼大錯？結果居然是因為他朝檢察官臉上吐口水，就被送到這兒來。」

就算是美國也一樣，囚犯遭到單人禁閉的理由千奇百怪。紐約有百分之八十四的單人監禁原因並非暴力行為，而是例如使用淋浴間過久、不遵守命令、不配合送回餐盤、持有太多郵票、甚至眼神挑釁，也就是獄警不爽囚犯的眼神。二〇一三年，南卡羅萊納有個男囚被處以三十七年半的單人監禁，只因為他上網在臉書張貼動態。

我們又走過日照區，足球落地、囚犯們匆匆回到鐵柵前面，看見我興奮地問了不少問題，笑容幾乎扭曲他們的臉。

美國監獄可以上網嗎？

妳能在牢房一個人待二十二個小時嗎？

幫我們和歐巴馬總統問好！

他們活力旺盛，這攻勢令我心裡又是悲傷又是恐慌，忍不住打了幾個哆嗦；人性在瀕臨崩潰瘋狂的邊緣還如此燦爛，這美景我前所未見。

「這裡的囚犯沒有工作、沒有學業、沒有得到任何輔導，就只是每天在牢房裡面消磨二十二個鐘頭。」瑪拉告訴我：「有些人已經待了好幾年，真的很令人難過。」

他們尚未被徹底遺忘

卡坦杜瓦斯監獄與一般州立監獄不同，裡面沒有幫派暴力，甚至沒有人滿為患的問題——半數牢房還空著。但囚犯承受著另一種苦痛，是心理上的屠殺。「極高比例的囚犯即便只是短期禁閉也會精神恍惚，幾乎無法喚醒，還有一部分人變得極度暴力衝動，一部分人會自殺。即便沒出現明顯精神問題的人，行為紀律也沒有改善，絕大多數個案的心智程度無法回歸至有益社會的程度。」這是一八九〇年美國最高法院對長期禁閉進行調查後得到的結論。

過了一世紀，波士頓精神醫師史都華．葛瑞先（Stuart Grassian）訪問單人監禁的囚犯，研究發現三分之一出現嚴重精神疾病及幻覺，稱之為單人監禁症候群，症狀包括社會退縮、恐慌、非理性憤怒、無法控制衝動、被害妄想、急性或慢性憂鬱、注意力或記憶力問題、認知扭曲。自殘行為十分常見，遭禁閉的人有很多出現咬血管、切手指或睪丸的案例，自殺率也達一般的五倍之高。加州數據顯示，自殺人數七成發生在禁閉牢房，如果遭到禁閉者是青少年，則自殺機率為十九倍。二〇〇九年紐約客雜誌刊載阿圖．葛文德（Atul Gawande）的文章，他描述單人牢房這個「地獄深淵」時文字栩栩如生：「犯人不停和自己講話，無法克制踱步，不過六呎距離，就這麼來來回回好幾小時。再過不久，他恐慌發作，大叫求救，後來出現幻覺，以為牆壁的顏色一直變換。之後什麼聲音都能惹怒他，例如整點時警衛開門查看、隔壁房間獄友的動作等等。大概過了一年，他聽到電視機裡有人對自己說話，於是只好將電視收到床底下，不怎麼拿出來看。」一九九五年也有一位法官指出，加州惡魔島監獄的環境「近乎人類無法忍受」。

卡坦杜瓦斯這種單人牢房如同截肢手術般殘忍，以為截去問題就達到嚇阻與懲罰，保障其餘人平安，但我們怎能忘記所謂「問題」依舊是人類，他們最後仍然要回歸社會，與其他人生活在一起；無論對於囚犯或對於我們自己而言，逼瘋一個人究竟有什麼好處？更進一步來說，強迫人陷入瘋狂，是否合乎道德倫理？

甚至不考慮這麼多，根本問題就是單獨監禁沒有效！二〇〇六年研究發現，經過三個月禁閉的囚犯，暴力犯罪的再犯率反而提高；二〇〇三年針對亞利桑那、伊利諾和明尼蘇達三州的超高度安全級別監獄的調查也發現，囚犯的暴力行為沒有明顯變化。所以已經有些國家，例如英國，決定放棄又貴又沒有成效還不人道的手段，結果是整個英國的單獨監禁人口少於美國單一個緬因州的監禁人口。英國採取的做法是將最容易滋事的犯人放置在密集督導中心（Close Supervision Centre），這種小規模但環境穩定的空間最多容納十人，囚犯接受心理治療、教育輔導，表現良好才可以得到運動、打電話、接受探訪或使用廚具的權利，設計概念是提高對囚犯的控制而不是放任。由於經過控制囚犯彼此羞辱或衝突的機會大為降低，專家認為那才是監獄內部暴力事件的根源。

一個警衛看守著一間小教室，裡頭十個穿著藍色汗衫與拖鞋的學生坐在書桌前，和教師的講桌之間竟也有鐵柵分隔。我真無法想像面對鐵柵教書是什麼感受，這和是不是超高度安全級別監獄已經無關。瑪拉指著教師那側，混凝土地板上有條紅線，距離鐵柵很近。

「之前有一次，囚犯查字典要找單字，」她解釋：「他說找不到，於是老師靠過去想幫忙。這時候呢，警衛急急忙忙衝過來，槍口對準他們大吼，『退後！你想對老師下手嗎？』那個囚犯手發抖、氣紅了臉。總之，妳還是別跨過紅線。」

今天這堂課學生程度參差不齊，有小學五年級也有高中水準，上課的老師一頭金色捲髮，穿著實驗室那種白袍，胸口繡了卡通人物。她向學生介紹我，我則稍微介紹美國的監獄直升班，說明教育的重要性。

然後好像鳴槍起跑、賽馬奔馳，他們全都激動起來。

「沒人給我們上課，我們當然會回到街頭混啊！」前排一個皮膚黝黑的人叫道。

「我五十一歲了，沒什麼指望，但他們不一樣，」說話的人指著身旁膚色較淺的年輕人。「我這輩子沒機會受教育，住的那個貧民區根本沒學校。我生下來什麼也沒有，連出生證明也沒辦。」

原本應該是我訪問他們對於閱讀矯治計畫的想法，然而進來兩天後，我已經可以肯定結論。計畫本身立意良善，而且可能是維繫囚犯理智的最後一條浮木——問題是，想想這環境就知道一切荒謬可笑。文學在這麼極端的單人囚禁以及整個超高度安全級別監獄體系中有何意義？換取幾天的減刑？但原本刑期就長達四分之一世紀，有人真心在乎嗎？

當天早上和下午，那位老師離開以後，我被安排進入教室。「妳去給他們上課吧！」於是我聽見了他們深具衝擊的人生故事。

法比歐，四十歲，母親生他的時候才十一歲，而且是遭人強暴。酗酒的父親差點將他打成泥，所以法比歐六歲就逃家，在幾十個孤兒院間遊走，七歲開始犯罪，十八歲入獄，二十六歲才隔著監獄鐵柵再次見到母親。

羅貝多，三十八歲，家裡還有十四個兄弟，為了養家混幫派販毒，所以在州立監獄進進出出，反而因此鑽研出更高深的犯罪技巧，但也不幸染上毒癮。後來一次搶劫商家行動被發現，不慎開槍射殺了聯邦員警，已經在禁閉室內待了五年。

學生們一個個低著頭，氣氛就好像有顆定時炸彈。

Mi familia（葡語：家人）這個字出來以後，點燃大家心中那把火。一個人關在牢房裡面實在難受，不過真正的深淵在於與妻小父母相隔數千數萬哩不能相見。

囚犯們還滔滔不絕，但安德烈已經體力不支，翻譯跟不上以後索性暫停。不過我一直點頭，而且也真的明白他們說些什麼；就和我在美國、牙買加、尤其是在珀斯穆爾那裡聽到的都一樣，無論是貧民區、戰區、南非街頭或者這兒的法斐拉，都是類似情境，他們的人生不外乎兩個力量拉扯。

首先是種族。

罪犯、貧民區、乃至於這整座監獄，其實就是種族不平等的結果。當年非洲奴隸被帶到巴西的人數是美國的十倍以上，而且苦難在這裡維持到十九世紀才結束——一八八八年才廢除奴隸制度的巴西，在所有美洲國家中敬陪末座。即便廢除黑奴，社會仍透過警察權、刑罰權壓榨他們成為奴工，幾十萬名可憐黑人被逮捕，名義是行為不檢，包括遊蕩、鬧事、酗酒、甚或是跳卡波耶拉，一種傳承自非洲的舞蹈，由於帶有武術成分所以直到一九三〇年代才解禁。被捕的黑人淪為勞工，或者被迫加入軍隊，即便一九八八年巴西成立新聯邦體制，還是沒有吸收黑奴後裔進入國家經濟或社會系統的政策。隔離充斥於社會各個層面，無論教育、就業、土地分配和居住，以及公共服務，於是到了二〇〇九年，黑人或混血兒僅百分之十七真正進入教育系統，超過八成上學不滿八年，近三分之二非白人學生無法讀完高中，能上大學的僅百分之六點六。巴西全國生活水準在貧窮線以下的公民超過七成為黑人或混血，工資比白人少了不只一半，預估壽命也短六年，主管職有百分之九十七、經理職百分之八十三都被白人占據。如果巴西的白人和非白人分裂成兩個國家，白人巴西能在聯合國人類發展指數排到全球第四十四，但非白人巴西卻是第一百零五。

由此觀之，巴西非白人族群犯下殺人案比例將近白人族群的兩倍、在某些地區甚至超過三杯，其實一點也不叫人意外。非白人明明是全國人口三分之一，卻占了監獄囚犯的三分之二、入獄機率是白人的兩倍，也一樣並不奇怪。幾百年下來累積的社會制度一直在荼毒他們。

「你之後會不再犯罪嗎？」瑪拉問一個囚犯，囚犯眼睛下面已經滿是皺紋。

「要是回去還是沒工作，妳要我怎麼辦呢？」他看起來好像想要衝上前：「就算回去了，誰要給我工作？誰願意幫我？」

他轉向我，眼睛一亮：「美國的情況怎麼樣？政府會幫忙嗎？會不會給工作？記得，有機會的話幫我報名，看看我這輩子到底有沒有可能正常上班。」

我一直看著紅線，但還是將筆記本遞到鐵柵對面。

佩德羅．亨瑞克．普羅科皮歐，他寫下自己的姓名，筆跡很秀氣。「要記住哦，」他將本子還回來。

除了種族，另一個力量是階級。美國已經注意到犯罪問題實際上就是貧窮和不平等的問題。所得分配不均達到一九二八年以來新高，排名前五分之一的家戶人口掌握了全國百分之八十八點九的財富。同樣問題在巴西更極端，所得不均程度比起美國還高出百分之二十五，癥結追溯到一八七〇到一八九〇之間，當時巴西經濟成長率近乎世界最高；到了一九五〇年代，看似要超越美國，於是兩千萬人移入大城市，可說是史上最大一次遷徙。然而，也就因為經濟成長急速趨緩，數百萬人陷入貧窮，一九八〇到一九九〇年，最低工資下降四十六個百分點，人均所得也滑落百分之七點六，同時期最富有的前五分之一人口的財富卻成長百分之六十五，窮困的那一半公民收入反而下降一成二。GDP用於醫療預算僅百分之三，教育不到百分之五，但退休撫恤占了百分之十二——這筆支出只有巴西社會頂端五分之一的人享受得到，活在地下經濟體系的人口高達全國四成，完全得不到保障。此外，居住權也是一大危機，三分之一家庭沒有足夠空間，全國統計起來還短少五百八十萬戶居住單位。

貧窮如此普遍、社會服務如此缺乏，巴西政府卻寧願砸重金建造我身處的這所監獄。為什麼？我問他們，師生立場互換。

他們給我的總結是一句巴西俗諺：「做給英國人看。」

囚犯們表示，事實上，政府需要黑幫存在，因為貧民區和監獄需要人管理；珀斯穆爾監獄的數字幫便是在同樣背景下誕生。不過巴西政客們卻又得定時作秀，表現自己努力打擊犯罪，不然選舉會失利。卡坦杜瓦斯監獄以及它四個兄弟是這國家一場大手筆的秀，儘管單獨監禁根本是虐囚，儘管監獄根本沒有解決犯罪、暴力、社會不公的問題，甚至對於幫派規模毫無影響，聯邦政府還是設法將所有囚犯抹黑成危險人物，他們莫名成了黑道大哥，回到家鄉臭名遠播。儘管同樣策略在美國根本失敗了也無關緊要，大衛．斯卡貝克（David Skarbek）二〇一四年的新書《黑社會的社會秩序》（*The Social Order of the Underworld*）就解釋了這件事，他研究加州監獄內部的幫派以後，發現性質與巴西 PCC 類似，「最後提供了暴虐卻有效的管理手段」。加州一開始也將同幫派的囚犯分散到相隔很遠的不同監獄，以為這樣可以削弱連繫，沒料到反而使勢力擴展到其他州、觸手伸入聯邦系統內。

但事實已經沒人在意。卡坦杜瓦斯監獄就是政治舞臺上的精彩一幕，關在這裡的條條人命演出得非常漂亮。

「媒體把我講得禽獸不如，」法比歐說：「我才不是那樣。真正禽獸不如的是創造出這種恐怖地方的人！」

眼前的鐵欄杆模糊，我的頭越來越痛，但還是盡量想些話出來勉勵他們。我說自己有個很要好的朋友，叫做柯克，他在美國的監獄裡面認真讀書，拿到大學文憑，後來還進入常春藤盟校，成為社工領域的博士，還有我在紐約直升班的學生出獄以後都一定能入學。巴西囚犯們聽完，眼神閃爍不已。

「讓我們和妳的學生分享一些想法吧，」他們說：「算是地球兩端的囚犯相互交流一下。」

他們的分享充滿希望，由人間煉獄全力竄出。

只有教育能釋放我們。真正的牢籠在腦袋裡，透過學習才能將它們拆掉。資本主義會毀滅我們，生命不在於擁有多少、而在於成為怎樣的人。好好學習。不要放棄。

「我代表巴西祝福妳，」等我收東西要離開的時候，奧古斯都靠過來說：「謝謝妳還記得我們這些人。」

謝謝妳還記得我們這些人，就還活著的人而言，這句話實在奇怪。但他們算是活著嗎？杜斯妥也夫斯基描述單獨監禁是「抽乾一個人的生命養分、削滅他的靈魂使其萎靡衰弱，然後高高捧起如乾枯木乃伊、已經失去心智的人，讚揚為改過自新的模範」。對他們來說，能被人看見、出現在筆下，已經是難得的重生，代表他們尚未被徹底遺忘。

過完這一天，我們隨瑪拉回到辦公室，獄方人員圍著一部電腦，個個露出笑容。他們轉身讓出畫面給我看看，是 Google 翻譯的一句話：「他們動了。」動了？去哪裡？別的監獄？

「不是啦，」瑪拉解釋：「是說妳親自過來，講了學生的故事，囚犯都很感動。」

我也很感動，但這份感動無法帶來慰藉。

安德烈和我驅車前往機場，一路上兩人都沒有講話。他氣憤國家將錢用得如此荒謬，他以前就在卡坦杜瓦斯或州立監獄體系做志工，連他的未婚妻也一起幫忙，為女子監獄的囚犯提供法律諮詢。說起來他們已經知道巴西監獄制度的黑暗，但親眼見證還是太過震撼。至於我，沉默是因為三不五時就啜泣；臉頰失去血色，情緒也暫時失去氣力。

回到美國，過了幾週，我對奧提斯維爾監獄的學生們提起巴西的囚犯，請他們寫信過去，內容挺活潑有趣的。

「希望你身體安好，無論當初犯下什麼錯都已經記取教訓。」李察的信上這麼說：「我稱你為兄弟，因為即使我們身處異地，你我仍舊是人，靈性永遠相連。我也相信教育會是成功關鍵。對了，該介紹一下，我個性簡單好相處，喜歡學習新知。」

羅貝多的回信寫了不少：「我們肉體遭受囚禁，但無論國家機器怎麼壓迫，也不可能關住我們的心，我們一定要保住心靈自由。我已經二十三歲了，打從十六歲就住在監獄；一開始不知道教育多重要，所以走了很多冤枉路。後來我無意間翻開書，才發現自己原來能夠那麼『自由』。雖然每天關在牢房裡面二十三小時，不過一看書就會忘記時間。說這些，其實是因為聽說你可以上學，希望你看了這封信以後更有動力走下去。」

他的回覆令人動容，而且充滿希望，只可惜這是我第一次進出監獄以後，心裡感到徹底絕望。首先，看似黑暗中的燭光，也就是他們的閱讀矯治計畫，相應於整個局勢太過微不足道，甚至令人懷疑計畫本身是否也只是政治舞臺上的另一齣戲。再者，雖說美國許多州政府已經開始思考單獨監禁制度的優缺點，於是二〇一四年有十個州著手改善相關環境，縮限獨囚規模，避開青少年和精神已有狀況的犯人，也逐漸將囚犯送回一般監獄體系內，但卡坦杜瓦斯可是完全不一樣的局面，美國撒下的種子又一次在異地結出迥然不同的果。超高度安全級別監獄和單獨監禁制度不僅在全球現實，更是一個不斷成長的現實。這是一個世人陷溺其中，至今仍不願清醒的美國惡夢。

06 民營監獄 | 澳洲

「妳是否曾被起訴定罪？」在澳洲雪梨機場的時髦電子入境櫃檯前，螢幕閃過這個問題。這就是我得到的歡迎。而我回想一下，才不過兩天時間，澳洲政府已經三度問我同樣的問題；之前兩次是還沒上飛機，辦理電子簽證的流程就預先調查。

綠野仙蹤的奧茲國[1]反覆問別人是不是罪犯，一方面合情合理，另一方面非常諷刺。事實上，澳洲是建立在刑罰上的國家，時間追溯到兩個世紀之前，這裡所有人大概都有前科。在監獄風行以前，歐洲各國喜歡以流放作為懲罰手段，殖民國家前前後後送出了約二十五萬所謂「已決犯」（convict）到異鄉，包括新加坡、法屬蓋亞那、直布羅陀、百慕達、模里西斯等等。美國獨立以後，澳洲也加入了流放地的名單，因為英國沒辦法再將不要的子民丟到北美。一七八八年到一八六八年間，共計十六萬六千人，男女老幼皆有，從英國來到澳洲；

1 譯按：由於Australian口語會稱作Aussie，發音和《綠野仙蹤》的奧茲國接近，加上以農牧礦為主和單純質樸特性也類似故事中的奧茲國人民，因此澳洲獲得奧茲國別稱。

一八三〇年，這些外來者和其子嗣已經占殖民地人口的九成。

罪犯不再只是罪犯。一八三三年廢止奴隸交易，殖民地犯人就成為歐洲各國的勞動力，協助他們進行基礎建設、提振經濟。即便之後不再輸送囚犯，他們的經濟價值並未因此衰減。以美國內戰後為例，國家重建依靠著已決犯的勞動力，從鐵路到耕地都靠他們辛勞付出，阿拉巴馬州直到一九二八年才停止出租囚犯給聯邦政府。

這是監獄這門生意的起源。法律、商業和政府利益的結合已經存在於人類社會數百年。

在汪杜，我看見人性

我利用寒假期間前往澳洲蹚渾水：資本主義和「已決犯」在現代混合成為一門價值高達兩百二十七億美元的民營產業。故事回溯到一九八五年，肯塔基州馬里昂郡開設了第一間民營監獄，管理模型隨著利潤數字向外擴展，時至今日，美國最大的民營監獄公司「美國矯正公司」(Corrections Corporation of America)，資產總額達十七億美元。類似產業在十多個國家出現，如英國、法國、紐西蘭、加勒比海諸國以及南非。

產業觸角也伸到澳洲。即便澳洲與美國在地理上如此遙遠，就刑罰政策來看卻是好兄弟。一九七〇年代起，澳洲援用美國社會對犯罪採取強硬態度的語言，據此制定懲罰手段，即使當地命案和搶劫案件明明很低：二〇一一年命案率為十萬人中一人、搶劫率為十萬人中四人，而且過去二十年裡持續下探，可是監獄人口平均每年成長九個百分點。目前澳洲民營監獄人口在全球比例最高，全國三萬三千名囚犯，有一成九囚禁在民營機構中。澳洲還有完全民營的移民收容系統，營運者為英國信佳（Serco）集團，該企業在西澳有兩間監獄，管理八千人。

「信佳？是什麼，作業系統嗎？還是母體[2]？」我對布萊恩打趣道。

布萊恩是我在泰國認識的犯罪學者，他提到自己透過澳洲伯斯市科廷大學進入監獄幫忙，聊著聊著我開始抨擊民營監獄這個產業。

當然我和布萊恩意氣相投；事實上，任何改革派都會視民營監獄為毒瘤，畢竟就本質來看，這種機構的存在是吸取納稅人的錢，並掌控著活生生的人命。更何況為了獲利，營運方式自然包括政治上的遊說和獻金，花費數百萬美元只為了讓刑罰政策更緊縮。以美國矯正公司為例，一九九九到二〇〇九年間就花費一千八百萬美元遊說聯邦政府，與它保持密切關係的還有全美議會交流理事會（American Legislative Exchange Council），這個組織持續推動更嚴格的移民法規和刑責，並向四十八州提議，表示只要州政府保證監獄床位使用率在百分之九十以上，他們就願意收購州立監獄。

「這些我都知道。」布萊恩回答：「當時我還出面抗議，到市政廳前面站了好幾天，反

2 譯按：指電影《駭客任務》內控制全人類的電腦系統（the Matrix）。

對監獄民營化。不過後來我發現背後的問題比我以為的更複雜。」

「真的？」我還很懷疑。

「妳自己過來看看比較快。」他回答，於是幾個月以後，我飛到了澳洲。

「看來和鳳凰城很像啊，」飛機上坐我隔壁的美國同胞低頭看著伯斯市說出這句話。

週六下午，外頭攝氏四十四點四度的炎夏天氣，不見任何人影。西澳洲首府宛如鬼城，我進飯店確認房間以後就上了免費的市區公車，先經過純淨的河濱公園、再開上純淨的地下道、最後來到純淨的海岸。喔，原來大家都在這兒。史卡勃勒海灘上人潮洶湧，膚色黝黑的金髮美女送上免費檸檬水，更多金髮美女在大浪上跳躍，像是想和雲朵擊掌慶祝。

坐在這座乾淨美麗的都市，被衝浪客和海灘客包圍，很難想像附近有座監獄。可是澳洲監獄人口在過去十年已經倍增，西澳的人均囚犯比例更是全國最高，其中近半數並非暴力犯罪；一如美國、巴西、南非，監獄裡面絕大多數都是窮苦弱勢。原住民占全澳洲人口僅兩個百分點，卻占監獄人口的百分之二十七點五。西澳監獄原住民比例尤其高，比起美國監獄裡的黑白比例還要誇張——澳洲原住民入獄率將近是平均的二十倍，每二十四人就有一人坐牢，原住民年輕人也比澳洲其他所有族群更可能遭到拘留，機率高達五十倍。

「歡迎來到奧茲！」布萊恩給我一個擁抱。隔天早上他來飯店接我，久別重逢自然開心，就算之後大半時間要一起在監獄中度過也無妨。先前泰國之旅我和他建立了深厚友誼，一方面志趣相投、有共同使命，另一方面他的豁達樂觀非常振奮人心。雖然我也保持積極正向，但能遇上理當不存在的同類，還是個經歷過生命低谷的人，我內心得到的激勵特別強大。我喜歡與這種人交往，時時提醒自己希望不滅。

我們前往汪杜社會重整機構（Wandoo Reintegration Facility），那裡戒護層級最低，收容十八到二十四歲男性。布萊恩解釋那裡過去是少年觀護所，他參與幕後轉型團隊，將其改造為現在的樣貌。機構鎖定特定年齡層，在法律上已成年，但心智其實仍曝露於危險、容易受害和受衝擊。而這機構在二〇一二年交給信佳集團管理。

「妳應該看看轉型前的情況，實在很慘。」布萊恩說：「連味道都很……不真實。那不是人住的地方，只有腐爛的垃圾才該擺進去。」

抵達時我嗅到的氣味是午餐。沒有安全檢查，我們直接走進用餐區，只不過我因為時差有點恍惚。

「忘記帶證件嗎？沒關係，先拿些東西吃吧。」櫃檯後面的女子一臉微笑。

剎時我以為自己是不是進了電視廣告：背景是綠色山丘和清涼微風，像是位於馬里布市的矯治中心，名字叫做航道（Passages）、還是希望（Promises）[3]？接著，一陣噁心感襲來，每次聞到這種取餐區的氣味，我就不自主連結到糟糕的記憶。但這一回，身體的感受緩

3 譯按：此處指位於加州馬里布市的兩間毒癮勒戒所，走高價時尚路線。

緩消散後，其實餐點的味道似乎還不錯。

「囚犯在哪裡？」我問。

「妳是說這裡的住戶？」她往旁邊一比。所以就是周圍走來走去的這些人，沒有誰套上制服，所以我根本分不出工作人員和囚犯。

「大部分在上班，要晚一點才會過來。」

「我不懂，」我坦誠。

「很多轉到這裡來的孩子們一開始也不懂，」她笑道：「以為會是傳統的懲罰機構，大家習慣以前的監獄制度了，所以很被動、壓抑。但在這裡，他們是主導者。」這位女士並非所謂矯治官員，在汪杜不使用那種詞彙。她只是服務人員，背景甚至與犯罪或司法無關，而是心理諮商，就職後信佳集團還贊助她攻讀博士。

「來杯茶？」她說著便端給我一杯。我輕輕喝了一口。

「溫蒂！」住戶喊著我面前這位精神奕奕的蘇格蘭裔監督官——在這裡她的職稱叫做「約聘輔導員」。溫蒂帶我們離開用餐區，進入會議室，壁紙上有色彩明亮的原住民藝術插畫，整個建築物通風良好。

「汪杜的主要任務，」溫蒂送上檸檬戚風蛋糕後解說道：「是協助住戶預備好獲釋之後的生活，所以要培養生活技能、提供教育訓練與就業輔導。大男孩在這裡最多待三年就得離開，之後我們持續進行密集的個案管理追蹤、加強社會重整。出去以後，他們也要參加藥物和酒精戒斷團體，畢竟他們的前科大半和藥物或貧窮脫不了干係。此外，這裡會定期舉辦藝術或音樂的工作坊。其實他們自己可以說得比較清楚，是吧，小夥子們？」溫蒂朝同桌的三個年輕人揮揮手。

三個人點點頭，面帶微笑、神情自若，身上衣服像是足球隊的，還是南非跳羚的顏色。

「我平常挺忙的，」十九歲的詹姆斯說。他的頭髮呈薑黃色，綠色上衣沾了一點一點的顏料：「要跑電腦室、心肺訓練室和圖書館，時間不夠用。那是沒上班的時候，不然每天下午三點半之前，我在食物銀行那邊做事，也是我們回到社會之前的準備之一。」

溫蒂稍微打斷，指出汪杜這裡採取修復式正義的原則，而她個人稱之為「關係模型」。

「這邊和學校挺像的。」接著說話的麥克穿著黃色T恤，他隸屬於囚犯自治的相關部門：「如果起了什麼爭議，我們就開會解決，和一般地方政府差不多。各種基本運作也是我們自己處理，他們不會命令我們做什麼，都是先徵詢大家的意見。」

「我記得我偶爾可以發號施令啊，」一個輔導人員在旁邊聽了大笑：「但是都挺人性化的吧？」

「我也一樣到食物銀行上班，」麥克繼續說：「這裡的住戶每天都必須外出做社區服務，下班才回來。四個月之後我就可以回家，不過要定期回來演講、探訪，不是走了就算。教授，你們那裡的監獄也有這樣做嗎？」

我拿監獄直升班的例子回答，他們對於學習經驗交流、監獄學生和一般學生的互動特別感興趣。

「在食物銀行上班的時候，顧客把我們當作一般人看待，那種感覺很好，覺得自己真的很正常，」麥克說。

他們三個不明白我開的課程為什麼取那樣的名字。那其實是個文字遊戲，「監獄直升班」一開始是個諷刺的說法，暗喻美國有些學校的情況實在很糟，幾乎成為罪犯養成中心，學生直升刑法系統。「在學校裡面裝設金屬探測器？」三人複述我說的話，臉上非常訝異，「學校直升監獄？」

「我常常出去衝浪，只要下班有空就去。」另一個人這麼說，而他精壯的身材也的確是個衝浪客，而且金髮綠眼、手臂滿是刺青。

準備離開汪杜時，他們和我道再見，出去路上有個小插曲：幾個住戶和督導員圍在小草丘上伸手指著什麼東西。

有蛇！

「別緊張，」溫蒂說：「會有人去捉。」

看來野生的蛇是這裡最危險的因子。

終於有一次，我走出監獄時忍不住喜極而泣。在汪杜，我看見人性。

要注意的，是社會犯了什麼錯

可惜一想到紐約的那群學生，我的情緒又蒙上陰影。我很痛心地想像著，假如他們能在汪杜這樣的機構裡待一待，或者美國也有這樣的地方該有多好，尤其美國有兩個州會將十六、十七歲的少年與成年犯人關在一起，紐約州便是其一；他們進入監獄多半只因為年少輕狂的小過錯，又或者根本來自功能失調的家庭環境，結果失去人生中很寶貴的一段歲月，在脆弱的年紀住進成人監獄，造成的心理創傷需要更多時間才有可能平復。

「其實汪杜這樣的地方根本不應該存在，」上車以後布萊恩卻這麼告訴我：「那些年輕人從一開始就可以留在外頭不用每天回去。像我服刑時得到了外出工作的機會，就不用每天回去點名，也不會違反什麼規定，其他獄友也一樣。」

很有趣，我希望自己的學生能有汪杜，布萊恩卻盼望汪杜消失。改革果然也是個相對的概念。

「這些年輕人之所以不能回歸社會、回到家庭，只有一個原因，那就是整個社會都過度趨向避險。」布萊恩繼續說：「實際上，永遠不會有零風險的社會，每天晚上都會發生犯罪事件，沒有任何辦法可以改變這個事實。風險是生命的一部分，受到恐懼控制的話便無法過生活，而監獄就是恐懼的產物。」

他說的當然沒錯。我不禁提起自己早上看到的報紙內容。

「基本上有四個主題，每一個都和恐懼有關。鯊魚、森林大火、酒吧鬥毆、犯人逃獄。最後這一項我勉強可以理解。」信佳集團最近的媒體形象不大好，因為發生一連串囚犯在運送過程中逃脫的事件。「但其他的呢？伯斯已經是我看過最乾淨安全又漂亮的地方了，為什麼大家還是過得緊張兮兮？」

「歡迎來到魯柏・梅鐸（Rupert Murdoch）的媒體世界，」布萊恩悶哼一聲。

啊，我忽然明白過來。我差點忘記福斯電視和紐約郵報背後的媒體大亨是誰了，他最擅長聳動標題、炒作歇斯底里的氛圍，而他的媒體帝國其實從澳洲起家。在我看來，美國的大規模監禁風潮也與這個媒體帝國脫不了干係。自一九八〇年代雷根總統將罪犯形容為「人類社會的掠食者」、「本質最為殘暴危險」以後，各地新聞就充斥犯罪報導，以恐懼吸引閱聽人，就算犯罪率明明下降也是如此。一九九三到一九九六年，美國的他殺案件降低二十個百分點，可是ABC、NBC、CBS三個媒體上關於命案的報導反而提高百分之七百二十一。大眾焦慮恐慌，將罪犯想像得更加可怕，也將受害人塑造得更加無助，這種群體意識自然而然反映在更多的嚴刑峻法上。

回到酒店以後，我滿腦子都在恐懼、改革、汪杜上面打轉，而且沉溺於自責中。

民營監獄並不邪惡。原本應該如此，數據也指向這種結論。在奧茲這裡，所有移民收容中心都是民營的，信佳集團從這些外包契約得到的收益已經累積到十八億美元。美國也一樣，移民及海關執法局每年業務預算高達十九億，充滿開設大型收容中心的商機。進入收容中心的人很快轉換為勞動力，近乎奴隸的勞動力。二〇一三年美國全境內至少有六萬名移民在聯邦政府名下的收容中心工作，數字超越美國國內所有資方單位，而他們每小時工資只有十三分美元，甚至可以用糖果點心代替，每年節省至少四千萬美元的人事成本。

我打開電腦找到信佳集團的網站，他們自稱提供「國際服務」，企業目標也下得響亮：將服務帶進生活。信佳在全球有超過十萬名員工，資本額一百億美元，業務領域涵蓋安全防護、醫療院所、交通工程等等，已經和三十多個國家有合作關係。我點到企業精神那一欄，看到了不少場面話，諸如為客戶締造真正的改變是他們的責任和機會。再來找到年度報告，裡面就是一般企業都有的官腔及活動照片，這些宣傳圖文讓一般人很容易忽略信佳集團涉足監獄事業。

我多找了些資料，感到更加困惑。信佳集團在監禁設施投入的營運成本看起來比政府主導的監獄還節省，而且合約裡面設有針對再犯率的條款。本益比這部分我不太訝異，民營化賣點即在此，可是美國的民營監獄形象不佳，時常遭控以減少教育訓練、降低服務水準、削減員工福利來撙節，可是我在汪杜的親身體驗並非如此。信佳集團位於倫敦的智庫團隊也提出許多誘人的理念，認為人性化對待囚犯可以降低營運費用，民營監獄又比公營監獄更好，因為透過合約來規範衛生和教育的服務標準，企業不能達成就要付出違約金。信佳認為民營監獄有更健全、注重效率管理加上彈性的實務手段，最終能降低成本。

所以必須要民營企業才能以人性化經營監獄？我自己都覺得矛盾了，但這說法幾天以後我自然脫口而出。布萊恩帶我去波隆尼亞釋前過渡中心（Boronia PreRelease Center），這裡收容八十二位五年內可出獄的女囚。與美國趨勢相同，女性在澳洲的入獄率節節攀升，主要都是藥物和財物相關的罪名。

一開始我們先到布萊恩位於科廷大學（Curtin University）裡的辦公室，他順便帶我參觀了原住民研究中心，介紹原住民藝術，我這才明白原來那些精緻的點、勾、環被稱作「言」（yarn）[4]，是一種記號，可以組合為複雜的故事內容。後來我們散步在覆滿落葉的校園，看到學生們在自助餐廳享用蔬菜沙拉或有機食材三明治，我們走到一間小磚屋前，門牌上寫著——等等，我不是在學校嗎，可是這裡是監獄？外面沒有刮刀鐵絲網或金屬探測器啊！裡面的人也沒有穿制服，看不出身分，周圍也找不到擴音器吼著叫人立刻去領信之類。大學和監獄融為一體，很難分辨界限。

穿著鮮紅色套裝的女人親吻兒子，然後送他上計程車。她到底是囚犯，還是學生？戶外有個擺滿鮮花盆栽的平臺，工作人員和訪客都可以在這裡享用水果和點心，前面草坪修剪整齊，周圍的路燈設計得十分漂亮。這兒有花園、教育和健康中心、電腦室，參觀途中到處可見一本色彩繽紛、叫做《葡萄藤》的刊物。

「用意在於盡可能模擬外界，」布萊恩解釋，「培養自主性和責任感，避免消極被動。」而且和汪杜一樣，波隆尼亞的女囚早上有工作，下午上課。

「工作本身要有意義。」大嗓門的輔導主任這麼說：「目的並不是從事勞動，所以我們會篩選僱主，願意支持我們的才行。一開口就問『這個人能做什麼？』，恐怕就不適合。」

女囚放假回家探親只有兩個規定：不可以上網，不可以懷孕。這裡的房間經過安排，每隔幾週囚犯的孩子們可以過來同住一晚，而且提供高品質的親職協助，保證親子時間充實有意義，不會只是窩在電視機前面。

走進這裡的超市，我隨手拿起大廠牌的乳液，並注意到牆壁上掛著大大的食物金字塔圖解，架上商品也都以顏色標示，綠色代表營養價值高、紅色代表對身體不太好且價格較高。囚犯手中有預付卡，她們想買什麼都可以，但如果沒有根據圖解上的原理來配置飲食，很快就會一毛不剩。

「一次買三罐植物性奶油？」輔導主任說：「買啊，反正不是我的錢！」

之後一位職稱是「膳食督導」的男性輔導員操著法國口音說自己監督女囚的菜單，也開設烹飪課，因為她們有不少人需要照顧一家大小，卻習慣靠麥當勞打發三餐。

「波隆尼亞的最大宗旨，就是解構這些女性已經僵固的心態。她們要為自己著想才行。」輔導主任下了結語：「一般監獄要人排隊領東西吃、衣服丟出去就有人會洗，結果呢？最後什麼也不會。在這裡，你自己不會煮就不要吃。起初很多人大受震撼，但其實都是重要的過程。」

---

4 譯按：在澳洲英語中yarn也代表了談話和故事。

她說出了最有意義的過程。不過，若一開始就不需要這種努力呢？要是整個矯治系統都朝這個方向設計，而不是在最後一步才設想周到？這樣的模型可不可以複製到超高度安全級別監獄裡面？

「當然。」主任回答：「只是規模和管理能力的問題。安全級別是個假議題，我也待過高安全級別的監獄十五年。」

「沒有因此失去信心？」

「沒有。我看到的是社會犯了什麼錯，那個策略行不通。波隆尼亞或許不能代表全澳洲的監獄，但朝著正確方向的一小步，就是通往目標的一大步，對吧？所以就一步一步慢慢來，滴水總能穿石。」

都是壞人，都應該關起來！

日子一天一天過去，從不為誰停駐；完美的伯斯、完美的另一天，美好的陽光掃過晴朗無雲的天空。某一天晚上，我想方設法要拍下月亮的照片，因為一定沒有人相信它可以離得這麼近。這個都市在過去十年間經濟發展不朝「又大又亮」靠攏，而是越來越環保，住在這樣一個簡直基因改造過的「優質城市」裡面，對人會有什麼影響？我距離一開始的監獄之旅越來越遠：從珀斯穆爾的小鎮到烏干達的烏茲衝鋒槍，再到了陽光美好過頭而令人昏頭轉向的奧茲國。

這是另一天傍晚我對新認識的朋友克雷格提起的話題。他是當地原住民新聞網的記者，還兼差演出喜劇。我們透過臉書上間接的人際關係搭上線，很快就成了好拍檔，因為克雷格和我一樣想要揭開覆蓋著伯斯的面紗，他一針見血戳破了澳洲的種族歧視。

「伯斯的燦爛陽光照不到底下問題所在，」克雷格說。

保有帝國風味的費利曼圖監獄（Fremantle Prison）充分顯現出這一點。一天下午我過去參觀，監獄本身是一八五〇年代由囚犯勞工所建造，參考的是英國的本頓維爾監獄（Pentonville Prison），而本頓維爾監獄又參考美國的矯治機構——總之，在殖民地時代費利曼圖是本地最大的監獄，直至一九九一年才關閉並改為博物館。

入口處就貼著「苦窯導覽」的廣告，我沒理會就走進去了，光是監獄壁畫、塗鴉就夠我欣賞好幾個小時。大半都是原住民藝術，因為那時候監獄裡面住的都是原住民。澳洲的原住民入獄比例比起南非種族隔離時代的黑人還要高出五倍，而我也得知原來南非的種族隔離政策是模仿澳洲一九〇五年的原住民法案，法案內容限制原住民住居、性行為、還有宵禁和其他許多規定。一八四一年的羅特尼斯島（Rottnest Island）規畫為專門囚禁原住民男性的監獄，結果到了一九五二年，島上囚犯占全國囚犯總人數四成。所以是一模一樣的故事，弱勢族群淪落到貧民窟以後還要被打上烙印，然後就是大規模監禁；藉由監禁創造勞動力，牢房塞滿以後，社會制度還是不肯鬆手。我內心那股憤怒又被點燃。

紀念品商店裡掛著一個牌子寫道：大小犯人都喜歡。賣的東西是圍裙、馬克杯、酒架之類，上面有個「囚鳥」的商標。一個店員走過來，「要不要買個犯人磁鐵啊，很可愛哦，」她這麼說。

比起在泰國所見到的監獄紀念品商店，費利曼圖帶給我的衝擊大得多，因為在這裡他們兜售的是殖民時代的酷刑歷史。其實一到澳洲我就意識到這個現象，有個週末我在雪梨觀光，遊客手冊上竟也有一個專欄是「罪犯和文化」，跟著上面的指示會走到市區的紀念碑和博物館，見識這個國家如何奠基於囚犯重獲新生的概念上。我沒有特地在海德公園軍營博物館點一份「犯人早餐」，或者像手冊推薦的一樣，「在禁閉室內享用畢生難忘的晚餐滋味」，但博物館裡面的展出我倒是好好看過了。海德公園軍營以前專門收容運送過來的人犯，據說在一八二二年之前這個「犯人和袋鼠的國度」十分寧靜和平，結果一個英國來的商人知道以後，嚷嚷說這樣的日子太安穩了。他指控當時派駐於此的麥覺理總督（Governor Macquarie），罪名現在看來也很眼熟：縱放罪犯。商人開始要求加強刑罰，於是取消了緩刑、假釋，給囚犯上銬、逼他們做苦工，法律越嚴苛越好。

逛一趟館內展覽就可以理解當時囚犯的生活。「踏車」[5]已經算是很過分的刑具，而那年代只要態度傲慢一點就會被處以鞭刑。

孩童在博物館裡嘻嘻哈哈玩弄互動式展示、試穿囚服，他們似乎覺得路牌上的小老鼠很可愛。狹窄的房間是以前囚犯們睡覺的地方，吊床營造出奴隸船的氣氛，三個小女孩坐上去開心地盪鞦韆。這裡是個囚犯主題的迪士尼樂園，完全沒有集中營的悲傷苦痛。被送到這裡的人是已決犯，並不是什麼可悲的受害者。而我親耳聽見身邊遊客也這麼對孩子解釋，他們看著鞭子和鐵鏈說：「因為這些犯人都很壞，所以是活該。」時至今日，我們不也這麼說嗎？都是壞人，都應該關起來。

問題是，這些所謂的「壞人」究竟是怎樣的人？奧茲國歷史上這一群惡名昭彰的已決犯，其實很可能只是沒錢買東西吃而偷了一條麵包。十八世紀時這樣的小罪就有可能處以流放之刑——英文裡面流放（banishment）和消失（vanishment）發音如此接近恐怕其來有自。以送到澳洲的已決犯而言，其中有八成三平均年紀才二十六歲，罪名都是侵犯財物，而且絕大多數識字、有專長，完全符合勞動市場的需求，根本不像一般人以為的罪犯。只不過當他們被冠上罪犯的頭銜，忽然間社會大眾就覺得可以忽視、接受這些人受苦並淪為奴隸；這種心態直至現代一樣成立，只要被貼上「囚犯」、「前科」、「坐牢」這些標誌，就代表無可救藥，過得多慘都不值得同情。而且罪名也不再重要，從呼大麻到屠殺都叫做犯罪，事實上罪行的定義也常常模糊不清，例如「性犯罪」可能是最嚴重的強暴，也可能是在酒吧裡面以不夠合乎禮儀的方式觸碰女性身體，而「暴力犯罪」可以是恫嚇，也可以是殺人。

已決犯、既遂犯等等詞彙都是方便的標籤，貼上去以後那個人就被困在最惡劣的形象

5 譯按：原文treadmill，現在也指「跑步機」。

裡，永遠出不來；也就因為汙名化力量太大，對於犯罪和刑罰的語言使用必須非常謹慎。澳洲在近十年才開始為早期移民平反，以前在族譜裡面找到犯人是恥辱，現在卻成了榮耀，而且有十一個與已決犯相關的場所被列入本地世界遺產。但這不是理所當然嗎？據統計，澳洲每十人就有一人是已決犯的後代子孫，國家靠曾經住在監獄裡的人建立；如今大家發現無法改變歷史，就將歷史變成商品。

奧茲國和美國在這個趨勢上像是分隔世界兩端的孿生兄弟。千禧年才剛開始，已經有五百六十萬美國人坐過牢，至少三分之一的人在年滿二十三歲前就遭到逮捕過；超過一億的美國公民有前科紀錄，一些大都會區的年輕非裔公民前科比例高達八成。這種數字不就是當年殖民地的翻版嗎？國家殷勤地製造標籤，最後每個人都要與它沾上關係。

第三趟也是在澳洲的最後一趟行程，監獄的名字很有趣，叫做「金合歡」（Acacia）[6]，感覺應該是作家尋找靈感的度假勝地，但事實上是信佳集團營運的機構之一。金合歡監獄很快就要成為澳洲第一，目前裡面有一千三百八十七名囚犯，就算以美國標準來說也算多。雖然是最後一個參觀目的，但布萊恩得開車載我風塵僕僕穿越天鵝谷（Swan Valley），而一般觀光客來這裡多半是為了品酒；回想起來，無論泰國、烏干達還是巴西，通往煉獄的道路總是景色秀麗。路旁也有些警告標語：慎防森林火災！西澳採用顏色分級標示火災風險，我想起九一一事件以後，美國也有了類似制度，只不過對象是恐怖份子，幾乎所有新聞頻道都會看見從橘色到紅色的「威脅等級」，觀眾內心的焦慮一刻也放不下。

車子轉彎駛近瓦盧農場（Warloo Farm），羊群遊蕩在金色田園上，接著忽然看見刮刀鐵絲網，以及鐵皮屋頂、混凝土磚組合而成的建築物。與先前兩所信佳集團經營的先進機構相比，金合歡看起來十足是傳統監獄，甚至令我想起了故鄉的奧提斯維爾。在訪客中心，我看見以鐵釘鎖在地面的桌子，旁邊有電話亭，穿著綠色制服的囚犯拿掃帚正在掃地。監獄裡面設有柵欄包圍的體育館，牢房建材是混凝土和鐵皮；這裡的分區名稱很有趣，有「布朗克斯」、「布魯克林」以及「皇后」。在布朗克斯區，我看到幾十個身上有刺青的男子，有的抽菸、有的做伏地挺身，之後我們進入附設工廠，裡面是完整的生產線，幾百人每天領九美元薪資，工作內容是組裝床架、壁爐、汽車零件等等。還有養雞場和溫室，消毒鞋子以後我忍著水肥氣味進去，看到一列列菠菜和芝麻菜。金合歡監獄裡面所有勞動都要詳細記錄，轉換為貨幣價值，而且注重組織效率和技能訓練，囚犯可以在過程中得到專業證照，之後直接進入相關企業就職。我不停轉著腦袋評量眼前所見，不得不承認生產力很高，而且有薪資又有職業訓練，比起虛擲光陰絕對來得好。可是金合歡監獄就是一個囚禁工人的地方，它的存在

6 譯按：金合歡為澳洲國花，國徽底部有其圖案。

證明了監禁和商業之間的關係。

在我腰帶上有一個「緊急按鈕」。進入時一位德裔警衛為我做安檢，然後將腰帶給我，他說只要覺得有狀況就按，會立刻有人過來協助。這倒是新鮮，這裡一些看起來先進的小細節也挺不錯，比方說隨處可見的原住民藝術，有許多蛇、蜥蜴和月亮的圖案，都是由囚犯或學生志工所設計。當然，砍了樹木來蓋樓，再將外頭的街道以樹為名是有點諷刺，但那份心意也值得讚許了。監獄的生活機能和一般宿舍差不多，每區都有廚房和公共空間給幾頭「小崽子」（此處對囚犯的暱稱）合用——比較明顯透露監獄氣息的是臥室房門都加裝鐵柵，每天入夜後上鎖。連接公用空間的通道採電子鎖設計，甚至設計了指紋登入的系統，能彼此通訊、查看帳戶明細和安排行事曆。

一棵錯節盤根的老樹底下是留給原住民囚犯的「言圈」（yarning circle），對他們而言就好比是議會廳一樣的集會場所。其他的巧思和活動包括家庭日、綠化環境的園藝造景、生態牆、自然光療法、修復式正義週、慈善健行等等。外頭停著起重機，因為還要增建教育中心和表演空間，之後會有更多藝文項目。

「我希望能安排搖滾歌劇，還有表演工作坊或圓形劇場。」金合歡監獄的教育主任布蘭特非常有幹勁，這次參觀就由他和執勤的心理師陪同；心理師是女性，前臂有時髦刺青，她和布蘭特穿著剪裁俐落的信佳集團制服，條紋紐扣衫加上一個粉紅絲帶別針，兩個人看來都才三十出頭。

午餐時間，桌面光滑乾淨，有蔬菜捲和信佳集團自己的飲品。「創新是就職時的工作描述之一。」布蘭特遞了一盤無籽西瓜過來：「來信佳工作之前，我在公立醫院上班，那裡繁文縟節太多，我沒什麼貢獻。到這裡以後，我才終於覺得自己真的在做事，現在有很多政府單位或藝文團體來談合作，我每天都很興奮，有好多計畫要進行。」

下午我就親眼見識了他口中的好多計畫。在教室大樓裡面來了十六位教育部門的人員，透過他們我了解這裡提供多少課程，從商業會計證照到開礦，還有大學程度的遠距學程，甚至配置了原住民文化教室，裡面主要以口耳傳授，而不是傳統的紙筆教學。

我所見到的教育部門人員多半和布蘭特一樣年輕有活力，年紀比起在其他地方的監獄所見到的都來得小。上臺和他們說話時，我先介紹了自己負責的監獄直升班，他們發問時切入點非常精準，例如囚犯獲釋之後大學入學率有多少？我回答大約三分之一。學院方面是否擔心招收被視為犯人的學生將影響學校聲譽？對原住民學生有沒有提供特殊場地？我說，紐約那邊的原住民學生比例很低，囚犯人數過多、社區功能不足的是非裔和拉丁裔。他們聽了張大眼睛猛點頭，感覺得出對這個領域充滿熱情；後來請了四位金合歡的囚犯參與討論，氣氛更加熱烈了。囚犯表示他們對於監獄未來走向期望很高，四人教育背景非常類似，或者因為無聊、或者因為經濟因素，他們很早便輟學，也很後悔當初的決定。

「在這裡也沒什麼用，」其中一人說：「如果有學校就不用一直浪費時間。」

「我原本很想進修社會學或心理學，結果居然不合法，」另一人開口。布蘭特和布萊恩向我解釋，原來在澳洲有犯罪紀錄的人就不能接觸特定的學術。

「這邏輯太奇怪了吧？」我脫口而出：「尤其心理學？親身走過一遭的人，不是最適合協助受到司法和刑罰影響的人嗎？」我跟他們說起我認識在監獄機構任教的同業，很多曾進過監獄，現在卻拿到了碩士、甚至博士學位，接著又說到馬丁，他是監獄直升班裡面拿到法學院預科資格的學生，進法學院看來不是問題，但因為二十二歲就留下重案紀錄，所以大概無法取得律師資格。其實有過切身體驗的人去擔任辯護律師，對於司法體系應該最有幫助才對呀？

「我們也好想去上妳的課，」囚犯們哀聲嘆氣。

「我也很希望可以在這邊上課，」我回答。

「那就上啊？」布蘭特說。

還挺簡單的。我獲得許可，預計隔週回到金合歡監獄開一天的自傳寫作工作坊，也是深入了解這裡並為囚犯們做些貢獻的最佳機會。

出去的時候，布萊恩和我將附有緊急按鈕的腰帶交回去。我不免心想，若說「有狀況」，其實一整天下來倒也不少，但那跟我個人的人身安全可沒有關係。

「貝茲，妳也看見了，情勢很微妙。」布萊恩回想起我們最早的話題：「我絕對是世界上最厭惡監獄民營化的人之一，但眼前的現實是民營才有人監督，公營反而沒有。妳也看到他們提供的東西有多少，我自己坐牢的時候什麼課程計畫都碰過，每一個我都去，因為全部加起來也沒多少啊。在民營監獄裡面，至少有人要負責想出新點子。」

進了監獄，失去愛？

為下週課程做準備時，朋友克雷格好心替我搜集一些澳洲民營監獄的資料，結果很多內幕使我對民營化議題越來越搖擺不定，尤其如果將收容所也考量進來就更為難。由於澳洲有非常嚴格的強制拘留法令，所以移民收容所始終人滿為患。收容所全部民營，主要有兩間企業，其一自然是信佳，合約收益已經超過七億五千六百萬美元；而另外一間是傑富仕（G4S），他們主力在英國和丹麥，名字總讓我以為是飛彈工廠。

傑富仕有業務過失險些讓人致命以及濫用單人禁閉的紀錄。二〇〇七年，該企業僱用的司機無視運輸車後方遭拘留者的哭喊，因車廂內部過度悶熱導致囚犯嚴重脫水，其中一人為求生存不得已喝下自己的尿液，後來傑富仕因不人道處置必須賠償五十萬美元，但受害五人中有三人已被遣返。至於信佳也有問題需要處理，員工透過工會針對待遇和工作環境問題提出訴訟，同時近年來他們名下的收容所有多起暴動、火警、自殺抗議，全國累計起來損失已有數百萬元，收容人自殘的案例也比之前高出十二倍，政府派員調查後發現問題在於擁擠、員工訓練不足或錯誤、危機處理計畫不完善、收容人口超過限度時未及時增加員工。其中一間移民中心出現收容安置的問題，另一間內陸收容所則在二〇〇二年因多次暴動和因飢餓而起的罷工而關閉。西澳地方之前負責監獄監督業務的官員坦承：「這些全球企業在特定領域上權力比政府還要大。」

美國類似事件一樣多。德州里夫斯郡拘留中心（Reeves County Detention Center）由民間企業 GEO 集團經營，二〇〇九和二〇一〇年因為數名受拘留人在禁閉中死亡而引發暴動。然而，換個角度，虐待監禁人口是全球各地皆有的問題，換作公家營運也無法避免。舉例來說，西澳這裡之前唯一一間非民營的青少年拘留中心也在一次大規模暴動後，將超過百名有心智問題的年輕人轉送到成人監獄，每天關在牢房長達十九個小時。克雷格提到澳洲的北領地（Northern Territory）有一間公營監獄內完全只有原住民，環境惡劣、幾乎毫無監督管理。於是我想問題並不在於公營或民營，而在於做法與承擔。

我準備好自傳寫作課程的講義，傳給布蘭特的時候心裡有點擔憂。麥爾坎X是主管機關會同意的內容嗎？教材來得及通過審核嗎？奧提斯維爾那邊有時候要花上幾星期、甚至幾個月的時間來確認我的東西能不能在課堂上使用。

後來我到天鵝河畔慢跑一圈，公園裡面很多人騎單車，有個雕像的地方還取名為和平林。沒想到回去就收到布蘭特的電子郵件，他說講義不只得到批准，還已經列印完畢，就等著我發下去。

「美國女孩怎麼會有個德國人的姓氏，加上一個巴伐利亞的名字？」金合歡監獄前門那個德裔警衛盯著我的識別證，深藍眼珠目光銳利。

「先生，這其實是匈牙利的姓氏。至於名字則是希伯來文，引自聖經。」

「希伯來？」他一陣自言自語後對我說：「不可能啊，教授，這是德文名字。Drei 是『三』的意思，加上 singer 就是『三個歌者』，每年一月六日主顯節唱歌的三個歌手。所以妳這姓氏，卓辛格（Dreisinger），就是上主顯現的意思。」

「不過我曾祖父——」

他把附有緊急按鈕的腰帶塞給我就揮手要我進去。

進了教師休息室，有幾個打扮時髦的老師們拿出餅乾分享，我們聊起在監獄教書的心得。其中一人開的是高中課程，內容是要囚犯們設計理想世界。布蘭特過來帶我進教室，我將座位重新調整為大圓圈；教室牆壁上沒有掛著那些將人當作小孩看的精神口號，只貼了畢業照和相關新聞剪報。「教育可以讓你多活好幾年」，其中一張標題這麼說。我桌上擺著一瓶信佳出品的飲用水。

學生們慢慢走進來。

「這邊是商業管理課嗎？」一個人探頭進來問。我回答是隔壁。

上星期遇見的四名囚犯都來了，最後這班上除了一個斯里蘭卡人以外都是白人。布蘭特向我解釋：他挑選適合進入大學程度班級的人，而原住民囚犯原本就處於嚴重教育弱勢。我不為此感到訝異。

於是弗雷德里克．道格拉斯和麥爾坎X進入都是澳洲白人囚犯的教室。與烏干達那班學生一樣，他們沒聽過奴隸自述這種文類。不過差別在於經過大聲朗讀，這一班的學生明顯受到感動。

「種族隔離現在還是存在啊。」費利曼圖來的山姆開口發表意見，他手臂很粗壯，滿是刺青：「澳洲還是地球上種族主義最盛行的國家。」

「有比美國嚴重嗎？」同學質疑：「美國才是種族問題最多的地方吧，從奴隸制度到後來的各種現象。」

「你看看我們是不是活在白人為主的社會，」山姆反駁：「澳洲的種族主義之所以難以動搖，是因為大家甚至無法察覺。對於原住民來說，那是年復一年的心理煎熬。」

我時常希望自己是野獸。什麼野獸都好，因為野獸不需要思考！弗雷德里克寫下的學習讀書的心路歷程，又在班上激起一波波漣漪。

「我們也懂這種感受，」安卓嘆息。他圓圓胖胖的、平頭黑髮，聊開以後他提起自己是音樂家，母親也是知名芭蕾舞者。

「你們願意放棄思考嗎？」我問：「無知真的是福嗎？」

「怎麼會？」山姆質疑：「知識就是力量。」

「可是透過智識理解到自己受壓迫卻又無力改變，那種日子太痛苦了。」安卓用力指著講義上的內容：「就像作者說的，經過教育的人沒辦法繼續為奴。」

有個穿信佳制服的男人拿著攝影機悄悄拍下幾張照片以後溜走。安卓繼續說：「換作是我的話，也寧願當野獸，而不是被關在牢房裡面還會思考的人類。」

「可是這個麥爾坎X就有不同的意見，」他的同學拿起講義唸誦。

> 我在監獄裡發現，閱讀可以改變我的人生。回想起來，我認為閱讀能力喚醒了沉睡的渴望，心靈希望獲得生命……不久以前，有一位英國作家從倫敦打電話給我，他問了一些問題，其中之一是，「你現在的歸屬是？」我說，「是書。」只要能空下來超過十五分鐘以上，你就會看到我在讀書，對黑人有所幫助的書。

「比起弗雷德里克，他的態度更強硬。」一個五十幾歲、戴著圓眼鏡的學生說：「像是逼著大家面對。例如最後一句，主詞忽然變成『你』，就是對讀者的挑戰。」

「也是因為他們兩個人的時代相距了一百年，但是世界沒有太大改變。奴隸制度其實依舊存在，只是放在監獄裡。」山姆說：「而且鐵柵越來越高，當然受不了。現在不是好聲好氣求人家給自由，而是大叫『把屬於我們的還回來』。」

「所以不是那個什麼……你們那邊怎麼說的？」另一個學生開口：「好像是『湯姆叔叔』[7]

7譯按：形容逆來順受的黑人。

是不是？」

實在可謂奇蹟，這個班級有自我教育的能力，事前安排絕對無法達到這種效果。學生們對於細節的注意、對種族議題的敏感度很高，他們沉浸教材不停筆記。下午立刻上了第二堂課，其實原本預定的計畫並非如此，但是他們非常積極，於是布蘭特從善如流協助安排。課堂上我們分析了阿迪契（Chimamanda Ngozi Adichie）的作品，故事是一名中產階級的青少年跌跌撞撞，最後進了奈及利亞的監獄。即便故事中的非洲國家他們甚至沒聽過，但很快就從故事裡面找出種族、階級及性別的影響，並且轉化為道德標準或實用主義的討論，也能與自己在監獄內學到的或還沒學到的結合。教室裡面迴盪著自我質問：當社會腐敗嚴重，個人過得安穩就好嗎？人類是不是真的能擺脫所謂偽善呢？為了多數犧牲少數這種想法究竟對不對？

「金合歡監獄裡面不也一樣嗎？我們是被所謂大眾福祉給犧牲掉的一群。拿我們殺雞儆猴、做替罪羔羊。」山姆說。

後來山姆讀了他的自傳：「我今年二十八歲，但其實兩年前才出生。」兩年前，他進了監獄，失去家人的愛。「人生很有趣，有時候一瞬間決定一切。即使明明裝滿良善，明明還完整，只要一時不察、犯下一次過錯，就連最親近的人也覺得你是自甘墮落、自取滅亡，所以該進監獄。」

山姆提起自己幸福的童年，那時哥哥姊姊還爭執誰比較愛弟弟。時光一去不返。他繼續唸道：「我坐在牢房裡，想像家人現在正在做什麼。沒辦法，我想像到的就是他們聚在一起，口中說著誰最討厭我、誰有先見之明、誰受到的打擊最大、內心最受傷。諷刺的是，假如他們願意和我保持聯絡，繼續當我的阿班大哥、我的蕾貝卡和蓋比姊姊，一定會發現我仍舊是當初的小弟，仍舊對哥哥姊姊充滿愛和期待，而且非常想念家人。現在我成為更好的朋友、更好的人，可以給予更多。要是我留在原本的生活沒有進監獄，反而學不到這麼多。」

其他人的作品和山姆一樣，不只文字流暢，內容也充滿洞見。安卓述說兒時在英國成長的經驗，他還有十七年刑期，入獄之前已經是個有名氣的音響工程師，可惜誤入歧途沾上海洛因。「大眾並不知道要變成我們這樣的人有多容易，」他這麼寫道。

另一個學生的自傳提起因為情緒激動失手殺害摯友；還有一個人思念著在奧茲國金礦裡工作的父親。「他是澳洲歷史上隨處可見的典型礦工和鐵道工人，」學生大聲朗誦：「骨架大、身子骨像鐵打的，黑色頭髮總是抹上髮油向後梳，平常沒事就喝啤酒。」

唸到這兒他沒辦法繼續，因為止不住啜泣。「好難啊，」他一邊說一邊舉起滿布刺青的手掌抹去臉上淚痕：「我很想念他。真的很想念他。」

大家都沉默了。

上週我問了那四個囚犯是否喜歡寫作，只有一個人給予肯定答案。今天下課以後，他們過來問我可不可以回來繼續開課，也打算找時間將自傳完成。

「我們很渴望有這機會，」安卓說。

聽到這句話，我想起在烏干達的經驗，雖然都是監獄裡的班級，可是學生膚色比例極端反差；應該說盧濟拉監獄和金合歡監獄本身就如同黑白一樣對比分明。然而，學生對於寫作的接納程度一樣熱烈，因為他們都透過文字挖掘出埋藏內心的傷痛，於是也一樣饑渴地希望能夠在紙上進行更深地探索與表達，因為只有這一時半刻他們可以呼吸到自由空氣。

布蘭特陪著我走出監獄，外頭空氣像烤箱一樣。這是少數我走出監獄以後內心比較平穩的經驗，由於金合歡監獄已經有足夠的基礎設施，相信我做的這點貢獻效果也能延續較久。布蘭特更積極，他已經開始構思如何聘請更多大學教師，以今天這兩堂課當作所謂大師課程[8]。「這個應該送回圖書館吧。」他撿起掉在地上的一本《孫子兵法》，口裡繼續描繪對未來的規畫：「預計一年之內就可以改造這裡的高等教育系統，我會向妳報告進度的。」

他說到做到。我回美國以後就收到電子郵件，布蘭特已經開始物色下一位講者，還為我教過的那個大學程度班級取名為監獄人才信託。

和汪杜或波隆尼亞那種原本就帶有療癒作用與採取修復式正義的環境設計不同，金合歡監獄證明了，只要一個環節就可以在傳統監獄引起變革，而那個環節是人。讀著布蘭特寫來的信，我想起遠在巴西的瑪拉，她也致力改善單人監禁體制。在泰國時，一位獄警曾表示那裡每千名囚犯才一名獄警，而且之前五個月就有兩個同事遭犯人持利物刺傷。奧提斯維爾裡面有一些管理人員快要退休了，數日子的方式和牢籠裡面的人沒兩樣。「還要蹲五年，」他們這樣說。「獄警和囚犯一樣受困，」這句話出自著名的史丹佛一九七一年監獄實驗的參與者，實驗中受試者分別扮演囚犯和管理者：「差別只是他們可以自由走動。但事實上，他們背後也有一扇打不開又過不去的門，換句話說，在這裡所有人都是一體的，環境是大家一起創造的。」

後來幾個月，布蘭特持續通知我金合歡監獄起了什麼變化，像是舞臺活動、系列講座、電影節等等。就算只是在傷口貼上繃帶，卻如同波隆尼亞的輔導主任所言，滴水總有一天會穿石。

回到紐約的我繼續沉思資本主義和已決犯之間的關係。監獄改革這門社會學領域出現了新的流行語是「社會效益債券」（social impact bond），也就是政府針對特定族群設定一個清楚可量化的改革目標，然後委託外部組織著手進行——這個外部組織確實想要獲利，但同時也希望對社會有所貢獻，而只要它可以達成目標，政府就願意給錢。由於是債券，所以投資者提供該組織需要的人事和服務成本，之後請第三方評估目標是否達成；計畫成功時，政府

8 譯按：大師課程（master class）通常用於藝文領域，意指聘請該方面專家對學生進行單獨指導的特殊課堂模式。

付錢給該組織，組織再支付投資者利息，但若計畫失敗就沒有公基金挹注。

社會效益債券計畫在我熟悉的紐約登上新聞頭條，實行地點是世界上最大的罪犯居住地賴克斯島（Riker's Island）。根據報導，紐約市政府決定與非營利也無黨派的研究組織合作，目標是四年以內將犯人的再犯率降低至少十個百分點；每年離開賴克斯島的人數約有三千，大部分是年輕男性。為了達成目標，計畫會尋求兩個非營利服務單位的配合，還有高盛（Goldman Sachs）以貸款形式投資九百六十萬美元。改革理念和務實做法兼顧，令人非常期待。

此外，我在約翰傑學院也遇見一位女士正在努力籌備人生重設基金會（Reset Foundation），組織目標是在加州和紐約推廣類似澳洲汪杜監獄那樣的環境，服務對象為遭起訴的年輕人，採用模型類似公辦教育內的特許學校（charter school）[9]。他們會將既有經費用在成立學校而非監獄，最終追求的成果是提高學生學業表現、終身所得並降低再犯率。

種種案例給我的啟示是，即便同為資本主義也不代表意義相同。民營監獄很方便大家怪罪、醜化，而且事實上目前看來民營監獄確實有很多地方值得檢討。不過這不代表民營監獄一無可取之處，或許世界上還是能有兼顧良心的民營監獄，以矯治為目的、策略合乎道德也先進。我們可以設想看看，假如以社會效益債券形式尋求私人企業承攬業務，一方面阻絕它們干預政策，另一方面針對再犯率和犯人出獄後的生活水準設下高門檻，這麼一來企業的評估就不會繼續著重在床位使用率和如何節省經費了。這與最近出現的B型企業[10]風潮相互呼應，即使以營利為目的的事業體也可以兼顧社會責任。目前美國已經有超過一千間B型企業，例如銷售時髦眼鏡的瓦比帕克（Warby Parker）就參與了捐贈免費眼鏡到世界各地的活動。紐約客雜誌的專欄作家詹姆士・索羅維基（James Surowiecki）指出，B型企業是一個面面俱到的方案，首先由於社會使命感讓企業可免於承受過多的投資壓力，再者也因此吸引得到熱血員工和忠實消費者；他說這種創業理念「提醒世人一件事：企業趨向結構精簡和手段卑劣、以利潤機器自居的現象，絕非資本主義或者人性之必然」。

最後我決定繼續深入這團混亂尋找答案，也找到了一個在監獄和營利兩方面都很高竿的國家，那是新加坡。

9 譯按：政府提供經費但交由私人營運的學校，需要達成雙方協定的教育目標，但因此不受一般教育法規限制，因此稱之為特許學校。

10 譯按：由BLab創立的認證機制，認證標準為企業是否對社會和環境負起責任並且公開透明。

07 社會復歸｜新加坡

枷鎖落地。我撿了起來，想捧在手中最後一次看清楚，腦袋思索著前一分鐘這玩意兒不是還在腳上嗎？

「上帝賜福，上帝賜福！」犯人們聲嘶力竭的喊叫中有股喜悅。是的，上帝賜福！自由，新生，死而復活……光輝燦爛的一刻！

——杜斯妥也夫斯基《死屋手記》

大樓頂端有個像橢圓形飛船一樣的物體，或者應該說是個巨大的衝浪板，還橫跨三座閃耀的摩天大樓，上頭長出的樹木直指天際。

「那到底是什麼玩意兒？」我脫口而出，但其實沒人可以問。眼前是新加坡的濱海灣金沙酒店（Marina Bay Sands），世上最貴的建築物。

剛抵達這國家，都市天際線令我驚奇。除了衝浪板似的建築，還有像是巨型蓮花的白色高塔、浮在水面的魔術方塊及路易・威登（Louis Vuitton）的標誌，另一幢高樓像是巨型雛菊和機場塔臺的融合——路人說那是有名的濱海灣花園（Gardens by the Bay）。在我看來，新加坡有點像迪士尼樂園。

不過是有死刑的迪士尼樂園，有個記者確實這麼形容過新加坡，因為這國家以嚴刑峻法聞名於世。機場裡面可以領到免費糖果，但其實是拐彎告知旅客一項毫無道理的規定：嚼食口香糖在本地屬違法。我看了看入境卡，上頭直接以粗體字印著「警告：在新加坡走私毒品者可判處死刑」。

抵達的第二天我去中國城走走，路邊販賣的小飾品上面很多都寫著「Singapore Is a Fine Country」[1]。在新加坡大大小小事情都可以開罰單，例如在臉書上面說錯話，或是帶氣味濃臭的榴槤上捷運。此外，有三十種罪名可能遭處鞭刑，其中最著名的自然是塗鴉。一九九四年，到新加坡觀光的美國年輕人麥可・費爾（Michael Fay）因為損壞他人財物和竊盜而被處以鞭刑，這種激烈刑罰手段登上國際版面。我剛到這裡的頭幾天，看到報上一些案件是青少年拿噴漆亂畫、無故使用滅火器、非法闖入私人土地、竊盜和損壞財物，他們受到什麼處罰呢？罰金、坐牢最多三年，還有鞭笞三到八下。另一個成年人被控搶劫、濫用藥物且不接受藥物檢驗，處罰則是十年以及鞭笞十二下。

服刑是等待時間流動

高度刑罰是我選擇新加坡作為倒數第二站的原因之一，另一個理由則是我在泰國的時候曾上網研究監獄、公關及公主三者的關係，正好看見一段 YouTube 上面的廣告。廣告裡面是一個神色躊躇的年輕人穿西裝打領帶要開始一天生活，畫面很普通，可是背景一直有個聽起來刺耳的摩擦聲。主角搭乘擁擠的交通工具進公司、在會議桌上表現得戰戰兢兢、下班以後在超市推著購物車一臉茫然。而事實上，他每次轉彎就被腳上的鐵鏈和鐵球給絆住。接著一行字出來了：「幫助犯人，給他們正常人生」，接著出現「SCORE」（Singapore Corporation of Rehabilitative Enterprises，新加坡矯治事業部）字樣。我不禁暗忖，這誰呀？廣告效果很棒，一直停在我腦海裡，公關手法極其成功。

經過調查，我發現新加坡矯治事業部是政府針對監獄作為犯罪對策的一個調整做法：之所以需要調整，是因為他們發現監獄只是「暫時」的犯罪對策。多數囚犯最終得離開監獄，社會要如何因應？這個過程叫做社會復歸。自從二〇〇八年小布希總統通過第二次機會法案（Second Chance Act），社會復歸就成為全國的政策方向，包括針對犯人回家以後的生活提供支持。各州為此設立了社會復歸機關或召開委員會，以紐約州來說，州長安德魯・庫默

1 譯按：一語雙關，可解釋為「新加坡是個好國家」，也可解釋為「新加坡是個罰金國家」。

（Andrew Cuomo）在二〇一四年成立社區復歸與再融入委員會（Councilon Community ReEntry and Reintegration），各地也有基金會贊助相關研究，大學設置專門的研究單位；我負責的監獄直升班是全國第一個明確以社會復歸為根本目的的教育計畫，同樣名列在約翰傑學院的囚犯社會復歸所（Prisoner Reentry Institute）底下。

社會復歸，聽起來很單純的四個字，彷彿一個人只是離家些許時日，回來時一切無縫接軌。事實上當然沒這麼容易，要回到原本的生活是個重大轉變，想要重啟人生需要巨大努力，也因此是個鋪天蓋地的危機。

想像一下，假如你已經被關在另一個世界裡面五年、十年、甚至二十五年，所有規則都不同了。所謂服刑就是等待時間流動，但是時間在自己身上留下痕跡，外頭的社會卻從不停佇。於是到了你重獲自由的日子，你到底該去哪裡呢？要住在哪裡？如何適應這個突如其來的新世界，包括新的制度、新的科技？怎麼找工作？怎麼規畫人生方向？將你關起來的政府，在你為過錯付出代價以後，一定會好好輔導你嗎？不，你和絕大多數離開監獄的人一樣，都不符合社會福利的弱勢資格，所以不能領糧票、不能申請社會住宅，而你可能也和美國八成的囚犯一樣已經沒有健康保險；別指望公家健保，就算入獄之前你申請過，在入獄瞬間就已失去資格，而且政府不會主動為你重新申辦。另外，老闆大都不願僱用更生人，有人調查了四個大都會地區的就業市場，發現四成僱主公開聲稱自己不會聘僱有犯罪前科者。就算你運氣好找到工作，恐怕薪水也比沒前科的同事低了百分之四十。想要反抗這種社會制度以及各種打壓你的政策嗎？那麼你只有四個州可選，因為在別的地區你已經失去投票權；還有大約五百八十五萬美國人與你作伴，占全國人口的百分之七點二，這是「重罪犯褫奪投票權」法規帶來的影響。被褫奪投票權的人口中，有超過兩百萬都是非裔，因此法學學者蜜雪兒・亞歷山大（Michelle Alexander）在其二〇一二年的暢銷書《新吉姆・克洛》（*The New Jim Crow*）[2]中描述二十一世紀的新種族隔離時代：新的種族、階級制度誕生於名為社會復歸的懲罰中，「社會低階將永遠被主流社會排拒於法律和習俗外」，而她認為這個新制度是為了「囤放被視為可拋棄的人口」，言下之意也就是黑人或者拉丁裔，而這種體制自然只會加深社會不平等，不平等則造成更多犯罪。荒謬就在於「新吉姆・克勞」系統一開始明明就是為了締造更安全的社會，可是卻有那麼多人在系統中進進出出，始終沒得到能讓他們不回監獄的經濟、社會或政治資源。透過數據看結果，美國的再犯率一直在百分之六十徘徊。

相對地，新加坡的再犯率約為百分之二十五。每年有九千人出獄，政府針對這股人口回流做了許多規畫，我想看看一個嚴刑峻法的國家會以什麼方式解決這個問題，畢竟在旅程即將結束的時刻，關注焦點也應該慢慢朝著出獄移動。

2譯按：《蹦跳的吉姆・克勞》是一八二八年黑人喜劇作家托馬斯・賴斯（Thomas D. Rice）創作的劇目，其中吉姆・克勞這個角色成為美國黑人的代表（貶義詞），所以針對黑人的法案也被戲稱為「吉姆・克勞法」。

與當地官員會面的第一個早上，我心裡生出疑問，而且揮之不去。我來這裡是為什麼？就透明度而言，新加坡政府的名聲不怎麼好，不僅控制了媒體，對於司法系統也極度保護。不過最簡單的答案，大概就是因為去年在一場刑事正義的研討會上我認識了某人，而這個某人又介紹了某人，總而言之，身為約翰傑學院的教授確實能多打開幾扇門，但我還是懷疑新加坡政府是否願意放行一個看起來就會問東問西的外人？到了SCORE，也就是新加坡矯治事業部的辦公室以後，我的問題得到解答。

裡面有個頗為壯觀的圖書室，還有一個自助式的健康中心，牆上貼了一張放大的二〇一一年海峽時報報導，提到新加坡獄政署想要進行重大改革。標題寫著「十年革新」，內文則說以前監獄是軍營改建，往後要「因應個別需求打造」；而以往獄警不准與囚犯對話，因為「避免受到人犯操縱或賄賂」，但以後獄警都是經濟、法律、科學或藝術方面的專業人才，而且與囚犯談話成為工作標準，因為獄警一定要「了解囚犯需求」。

自從一九九六年，新加坡獄政署興起了新的流行語，也就是矯治。他們忽然改弦易轍，指出監獄不應只是懲罰手段，並據此修正章程規範，促生新的監獄建設、新的用語詞彙，有很多縮寫不斷出現，像是MAS（Mandatory Aftercare Scheme，獄後強制輔導）、CBS（Community Based Sentences，社區主題量刑）等等。新策略確實發揮功效，再犯率從兩千年的百分之四十掉到了二〇一〇年的二十三點六，我之所以大大方方在這兒，也就是因為政府迫不及待想要展現政績。

知道來龍去脈以後我更加好奇，除了因為他們在短時間內成效卓著，也因為這樣的轉變看來並非出於經濟需求。包括美國在內，許多國家都因為經費不足才開始研究如何改造監獄環境，簡單來說就是沒錢改善硬體、也沒錢繼續蓋監獄了。反觀新加坡有蓬勃的就業市場、政府效率高且資產多，是世界上最富有的國家之一，據說其主權財富基金超過五千億美元，理論上不至於被監獄拖垮財政，而之前數十年也都以嚴懲為政策主張，到底是什麼因素造成改變？看起來這似乎是一個巨大的試管計畫，而核心就是關於報復、改革及正義的理念。

黎明之前，黑暗最深

隔天我到了新加坡樟宜區，這裡除了樟宜機場以外還有新加坡的十四所監獄之一，由一九三六年英國海峽殖民地政府所設置，現在收容了一萬兩千名囚犯、配有兩千五百位工作人員。二次大戰期間，日軍曾在此處設有平民拘留所，至於我要待上一整天的史拉蘭兵營（Seralang Barracks）則監禁過最高五萬名的英國和澳洲士兵。不過除了二戰兵營和一堵坍塌舊牆，其餘建築物都是近期才重建。

此處重生後成為史拉蘭公園社區監督中心（Seralang Park Community Supervision Center），刑期屆滿的囚犯可以來這裡工作適應，更生人也會過來和觀護人會談。我穿過刮刀刺網，所見景象以綠色鐵皮為主。

新加坡過半數囚犯都知道這裡，但多數是刑期結束以後才來，報到地點像是一般學校的活動中心，數百名更生人在電子化櫃檯前登記以後就可以找位置坐下，之後觀護人會過來了解他們出獄以後的生活狀況，無論現在從事清潔工、電信銷售、還是廚師。由於職業訓練以及持續與人力資源部門合作，本地更生人就業率高達百分之九十九，主要進入飲食、零售或觀光產業，而且根據政府統計，經過「安置」的更生人，獲釋之後留在工作崗位的機率高達百分之五十九。美國情況則大為不同，近半數更生人獲釋後第一年完全沒得到僱用，調查顯示資方不羞於展現自己對有犯罪紀錄者採取歧視態度，換作性別、年紀或種族這些項目時，他們就會稍作保留。

宿舍設計給最多一百二十名男子入住，大部分是刑期最後幾個月，也有少數人從頭到尾留在這裡。裡面是灰色調，只看到金屬置物櫃、孩童尺寸的小床鋪著卡通圖案的被子，或許比起牢房那邊的稻草墊好一些。牆壁上空無一物卻寫了「積極樂觀」，囚犯不必穿制服，會被安排出去工作，還能請假回家或參與社區計畫。

「沒有太多問題，囚犯很守規矩，」一位獄警告訴我：「他們很珍惜機會，不會搗亂。」但如果搗亂了，大頭照就會被公布在牆上。我看看紀錄，有「生病未及時通知僱主」、「為延後門禁而謊報理由」、「捏造簽到紀錄欺瞞僱用單位」等等。

這位獄警以前是工程師：「蓋房子的。但是現在呢，來重建這些人。」他帶我離開的時候這麼說。

監外工作制度我在澳洲汪杜也看過，其實是個萬無一失的做法。明尼蘇達州的一份研究顯示，監外就職會降低囚犯再度犯罪的機率，而且大幅提高出獄之後的就業率、就業持續時間以及所得，並間接為州政府省下一百二十五萬元。然而，因為美國社會太趨向避險，所以監外工作制度極其罕見，有許多人光是聽到囚犯離開監獄就緊張得受不了。

參觀了史拉蘭公園以後，我到當地有名的小販中心[3]用晚餐。這裡的商家都受政府督導，標榜是最安全的街頭飲食攤位，提供馬來、中國和印度料理，也展現出新加坡的多元文化。有人說新加坡人光是透過飲食就達成族群融合。

回到旅館，我收到了一封簡訊。「貝茲！」語音留言聽起來欣喜若狂：「是我，強納森！我回家了，有空打電話過來。」強納森是我的學生，今年二十三歲，被關了六年終於出獄，我也同樣興奮，立刻回撥。

「請問強納森在嗎？我是他的教授。」

停頓了一會兒，彼端傳來啜泣。

「我從來沒想過自己會聽見這樣一句話。」接電話的是強納森的妹妹，我說了自己以他哥哥為榮、誇獎他的才華。後來話筒到了強納森手中。

「我等不及要去學校了，貝茲。」強納森叫道，那張笑臉在我腦海清晰可見。

3譯按：馬來西亞和新加坡政府設置的戶外、開放式飲食集中地，以東南亞的熟食飲品為主。

掛上電話之後我努力忍住淚水。每次看到有人離開監獄回家，情緒都是這麼強烈。聽到學生出獄回家，對我而言是一則以喜一則以憂。每個獲釋的囚犯都被孩子似的樂觀淹沒，就像剛剛我在強納森的聲音裡聽見的那樣。另一個學生李察在出獄前一週對班上所有人發表感言，他覺得自己成了小說中那位煉金術士，「因為我也可以轉變。」靠著這份樂觀積極，他們可以挺得過出獄以後還要持續不知多少小時的惱人程序：身分登記、會晤假釋官、參加憤怒控制以及其他很多課程，還得到許多我想不起來的單位報到。只有樂觀積極才能夠讓他們願意耐著性子安安靜靜學習使用放逐期間問世的新科技。「嗨，貝茲，」一次學生出獄隔天就傳簡訊給我：「只是練習打字。」還有學生問過我：「為什麼餐具都變得這麼重啊？」那是十三年以來他第一次拿到金屬製的叉子。

但無論如何，樂觀積極總有用光的時候。蜜月期過了，自由褪下光鮮亮麗的表象，他們還是得面對新吉姆．克勞的殘酷人生。工作機會很少，以前熟悉的生活圈反倒造成重重阻礙，多年分離以後家庭關係也瓦解，接著創傷發作。一個人可能十七歲就進監獄，時間停在那一刻，即便生理年齡來到三十八，在人際關係、溝通技巧等各種方面都未必有進步。監獄裡的經歷、落空的期望一再造成傷痛，而社會沒有提供相關支持與協助。監獄足以使某些人精神失常，否認自己犯過罪，這是人性機制，不壓抑某些極端情緒難以生存；但出獄的人反覆面對自己以前的過錯，在回歸人群的道路上接受一次又一次重擊。

我見過許多學生蜜月期以後進入迷失期，有時半夜驚醒，擔心會不會出事了，非要確認他們沒被捉回監獄才放心。可是大半時候我也只能等他們自己振作，希望某一天重新相遇，他們已將破碎的希望撿回，縫縫補補拼拼貼貼，勉強做出新的人生。

「這邊A區，那邊B區，C、D還沒有蓋，因為囚犯沒那麼多，不需要。」代表新加坡矯治事業部接待我的費玲以前擔任過獄警，她帶著我走進樟宜監獄較現代的區域，在新大樓入口處要做指紋掃描，然後我拿到一本新加坡獄政署發行的雜誌，叫做《圓形監獄》（*Panopticon*）。

「A區在二〇〇九年建造完畢，B區則是二〇一一年落成。上頭的人呢，」費玲笑道：「似乎沒什麼命名的創意。」

監獄鐵網外面工廠林立，同樣都是橘色藍色、盒子形狀的建築物，加上整齊草坪。機場就在附近，這裡的建築物不能高過四層樓，換言之監獄有不少空間得延伸到地下，但也因此衍生出通風問題。

我們沿路前進，兩旁的路樹看起來像是乾枯的手指。費玲解釋說：A區多數為死刑犯或長期犯，但今天要去的B區則是候審者或毒品犯，這類的罪犯占總囚犯數的六至七成。

「貴賓室往這兒走。」獄警領我們進去，牆壁上夕陽與火鶴組合為一幅幅圖畫。

「是訪客室，」費玲糾正。

不過我看了也覺得像是貴賓室，裡面有大紅色沙發、吧檯、手足球和桌上曲棍球桌。房間中央有B區的模型，原來牢房還分為單人、四人、八人。費玲解釋沒有兩人房是因為不希望出了問題沒有第三人在場。

想認識誰，你就要成為那個模樣。有志者事竟成。從什麼地方出發無關緊要。重點是你要往哪兒去。還有亨利・福特、孔子、亞伯拉罕・林肯、戴爾・卡內基等人的勵志金句，從休息室到目的地路上到處可見。

這裡的環境還挺像一般住家，有金屬欄杆、狹窄走廊，不過安靜得好像廢棄地。牆壁上有色彩鮮艷的魚群與海星插畫，另外一邊則是在心形剪紙上面寫了更多格言，有一面壁畫是新加坡的紫蘭花——總之看起來一點也不像監獄，包括氣味在內，因為什麼味道也聞不到。

後來我們搭了電梯，出去以後終於傳來交談聲，一扇電動門和後面的藍色閘門開啟，裡面的氣氛如同監獄和幼稚園的融合。

「早安，各位先生女士！謝謝你們！」

三十六名囚犯齊聲歡迎，音量大得令人一震。他們穿著藍色T恤、立正站好，所屬的矯治小組是樟宜監獄釋前中心一個為期十月的計畫。

「這是一個整合型犯罪控制計畫，我們為即將出獄的囚犯提供治療型環境。」今天為我導覽的獄方人員是個堆滿微笑、十分熱情的先生。他說眼前是亞洲第一所、也是目前唯一一所同類型機構，取經於加拿大、英國以及澳洲，參考對象包括我親自去過的波隆尼亞釋前過渡中心。「必須從這裡就開始，不能等到他們走出去的那一天，」輔導主任簡單扼要地說出了整個計畫的中心思想。

三百四十三名男囚在這裡分為十組。計畫已經實施兩年，之前五百三十人裡頭只有三十人再回到監獄。

「每次有人回去監獄我們就會收到報告，感覺像是心上被插了一刀。」主任生動但誠摯地說：「數字是最明確的基準，我得設法降低再犯率。」

計畫分為三個階段，逐步增加犯人自主承擔的責任。每個階段都有一個顏色代號，比方說回復階段的居住區代號是藍色，雙層結構、有共用的走廊和活動空間，十幾個滿身刺青的男子圍在幾張金屬野餐桌旁邊。牢房門口一雙雙黑布鞋擺放整齊，還有一個箱子專門回收意見表，表格說明以新加坡通用的四種文字呈現：英語、華語、坦米爾語以及馬來語。走廊盡頭有一部電話——新加坡其他監獄裡面沒有電話，但這裡例外，因為釋前計畫的重心之一是強化他們和家人的連繫。

每個小組的成員都經過刻意篩選，包括不同年齡和種族。「他們必須學習包容彼此不同的習慣和性格，」主任如此解釋。實務上，這個制度像社區，有自治委員會、透過選舉決定領導人和生活公約，受過訓練的輔導人員擔任個案協調，進行監督並適時導入修復式活動。有人違規時，最重要的並非處罰，而是開會了解原因，一起協商補償方案。

「以前我在最高度安全級別監獄工作，根本不能和獄友講話，開課更是天方夜譚。」主任說。

牆壁上的名言警句綿延不絕。**我行，我行，我一定行。**

「就算囚犯中的模範生也很可能無法適應外界。」主任繼續說：「他們很快就要回到社會環境，這計畫就是協助他們回去以後的生活。首先必須放下在監獄或者更早之前養成的態度和習慣。」

他指著一幅以紅色和藍色為基調的畫作：「這幅畫叫做《衝破過往》，以海上的漩渦為象徵，犯人就像一條船，在驚濤駭浪中必須穩住自己，這與回復區的意義相呼應。」

穿過回復區以後，對面是新生區。**機會是留給準備好的人。生命中沒有不重要的日子。**

「早安，各位先生女士！謝謝你們！」這邊的囚犯穿著綠色制服。

「這一區的象徵，」主任指著另一幅圖畫：「樹木、雙手，代表下一個階段的成長。」

新生階段最主要的目的是主動棄絕幫派活動。黑道在新加坡與華語圈的淵源頗深，圍繞以海洛因為主的毒品交易。根據獄方統計，有四成囚犯依舊與幫派分子往來，兩成則呈半退休狀態。主任特別期待反幫派同儕團體能發揮效果，活動中囚犯圍成一圈，分享當初涉入販毒、黑幫的心路歷程。

「監獄就是一堆P，」[4]他這麼說：「而這個計畫比較特別，被大家叫做『P的由來』。犯人一開始都不喜歡，他們排斥談論人生，感覺比坐牢或鞭刑還不自在。要一個個大男人坐下來說出內心感受，居然搞得他們滿身大汗，還跟我們討精神科的藥物吃，不過計畫執行完畢以後有機會離開幫派的人，很多都選擇不回去了。」

裡面有個小市場，我看了一下顏色代碼規定，貨幣則透過行為良好來取得，回復區的人只能購買基礎商品，有美祿、奧利奧餅乾、寄給家人的卡片，上面有綠色標籤。新生區的人因為距離出獄更近一步，所以能買的東西多了牙刷和老花眼鏡。最後是重啟區，他們已經很靠近外面世界，所以能買瑜伽墊好適應往後的軟床。

這一區的自治組長是印度裔，名字叫做倪贊，他雙手扣在背後站得挺挺的。「妳可以和他聊聊，」主任介紹過後說。但我有些猶豫，因為之前新加坡矯治事業部給的行程規畫特別註明不得與囚犯交談，是倪贊自己開了口，表示他已經坐牢七年，斷斷續續進出十一次，再過五個月就可以回家。

「女士，我很感謝這個計畫。我以前是混黑道的，不過這次出去就不一樣了，因為在這裡的經驗，我變得比較了解自己，回家以後會記住學到的責任感。」他一直低著頭。

倪贊穿著重啟區的黃色制服，屬於他們的象徵是夕陽下的山崖。所有人圍在一部筆記型電腦旁，為了幾天以後的畢業典禮做準備。

「早安，各位先生女士！謝謝你們！」又是齊聲洪亮的問候。

一個戴著眼鏡的囚犯展示製作好的投影片，說他們為典禮預備兩首歌，「一首華語歌、一首是邦．喬飛（BonJovi）的〈活在祈禱中〉（Living on a Prayer）。」

當目標看來遙不可及，別改變目標，改變你的步伐。

4 譯按：監獄（prison）、囚犯（prisoner）、計畫（program）。

後來主任提起，原來貼在牆壁上的這些句子必須先經過委員會審核，其中很多也翻譯成華語和馬來語，他們還舉辦格言大賽。

「華語組的冠軍就是這條，」他翻譯了我們頭頂上那一句。**愛是照亮家門的燈火**。

廣場其實是個大體育館，兼具社區中心的功能，附設的圖書館藏書豐富，很多英語和華語小說及佛教、印度教經典。一些人坐在裡面談天，模樣看來自在，柵欄上面貼著「責任」兩字，是這裡的五大核心價值之一。一些獄友正在玩五人足球，在別的監獄這運動受到禁止，因為會有身體接觸，但在此地為了鼓勵復歸社會所以開放，反正出去一樣可以玩。另一頭有一排人正等待剪髮，這是生活公約一部分，規定全部貼在牆上；回復區的成員是固定髮型，重啟區的人只要遵守短而乾淨的大原則即可。

走到這兒，我的參訪結束了。費玲帶我穿過長長走廊到達出口。黎明之前，黑暗最深。

恐懼是最有力的社會控制工具

那週後來我還在思考自己所見所聞，就順便去做了一趟雲端漫步。新加坡確實提供了觀光客走在天空的機會，濱海灣花園有個區域叫做「雲霧林」，景色之壯觀前所未見。我一邊閃躲正在自拍的韓國遊客，一邊暗忖：能夠人工製造生態圈的國家，有能力打造零缺點的司法刑罰系統好像也不足為奇。

事實上，新加坡在這方面的需求不高，犯罪率近期又降低百分之四點三，為三十年來的新低。晚上我走在昏暗但迷人的中國城區，感受到良好治安多麼可貴，想起七年前第一次為研討會短暫到訪就留下深刻印象。那次我在購物中心裡面付了二十元鈔票，可是店員以為是一元，所以沒找錢；我提出以後，她問了聯絡電話，表示當天收銀機結算後會通知我。哼，是嗎？我內心憤世嫉俗的紐約人不怎麼相信。

晚上十一點〇一分，我的電話真的響了。

「女士，找到您的十九元了。」聽到話筒傳來這句話，我當下呆掉，很難想像居住在大家如此守法的國家是什麼感受。而這次我有機會和當地人聊天，他們的反應是新加坡像「有空調的國家」，大家被寵壞了，生活裡只有第一世界的問題[5]。費玲也說新加坡人只要週末去馬來西亞買個東西，回來就會覺得家鄉真好。「不去外面看看，不知道治安和經濟得來不易。」

也因此新加坡政府透過許多管道宣揚國家成就是個奇蹟。「一個海島城邦如果平凡無奇就難以生存。」李光耀在一九五九年經選舉就任新加坡自治政府的總理，我在當地書店買了一本他的著作《從第三世界到第一世界》，花了一個下午在海灘邊仔細讀完。「我們必須更團

5 譯按：first-world problem，字面上為第一世界先進國家的問題，通常意指無病呻吟、實際上無關痛癢的小事。

結、更有韌性也更具適應力，事情做得比鄰國更好但是更便宜，這樣才能跟別人有所差異。」

當年局勢對李光耀很不利，接連受到英國與馬來西亞統治，甫獨立的新加坡沒有內需市場，人民教育水準低落，幾乎完全倚靠英國補助存活。島國夾在印尼與馬來西亞兩個相對大上許多的國家間，必須應付隨之而起的種族融合問題——大約百分之七十五為華人、百分之十四為馬來人、還有百分之七印度人。一九六四年曾因種族問題起了暴動，但在李光耀領導下國內風氣逐漸和平，人均GDP在一九五九年為四百美元，到了二〇一二年飛躍至五萬兩千零五十二元。

李光耀的做法是規畫基礎建設，設立經濟發展銀行和產業園區吸引歐美投資，提高公務人員薪資，力求減少貪腐；融合資本主義的競爭精神與社會主義的團結合作。擁有居住權的人會自認是社會的一份子，因此新加坡政府提供公營住宅，價格合理，等候時間很少超過半年，還藉由住居分配增進族群融合。李光耀不屑的不只是外國援助，還有社福機構，他選擇以社區中心和便民服務為主軸，並且美化機場和市容，營造投資人眼中良好的第一印象，綠化運動興起，政府設置團隊專門整理花園、種植樹木，後來除了禁絕香菸廣告，還禁止口香糖，甚至推動人民戒除「第三世界惡習」，例如隨地吐痰。

閱讀李光耀的書，我發現自己幾乎遺忘新加坡和旅程起點盧安達的一個連結：保羅・卡加梅總統公開表示種族屠殺後的盧安達將效法殖民時代結束以後的新加坡，許多制度參考了李光耀的施政。所以卡加梅也以投資環境和防弊為重心，建立支援高科技的基礎建設等等。

無論新加坡公民還是盧安達公民，都享有健康保險和受教管道，國家追求效率和產能，兩個國家也都在所處地理區域上成為例外。

但我知道身為例外得付出代價，社會經濟穩定的「綠洲」需要成本，比方說無論規模大小，總是會有縮限社會自由的政策，盧安達禁用塑膠袋、新加坡禁嚼口香糖，政府插手媒體並控管言論自由。「就算成為『保姆國家』[6]，」李光耀在書中回應批判：「我仍引以為傲。」

後來我看到一個本地網站諷刺新加坡政府的保姆心態，列出許多新加坡特色，第四十二條形容國家效率：「只要看不到巴士、火車或通關需要等多久的告示就會生氣。」其他幾條卻道出人民付出什麼代價，像第十條：「失去批判高位者的能力，即便他們真的錯了。」第五十五條：「必須同意政府設定的個人生活習慣和形態，並因此決定你能分配到的住宅和付出的價格。」以及第二十七條：「任何事情只要是『為了成為二十一世紀有競爭力的國家』就合理無誤。」

最後這一條力量特別強大：為了成為一個美好的例外，公民必須忍受揮之不去的焦慮，他們擔心自己一不小心就會淪入鄰國處境。因為戰戰兢兢，所以很多事情變得不必討論：你們願意遇上大屠殺嗎？喜歡種族暴動？想要像印尼、馬來西亞或者剛果那樣政治經濟動盪不安？不要的話，就相信政府，別過問太多，免得好日子一夕翻盤。

6 譯按：nanny state 為英國保守黨議員創造的詞彙，形容國家針對人民推行過多保護政策。

晚上我在旅館外面的沙嗲攤思考李光耀締造的偉大社會體制，而且透過紐約的朋友認識了本地兩位思想前進的法律系學生，他們正倡議廢除死刑，之後還要倡議廢除鞭刑。

「一個比一個難，」戴米安說：「新加坡人對嚴刑峻法、特別是肉刑太過習以為常，覺得好像小孩子不乖就要管教那樣，很少人仔細思考刑罰背後的真正意義。我們計畫先釋出照片。妳有沒有看過鞭刑？知不知道現場是真的會有肉末飛濺出來？」他露出噁心表情搖搖頭。

「而政府呢，會指著美國那邊說，你們看看，有人衝進學校掃射、有人做了其他可怕事情。你們要的難道是那種生活？美國就是民主過了頭，假如大家不想遇上那些慘劇、不希望犯罪率一直提高，就乖乖閉嘴，知足常樂。」

恐懼是最有力的社會控制工具。在盧安達和新加坡如是，在澳洲、以至於美國也一樣——於是催生出大規模監禁。

然而，我還是必須說這樣的安全、舒適和生活形態得來不易，例如在新加坡可從來不必像是在烏干達那樣，每趟計程車都要花很大力氣討價還價，在這裡計程車計費錶全部鎖死且受到管制。雖然聽起來是很小的事情，實際上卻大大影響生活品質。戴米安聽了點點頭，也明白新加坡人確實面對兩難。後來好一陣子我們只是默默用餐。

「我很訝異他們居然會讓妳和囚犯對話，」要道別之前戴米安才開口。

我回答：「事實上也不算是講到話，畢竟監獄之旅到目前階段，與囚犯互動最少的就是盧安達和新加坡。想來並不奇怪，囚犯在最要求完美社會的國家中被化約為毒瘤，妨礙原本順暢的政治機器運作，因此必須隔離、處罰、矯正，並且保持緘默。」

由於這次沒機會和囚犯相處，我有一整個下午都花在電視的假犯人身上。那是電視廣告，和我之前看見上班族被鐵鏈和鐵球絆住的那支影片一樣，由名為黃絲帶計畫（Yellow Ribbon Project）的團體製作，他們的團體已經有十年歷史，宗旨是透過公關宣傳幫助更生人，也提供超過兩百萬美元的獎助金，還有與三千八百多位僱主合作的人力銀行，社區夥伴更超過一千單位。為增進主流大眾對更生人的接納，黃絲帶計畫發布廣告影片、設置看板、定期舉辦活動，最密集的時間是在九月，他們定為「黃絲帶月」。多年來黃絲帶計畫透過音樂和電影欣賞、時尚展演、出版詩集或音樂專輯、監獄藝術創作展覽還有手機應用程式與社會互動，已經發出數百萬枚黃絲帶飾品給民眾別在領口，象徵對更生人的精神支持。

「我們倒也不是刻意要跟上絲帶風潮，像是粉紅絲帶、紅絲帶之類的，」黃絲帶的行銷主任阿仁這麼說。其實計畫名稱是大概十年前由新加坡矯治事業部的首席執行長所構思，他因為去了一趟卡拉ＯＫ而得到靈感。那時候托尼．奧蘭多（Tony Orlando）演唱的老歌正好從喇叭裡傳出來。

現在我好比坐牢，鑰匙在愛人手中，只要一條黃絲帶，我就能重獲自由。
我寫信回家，請她在老橡樹繫上黃絲帶；已經過了三年，不知妳是否仍在等待？

歌詞其實是描述打完仗回故鄉的老兵，不過兩者的相似度如此顯著：退役老兵和獲釋囚犯都是創傷的存活者，重返平民生活的道路需要協助。

「每年九月我們都有新一波的宣傳，」阿仁說。

「為什麼不是全年推動？」我問。

「經費不允許，我們不是可口可樂公司啊。但廣告停播的時候，我們會放一些報導到媒體上。」我聽了暗忖媒體受政府管控偶爾也有好處。

他播了幾段廣告影片，大部分角色是更生人，從他們身上都是刺青就可以判斷。作為犯罪歷史的證據，刺青在囚犯和幫派份子中極其常見，卻也因此成為新加坡老百姓眼中的一大汙點。阿仁又播放另外三段廣告，內容從不同立場觀察一名更生人的生活，角度有心高氣傲的獄警、熱忱服務的志工，以及一位滿意的僱主。再次看到影片裡面的鐵鏈與鐵球，我的思緒陷入演員那雙充滿哀愁的眼睛；我應該已經注視過那種目光不知道幾十回了，全球各地監獄都是這種氣氛。「他已經坐過牢，為什麼審判還沒結束？」黃絲帶計畫的文宣印著大大標題，背景照片是一個人剛從監獄走出來。「只需要一點點機會，他可以不用回去。」這句話上面是個垂頭喪氣還在等待工作面試的男子。

「美國也該有這種企畫，」我興奮地脫口而出，告訴阿仁一些相關例子。黃絲帶宣傳使我聯想到反菸團體「真相」（Truth）的快閃活動和針對年輕族群的時髦廣告，還有「禁止查問運動」（Ban the Box）主張僱主在面試前不可調查求職者是否有前科紀錄。禁止查問運動十分成功，已經促成超過五十郡市推動禁止查問法，一些大型連鎖如 Walmart 和 Target 也跟進，求職申請表上面不再詢問相關資訊。

「不過呢，在美國那裡，」我不由自主進入教授模式，對阿仁滔滔不絕：「思想先進的人不會使用『有前科』、『坐過牢』、『罪犯』之類的詞彙來指稱別人。以一個人最惡劣的那次行為來定義他們，太具攻擊性。」他聽了一臉茫然。

「語言的力量很大，可以改變大家的認知。」我解釋：「在我自己的學術研究裡面，最多就使用『獄友』這個詞。主觀上我仍舊不喜歡，但至少只是根據監獄這個地點來形容，而不是給人格貼上標記。」

「那妳要怎麼稱呼有前科的人呢？」阿仁問。

「就說『曾入獄』（formerly incarcerated）啊。」

阿仁大笑：「曾入獄？在新加坡這樣說大家會聽不懂，他們會以為妳說的是『住城堡』（formerly in castle）。」

他播放下一段廣告時還笑個不停。

法律歸法律，但是你覺得公不公平？

「買家具嗎？」早上計程車司機這麼說：「很多不錯的家具。」

「不是，是中途之家，」我重複一次：「援手中途之家。」

「沒錯啊，那裡賣家具，」他點點頭重複一次：「犯人做家具。」

我倒不清楚這一點，只知道自己今天想去參觀新加坡二十所中途之家其一，最初是基督教會機構，一九八七年轉型專門收容毒癮者，後來開放所有宗教信仰以及各類型受過監禁的人，隸屬於新加坡社區、青年、運動部管轄的社福單位，因此具備公法人地位，換言之可以營利，結合慈善和資本主義。目前裡面收容一百人，有些人處於刑期最後六個月，有些人才剛出獄，也有根本沒進過監獄的。

「那邊的人還幫忙搬家。」司機繼續說：「上次我搬家就找他們。一開始看到他們身上都是刺青，」司機捏捏自己前臂，「一大片一大片的刺青，我嚇死囉。可是他們做得很好，而且我想想覺得這些人有工作才是好事，進過監獄出來還可以好好工作。」從市中心到目的地才十五分鐘左右，在新加坡我沒有遇過大塞車。

「對外開放；我們身上有刺青，請見諒。」在看起來像一般公寓的三層樓房前面掛著這麼一塊塑膠招牌，另一句是「全面五折（部分三折）」。空氣裡有桃花心木的香味，大停車場後面有一些穿著深紅褐色T恤的男人，他們正拿著塑膠膜包裝華麗的大木箱、古董鐘以及漂流木雕刻出的長凳。屋裡擺滿晶瑩剔透的花瓶和璀璨貝殼為座罩的蛋形燈泡飾品。這裡的負責人以前是工程師，他解釋說商品一部分出口到印尼、一部分內銷，每年營運成本大概四百萬新幣，一半由政府提供、另一半是販售家居家飾和搬運服務的利潤。

「之前我染上海洛因毒癮，」經理李察帶我走上階梯進去參觀時淡淡說道：「進入中途之家接受戒斷治療，但一直戒不掉，進了監獄，然後轉過來這邊，就留下來工作。」

「最後怎麼戒掉的？」我問。

李察轉身：「妳知道是什麼讓我不再碰毒品嗎？很簡單，就是耶穌基督。」

我在心裡翻了個白眼，那算什麼矯治方案。

房間整齊乾淨，和史拉蘭公園之類的監外工作中心差不多。只有老舊電風扇對抗悶熱潮濕的氣候，八張小床鋪了米老鼠圖案的寢具，地毯上是加菲貓，最裡面的床鋪搭著一條有黃絲帶計畫標誌的毛巾。幼兒化的裝潢風格使我想起釋前中心，各種細節傳遞出宛如家長面對孩童、將重返社會視為入學的意象。雖然立意良善，但免不了造成屈辱和自卑——幫助囚犯面對幫派或藥物問題的同時，卻又時時刻刻透過牆上口號督促他們努力不懈。

「不錯，」我咕噥著。的確，環境衛生、安全無虞，已經比紐約那邊大半學生的釋前居住空間要來得好。二〇一三年約翰傑有位同事做了研究，發現所謂「七成五之家」[7]的市場

7 譯按：相對於「中途之家」（halfway house）為旅途一半，七成五之家（three-quarters house）指的是距離回歸社會只剩下最後一段路。

越來越大。七成五之家是私人為營利出租，未受法規管轄，但其實根本只是有床的小屋；調查顯示這類機構大都違反住宅法規，有過度擁擠、無故驅逐和假借醫療補助名義收費的非法情事。

「房間是還可以，」李察聳聳肩。他說住在這裡的人必須工作，也要參加生活技能課程、毒品戒斷及共同晚餐，不強迫信教但是極力推薦，許多人和李察一樣時間久了直接留在這裡工作，所以有八成員工都是囚犯出身。

他指著窗戶上的錫製百葉窗：「因為附近住戶抱怨，我們只好裝上這東西。不少人習慣打赤膊在窗戶邊乘涼，身上刺青被看光，結果有人去跟相關單位申訴說這一區被流氓占據。後來我們規定五點以後所有人外出一定要穿上衣。」

外頭公路上車輛喧囂蓋過其他聲音。

「周圍是怎樣的社區？」我問。

「嗯，就一般人吧。我們都開玩笑說是內陸。也有有錢人，不過和濱海灣或你們那邊的比佛利山不是同一個等級。在這裡我們可以保持低調。」

「美國那邊會說 NIMBY，就是『別在我家後院』（Not in my backyard）。大家口口聲聲需要監獄、中途之家或遊民收容所，但又沒有人希望這些設施在自己住的地方出現。」

「的確很麻煩，」負責人開口就先嘆氣：「找不到願意贊助的單位。如果是老人或孤兒反而簡單。」他手往地面一比，「罪犯、有前科的人是最底層，亞洲文化並不主張矯治犯人。

『天助自助者，』大家會這樣告訴我們，『自立自強』。」我想到美國也有同樣令人膽寒的保守派，他們完全不認為社會應當提供援助，覺得「拉自己一把」這種天真信念足以解決所有問題。

參觀之後我們進入一間有空調的會議室，四個穿紅褐色制服的男子進來面談，負責人提議讓我們獨處聊天。「我們不在，他們比較能打開話匣子吧。」然而，新加坡矯治事業部派遣的隨行人員有其顧慮，還是堅持留下。

這四人都有毒品前科，一開始眼神充滿不安。聊了以後我得知金興已經出獄三週，但臉上表情和電視廣告裡的上班族一樣焦慮落寞，而重獲自由已經超過兩個月的孫恭態度也沒有比較開朗。他們兩人還顯得戰戰兢兢，回話時都只有一兩個字，顯然希望這種官方安排的會談能盡快結束。

另外兩人是住久了以後留下來的，比較能敞開心胸說話。阿山坐了六年牢，在援手中途之家工作兩年；蓋瑞前後進出監獄六次，但已經維持十九年沒再回去，前排門牙不見，頭頂上也只剩下幾根灰白頭髮。我提出一個在紐約也常問學生的問題：他們夢想中的工作是什麼？

「夢想中的工作？」孫恭複述一遍，像是我無法理解一樣：「我都這把年紀了還有什麼夢想不夢想，能不再碰毒品就夠啦。」

「如果是自己當老闆的話，做什麼都好，」金興回答得簡單。阿山也點頭道：「沒想過這件事。夢想中的工作？我也覺得就是自己當老闆吧……不知道。」他小聲說。

蓋瑞呢？「警察，或者去參選。」他忽然笑了起來：「不過這輩子別想了，有前科的人沒辦法當候選人。」

「你的政治主張是？」我追問。

蓋瑞盯著我。「新加坡最大的問題不是犯罪，」他回答：「是毒品。你們那邊有毒癮的人可以勒戒，我們只有中途之家和監獄兩個選擇。」隨我來的公務員顯得侷促不安。

「我不是罪犯，」蓋瑞繼續說：「我傷害的人只是自己，結果還是被隔絕。但是監獄無法解決問題。」

「沒有外力幫助嗎？」我問。

「沒有，我們回家也沒有公司願意收，只剩下一些勞動工作，廚房之類的。」

「你覺得這個狀況公平嗎？」我轉頭問阿山。

「唔，法律就是這麼規定。我用了海洛因，那是違法的。」阿山雙手相扣。

「法律歸法律，但是你覺得公不公平？」

「法律就是法律。現在身分不一樣，要是再進監獄就會被關七到十三年，所以我得小心。」

政府代表湊近我。「妳何不問問他們為什麼接觸幫派和毒品呢？」他態度有點強硬。

「交了壞朋友。」阿山回答：「年紀很輕就受到其他人煽動加入幫派。」金興和孫恭點頭附和，也提到同儕壓力和交友圈問題，但是聽起來好像排練過的家庭訪問。

最後蓋瑞按捺不住。「我為什麼碰毒品？」他脫口而出，語氣急躁：「因為毒品很好啊！妳有用過嗎？感覺飄飄欲仙。」

我等著看政府派來的人如何制止，不過蓋瑞還是大剌剌說出內心話：「我覺得乾脆用藥合法化就好啦！有何不可呢？反正在新加坡就是一場鬧劇，就算進了監獄也沒有勒戒治療。會處罰，但是不幫你。『拒絕毒品就是了，』裡頭的人只會這樣告訴你。真好笑。美國就不用說了，連泰國和馬來西亞也有勒戒中心啊，為什麼這裡只有中途之家？誰也沒幫到我，是我自己下定決心改變才終於擺脫毒癮，但是太遲了，人生已經面目全非。」

他的怒吼其實是一股清流。新加坡的毒品法令比泰國還嚴苛，歷史追溯到十九世紀時殖民政府極力設法杜絕華人移民的「偏差行為」，也就是鴉片生意。時至今日，吸食毒品依舊初犯就會被處一年以上徒刑，攜帶極小分量，如三十克大麻，即構成走私販毒，一間房子裡面若藏有毒品，則全部持有鑰匙的人都視為罪犯。只是待在吸毒者附近，警察就可以加以拘捕，警方認為「有嫌疑」的情況下無需搜索票就可以針對個人或房屋進行搜查並當場要求驗尿。二〇一二年才剛修法，僅負責運毒、願意配合警方、及判定為精神問題的人不再處以死刑。

不過從蓋瑞的話語中能看到本地法律事實上有多麼不公平，假如連治療機構都不存在，為什麼可以隨意處罰？雖說就算在美國，毒品勒戒療程有時沒成效又價格高昂，但至少有個機會：數據看來，配合藥物輔助的行為治療有其作用，做法是協助成癮者認知到處罰毒癮的原因、毒癮發作時的緊急處理、提供誘因或獎勵使成癮者不要越陷越深等等。在新加坡幾乎沒有戒毒這種事情，因為會直接被關進監獄，就算先尋求醫師協助，法律也規定醫師必須主動通報中央毒品管制局，之後毒癮者還是被鎖定監控、數年內隨時可能被要求檢驗。在這種前提下，毒癮者怎麼願意尋求專業治療？情緒激動的蓋瑞和另外三人離開，我留在會議室內收拾筆記時，阿山偷偷摸摸回來，東張西望以後輕聲說：「妳知道嗎，B區的狀況其實比舊監獄糟糕很多。」他告訴我：「沒空調就算了，連電燈都很少。我們為什麼皮膚都很白，是因為根本不能到室外，連續五年、甚至十年。」

我問他有沒有遭到鞭打。「很多次啦。」

「監獄和鞭刑，哪一個造成的陰影比較大？」我追問，而阿山也沒有猶豫。

「監獄。監獄比鞭刑嚴重，因為是沒完沒了，加上後半輩子會進入黑名單，大家看我們眼光都不同。我快結婚了，要開始新生活，所以特別小心，不過無論如何都躲不過異樣眼光。」他搖搖頭，其實問題是別人的異樣眼光。

他的每一句話都讓我想起自己的學生或者進過監獄的朋友。即便出獄好幾年，有心人士還是能在網路上的「獄友查詢系統」找到他們的名字，如果罪名和性有關，處境會更慘，那種汙名幾乎徹底毀掉一個人的人生。我一個學生麥克是性侵犯，明明達成假釋條件了，還是留在監獄裡面長達一年，因為到處都有限制性侵前科者的規定，所以在外面找不到能居住的地區，就連一些條件惡劣的中途之家都不收容有性侵前科的人。麥克的際遇突顯出汙名化問題有多嚴重：社會大眾並不認同目前的刑罰，否則應該相信罪犯經過矯治後會有所改變，怎麼在人家出獄之後還要嚴密監管不放過？

李察帶我出去，花生醬香氣蓋過了木頭家具的味道，對面自助餐廳已經開始供應午餐。「這是助人的地方。」我離開時他說：「還要努力。」

懲罰的目的不是毀掉他們的人生

優秀的中途之家確實可以提供很多幫助，幾乎是全方位、密集且個人化的整體服務，包括心理諮商、家庭計畫以及職業訓練，也有好的勞動環境和安全住居，管理人員能給予支持和相關輔導。很可惜在美國這種機構少之又少，因此二〇一三年的研究發現，住在中途之家的更生人居然再犯率更高。隔年紐約客雜誌一篇辛辣報導揭露了釋後機構內惡劣的勞動環境、性虐待與藥物氾濫的問題，範圍遍及全國。由於以營利為目的，這些機構不以降低再犯率為出發點，反而常見營運者為了佣金回扣強迫推銷勒戒療程，因此妨礙更生人的教育與就業。我就有個學生出獄以後進入中途之家，結果因為毒癮治療反而丟掉好幾個工作機會；他不參加就不能繼續住，但事實上這學生根本沒有毒癮。

回到飯店以後我找出這篇報導，讀了一次又一次，開始研究這股私營機構蓬勃發展的風潮，注意到已經有人稱其為社會復歸產業複合體（Prisoner Reentry Industrial Complex）。其中利潤龐大；數十萬人因為未能繳交停車費用這一類微罪而被判緩刑並進入這些私營機構，形成數百萬元的商機。大型銀行集團如摩根大通（JP Morgan Chase）也從矯治系統獲利：它們提供矯治系統使用的預付簽帳卡，也被稱作出獄卡，囚犯在監獄內勞動所得的積蓄轉到這張卡上面，可是由於相關法規鬆散，導致這類型卡片的手續費、維護費十分誇張。而在新加坡，有援手中途之家，也有其他社會復歸機構，總數相當多，但就像負責人所說：他們還要努力。

最終還是蓋瑞那番心聲在我腦海迴盪不已。他道出我在泰國就生出的疑惑，兩個國家都對毒品採取雷厲風行的手段，可是將原本不需要關起來的人關起來、對需要治療的人施以懲罰，意義究竟是什麼？就算建立極其出色的社會復歸計畫，結果裡面都是無需離開社會的人，這樣做到底有什麼好處？我察覺新加坡的刑罰政策處在精神分裂狀態，一方面要嚴懲，另一方面又心軟；彷彿透過法律製造罪犯，目的不是毀掉他們的人生（這種復仇思想已經過時），而是為了自以為是地矯治他們，並因此再度成就新加坡引以為傲的效率：看看我們多有效、多人道地實行社會復歸。

癥結點就在於想進行社會復歸，必須先有罪犯。今天我見到了其中四位，縱使他們內心深處覺得自己是代罪羔羊。

我將黃絲帶繫在白色衣領上。周圍有大約五十人也這麼做，大家在一塵不染的監獄大廳四處走動交際，等著享用早午餐。

沒錯，就是早午餐。今天的活動叫做鐵柵之後的盛宴，黃絲帶計畫每年固定會舉辦幾次的募款餐會，也是我這趟新加坡之旅最後一個正式行程。

「巴士到了！」這是個訊號，眾人魚貫走出去，上車以後穿過A區抵達光鮮亮麗的樟宜茶室；這裡有獨立出入口，所以幾乎沒看見刮刀鐵絲網就進來了。七個穿淺灰色牛津衫、頭髮剃得極短的囚犯在入口處奏樂迎接大家，裡面座位鋪著紅桌巾，牆壁掛著囚犯創作的藝術品，可供競標。有一幅畫叫做《那時生命緩緩》，畫的是新加坡尚未開發的年代，河上漂著幾艘小漁船的寧靜風景。後來建設新加坡的一大勢力代表與我同桌，他是濱海灣金沙度假村的資深副總裁。

見賓客都就座，音樂更加喧譁，三個穿著亮紫色背心的歌手提著麥克風進門就朝臺上走。

「在老橡樹繫上黃絲帶。」他們邊彈指邊演唱，臉上笑容可掬，席間賓客個個搖頭應和。或許旁人以為都這時候了，我該習慣監獄裡面出現這種突兀的光景，但事實上，我永遠不可能習慣。後來大家又排隊去參觀A區，能進去真正的監獄我反而鬆一口氣。儘管監獄參訪感覺也幾乎像是作秀。

「別叫我們獄警，」堆滿笑臉的嚮導調整了名牌旁邊的黃絲帶，並且解釋現在刑罰界的新名詞：「我們是人生引路人。」

獄警帶我們走進模範牢房，裡面根本沒有人，每件東西都附上標籤：牙刷、制服，以及隔開淋浴間和就寢區的「遮醜牆」。當然，一定會有新加坡監獄最馳名的稻草墊。

「到底為什麼不給他們床呢？不是有點狠心嗎？」有人這麼問。

「畢竟還是刑罰的一部分，」嚮導回應：「雖然是矯治，但同時也是處罰。我們不提供床墊給受處罰的人，讓他們睡在稻草上。」

這裡的操場是個巨大的水泥洞穴，中間搭著排球網，沒有自然光。我纏著獄警詢問裡面的作息安排，他後來終於願意回答：刑期的前十分之一稱為震撼期，每天待在牢房裡面二十三小時「好好反省」。過了那個階段，囚犯才可以參與牢房外面的活動。

有些什麼活動？每天可以出去幾小時？一天要待在牢房裡面這麼久，即便有室友陪伴，仍舊只是換了名字的禁閉。獄警說，有諮商、職業訓練等等，然後就不想理我了。我追問細節，他只說有三成囚犯進行勞動工作，接著匆匆帶隊向前。

才三成？那其他人就整天悶在陰暗潮濕的牢房裡？

「早安，各位先生女士！謝謝你們！」我們戴上口罩髮網進入新加坡矯治事業部的烘焙坊，又是一樣洪亮的問好聲。有個配備耳掛式麥克風的囚犯出來為我們做介紹：這裡製作的食品符合伊斯蘭規範、也有歐式的麵包糕點，一邊是生產線、一邊是偵測異物或瑕疵的紫外線燈。

烘焙坊裡面非常熱，加上爐子一直飄出誘人香氣，他們到底怎麼忍受得了？畢竟他們和我們不一樣，辛苦做出來的點心自己沒有機會吃。巧克力馬芬、閃電泡芙、法國麵包——這裡製作的點心還供應給新加坡航空。

「烘焙坊有許多企業客戶。另外，這所監獄也是東南亞最大的洗衣廠。」獄警大聲解釋：「醫院有九成使用我們的服務，每年盈餘有四千萬元。」他說囚犯會得到補貼，而且職業訓練是無價的。

回到茶室繼續享用餐飲，廳門很戲劇化地打開，音樂流出、歌手們有模有樣地走進來，不過換上了條紋圍裙和主廚帽，後面跟著一列獄警，還有穿西裝打蝴蝶領結的一群囚犯。他們送上第一道菜，是奶油松露蘿蔔、接著是韭蔥湯、再來是摻入魚肉很可口的舒芙蕾。這些餐點是由當地知名大廚洪萊恩監督製作，用餐過後他出來一鞠躬，並盛讚監獄裡面的學徒。

與我同桌的人十分驚艷、情緒高亢。餐點確實都很美味，黃絲帶計畫的成果很豐碩，囚犯們都得到了謀生技能。

「企業終於不必找外勞了。」右側傳來這樣一句話，我豎起耳朵。

於是我得知二〇一三年新加坡發生第一次勞工暴動事件，主角是大約一百萬名技術水準較低的外國勞工；他們從事新加坡當地人不願意做的勞務，但這不重要，外國人湧入是不對的，要由本地勞工接手！

我內心苦笑。原來偉大的新加坡政府想方設法協助囚犯就業，背後還是經濟和政治因素，現實目的遠大於道德層面。經濟發達了，有許多低階工作需要人力填補，加上排外的歷史淵源，於是大家腦筋動到自己人身上，儘管是前科犯也無所謂。

隨之而起的社會運動也很方便轉化為勞動力。其實新加坡立國以來一直都以囚犯為建設主力。一八二五到一八六七年間，一萬五千名已決犯從印度、緬甸、錫蘭運送到這裡，通常都進入了公共工程團隊，伐林填沼，砌牆鋪路，新加坡大部分有歷史的建築物都出自犯人的手，甚至連流浪狗、花園和墓園也都由他們照顧。雖然有歹毒鞭刑，新加坡囚犯的勞動狀況還是比印度要好——工資只有自由人的三分之二，而且刑期結束後通常不離開，殖民地運作容易維繫。

縱使我身處現代的新加坡監獄，本質沒有多大改變。

「《和平》由第二桌的先生購得，」主任宣布。已經進入今天最後一個活動，也就是囚犯畫作的無聲競標。

「《純真甜美》由第一桌的女士購得。」囚犯組成的樂團又開始演奏〈在老橡樹繫上黃絲帶〉。

眾所周知，全球各國都透過監獄來製造和管理勞動人口。史學家主張美國一九七〇年代監獄數量大爆發，正好呼應市場上低階低技能人力需求的劇減。社會忽然出現大量失業者時，解決的辦法就是監獄，只要將他們排除在就業市場外就沒事了。

然而，新加坡政府確實正在推動社會復歸與再融入，那麼動機是否還重要？美國還沒有像黃絲帶計畫一樣針對大規模監禁帶來足夠影響的公關力量，也欠缺如與我同桌這位副總裁一樣願意就監獄問題貢獻心力的企業高層，更遑論要社會大眾走進監獄了解狀況、樂意僱用有前科的人。如果美國也有矯治事業局，我的學生出獄以後會更容易找到工作。

可是蓋瑞說的話還在我心裡迴響。**沒有公司願意收，就剩下一些勞動工作，廚房之類的**。

這週前幾天我見過另外一位囚犯杰丹，他們兩人的說法正好互相呼應。丹那美拉（Tanah Merah）原本是高安全級別監獄，二〇一一年改制為監獄學校。參觀那裡以後我看到一樣的新加坡：先進、高效率，但以居高臨下的態度管理囚犯。壁畫是海星和燈塔，「象徵監獄學校帶給囚犯光明的未來，每個人可以決定自己的人生方向。」獄警照本宣科唸給我聽。這裡的囚犯生活包括集合點名、早操、口琴課、晚操，教師是從一般學校體系物色，兩年一聘。我還參觀了多媒體中心，大電視螢幕上爬過一個機器人，囚犯戴著無線麥克風，以類似TED、排練已臻純熟的風格介紹內部活動，同時製作一些節目，像是從囚犯觀點製作給獄友的新聞。

很令人感動，即便丹那美拉只有一百八十二位學生，至少這是可以學習、創作、規畫人生與追逐夢想的地方。不過後來我遇見杰丹，他被派來接受訪問，穿著紅色T恤、Converse球鞋，看起來年紀應該二十五歲左右，已經出獄兩年，但和中途之家的人一樣渾身不安，需要旁人催促才願意多開口。杰丹擰著雙手解釋：「他從初中進入幫派，因為菸、強力膠、冰毒所以被當成罪犯。」

「在美國，我們會說這些都是青少年問題。」我打斷告訴他，但心裡清楚杰丹的行徑確實符合青少年入獄標準，也因此現在得經歷復歸社會的歷程，並且增添更多苦痛。

輔導員說杰丹研習建築工程、會去體育館運動，他的努力值得我們驕傲。我點點頭。只是下樓要出去的路上，我和杰丹又聊了一會兒，氣氛比較輕鬆了，他問起我在美國的班級。

「其實我很想當作家，」杰丹忽然說。

「真的嗎？那為什麼不回去讀書？」我問：「試試看發表作品？」

他真的大笑起來：「制服都穿不下了啦。」

這句話是一體兩面，在新加坡這裡只要輟學了就不能重返公立體系，只剩下私立學校可去，但能負擔的人少之又少。正因如此，更顯出丹那美拉的獨特——它是難得的教育管道、學習目的不再限於就業而是生涯，而且對囚犯和更生人開放。回想起來，中途之家的人對於「夢想中的工作」毫無憧憬是理所當然。

與杰丹聊過，然後參觀了A區，我更深刻感受到社會不平等。制度將更生人逼入特定勞動市場，像是烘焙、洗衣、零售，沒有給予他們與一般公民相同的機會。同樣問題在美國也能看見，如我設立的監獄教育課程數量極少，低技術勞動的職業訓練卻蓬勃發展，加上公立大學可以基於多年前的微罪或青少年時期的前科紀錄叫申請者吃閉門羹。

種種現象傳遞出明確訊息：你們適合用手，不適合用腦。我曾經對學生荷西提議念博士班，他聽見以後臉上的神情我一輩子忘不掉。杰丹也是同樣的表情，那種反應訴說囚犯以及更生人大半輩子活在怎樣的觀感下。夢想、學位、對生命的渴求——你們這種人不配。

「社會復歸計畫就像為癌症病患準備急診室，」在社運方面給予諸多啟發的美國公正領導（Just Leadership USA）成員葛倫・馬丁（Glenn Martin）曾這樣告訴我。新加坡再度展現出各國正為傷口止血，可惜縱使設計完善、值得學習，依舊只是ＯＫ繃程度，所以旅途要繼續。

08 什麼是正義？｜挪威

悲傷是必然，但人造的地獄不然。

——尼爾斯・克里斯逖（Nils Christie）

愛是未完成的關係。因為未完成，所以沒有界線，沒有人知道自己會被愛帶向何處。在這些面向上，愛是無邊無盡的；但若經過考驗，釐清、確認了界線，那麼就得到完成、定型，也因而失去無限。

——托馬斯・馬蒂森（Thomas Mathiesen）

價值觀的真正革新促使我們質疑過去、乃至於現今許多政策是否公平正義。我們必須扮演所謂的好撒馬利亞人，而且這只是開始。總有一天我們得清除路上所有障礙，每個人在人生旅途上無須擔心遭到毆打或掠奪。同情心不是給乞丐硬幣，而是扭轉創造乞丐的體制。

——馬丁・路德・金

早上七點鐘，我被起床鈴叫醒，爬下床走到窗戶邊掀開簾子，一片黑暗。這時間到底是清晨還是夜晚？十一月的挪威很難分辨兩者，陽光少得每分每秒都像是處在幽冥中。濃重的雲層像是絨毛毯遮掩所有顏色，時不時揭開一角露出些許金光彷彿挑逗。生命在此簡化為三個調性：冰藍、瓦灰，還有血液乾了那樣的紅。

收拾好隨身物品，我啟程去搭電車。跟以前一樣，沒有人檢查我是否買了票，這裡的公共運輸系統採信任制。外頭街燈有點暗，雖然奧斯陸是歐洲發展最快的首都，但並未大張旗鼓炫耀自身存在，幽靜得令人心曠神怡，美麗又謙和。等車時我進車站書店看看，有一整櫃犯罪小說，這個文類在當地很受歡迎。說來諷刺，憂鬱暗淡的自然環境彷彿為了犯罪打造，但犯罪並非現實生活的一部分；挪威是世界上最安全的國家。

也因此我來到這裡。倘若地球上真有烏托邦，挪威大概是人類認知中最接近的地方。這個國家生產石油、社會福利極佳，幾乎全國人民都享受最高水準的教育、醫療和育嬰服務，文化長期重視平權、安全以及社群主義。歷史上挪威並非以農奴和采邑制為主，經濟一直奠基在小村莊與民主的地方自治，兩百多年前已經完全廢除貴族階級，社會也不存在明顯的階層。由於氣候和地理因素，移民較少，性質單一的人口更增進凝聚力。導演麥可·摩爾（Michael Moore）決定拍攝紀錄片《健保真要命》（*Sicko*）時，想要找出與美國相反的地方，也就是並非資本主義掛帥、人人自私自利的代表，一個社會體制和階級平等的迪士尼夢幻國度，而他看上的正是挪威。

導演拍攝的一大重心是我今天要拜訪的貝斯托伊監獄（Bastoy Prison）。監獄系統十分能呈現出挪威的先進，採用「常態原則」（Principle of Normality），其意義是剝奪自由權本身即為懲罰，囚犯的生活條件不應低於維持社會安全之必需。

犯罪學者約翰．普瑞特（John Pratt）以「刑罰特例」描述北歐國家的低囚禁比例和監獄人道環境。本地監獄規模都不大，一般而言收容人數不超過五十，也有一隻手數得完的例子。監獄設施遍布全國，所以囚犯可以留在與家人或所處社區接近的位置，設施內部也盡可能塑造得和外界一模一樣。此外，原本社區依舊照顧囚犯囚禁期間的醫療、教育和其他社會服務項目，這被稱之為挪威式導入模型（Norwegian Import Model），宗旨是將囚犯涵蓋在一般公民所屬的社福單位下，形成所謂無縫服刑——入獄前、出獄後歸屬同一地方政府。刑期大都很短，平均只有八個月，美國則是三年；多數犯人不會服完刑期，通常三分之一過後可以請假回家，刑期的一半時間在外面度過。

挪威如此人道的監獄系統，最令人著迷的地方就是看來成果非凡。當地犯罪率極低、再犯率也僅百分之二十。還有什麼地方更適合作為我旅途的終點站？我明白自己、還有許多人都像教徒似的對挪威體制寄予厚望，但它究竟有多棒依舊是個問號。挪威是否真的能夠完整、清晰地指引我走向追尋的目標，也就是正義？

將他們當做人來對待，他們就會像個人

「監獄？」下了車我走到渡口，上了小船以後朝兩個船夫詢問，想要確認是否會到達貝斯托伊島。

「對，」其中一人回答，然後搓了搓手取暖。他打量我一陣，藍色眼珠散發出一股傲氣。「那是男人去的地方，」說完他改口大笑：「逗妳的，這船沒錯。」

我望向桅桿頂端，竟然有一隻完整的死天鵝卡在上頭。

「好幾年前看到的時候就被包覆在冰塊裡面，」另外一個船夫告訴我。他戴著黑色滑雪帽，容貌有點憔悴但算是和藹。

「很嚇人，」我回答。

「真的嗎？我們把它當作吉祥物呢。妳怕罪犯嗎？」他忽然這麼問，我還來不及回答，他就自己說了下去：「我們都是罪犯喔。」我望進他眼底，察覺一絲笑意。這是個玩笑嗎？

「我們真的是罪犯。妳怕嗎？」

「為什麼要怕？」我聳聳肩，仍舊不確定是不是尋我開心而已。

「我叫威戈，」他和我握手。原來威戈真的是罪犯，曾經被判處二十一年徒刑，這是挪威最高的刑期了，但他明年就可以出獄。

另一人叫做卡托，由於犯罪意圖而被判處一年半徒刑，不過他本人堅稱無辜。卡托和威

戈帶我走進船艙，牆上貼著每日行程。

「我們從早上六點值班到中午，」卡托解釋：「之後回監獄裡面休息，做點運動、進房間放鬆。妳要不要見船長？他不是囚犯，船上工作人員只有他不是。」

上了樓，身材健壯的船長也與我握手寒暄。

「妳來訪問囚犯？」他笑了，我漸漸體會為何每個人都拿罪犯很可怕這個刻板印象開玩笑。顯然在這兒他們不值得害怕，大家胸有成竹。

隨著船隻前進，我遠眺貝斯托伊，松木成林，從灰茫海面朝灰茫天空伸展。船上有幾個座位，卡托坐在我隔壁，打開電視機轉到歷史頻道。

「妳有沒有臉書？」他問我。

「你們可以用臉書？可以上網？」我反問。

「在那邊的話不行，」他指著松林：「出來就可以。」我將自己的名字寫在紙上遞給他，抵達挪威以後第一次有藍色天光灑在我頭上。

「有些人說貝斯托伊只是個夏令營。」我要下船時威戈走過來，講話的神情彷彿想要責備我：「或許妳也會那麼想，不過那是錯的。相信我，那裡真的是監獄。我們的人生被暫停了，好像凍結起來。」

我指著天鵝：「和你們的吉祥物一樣嗎，就算小島很漂亮，還是結成冰。」

威戈用力點點頭。

「回大陸去！」他朝卡托高呼，準備下一個航程。是現代卡戎[1]嗎？我想像小船載著新靈魂進入幽冥世界。

然而，眼前所見並不幽冥晦暗。威戈說得沒錯，乍看之下真的會以為是夏令營。當然這季節過來看到的是冬日的風貌：斑駁落葉翩然落在騎單車的人身上，沒錯，他們都是囚犯，還有一輛馬車從旁邊緩緩駛過，地平線上是一棟一棟的薑餅屋，沉穩黃壁、綠色邊框和紅色屋頂，周圍出現綿羊和乳牛，沒有圍籬或鐵網。貝斯托伊是開放式監獄，這個概念在一九三〇年代的芬蘭萌芽，已經遍及北歐各國。開放式監獄的囚犯可在服刑期間每日通勤上班、保住原本工作。目前挪威有三成監獄是開放式的，而貝斯托伊原本是男童教養院，一九八四年才改制監獄並成為典範。

一位笑容可掬的獄警開著黃色小巴載我到小屋。我進去要登記自己攜帶的行動電話，這是到目前為止第一次隱約透露出「監獄」的氛圍。督察名字叫湯姆（不是典獄長，不是輔導員，而是督察），他長得很像凱文・科斯納，招待我一杯咖啡，然後雙雙在辦公室坐下。辦公室有花朵圖案的布簾、蘆薈盆栽，漂著淡淡清香，夾雜壁爐烤火後的餘味，我依稀記得以前在新英格蘭度假的旅館也有過類似的時光。

「沒用。會那麼做是因為懶惰。」湯姆回答得一針見血，毫不客氣批判了傳統監獄制度，他之前在舊體系有二十二年的工作經驗。窗戶邊有隻蒼蠅嗡嗡飛舞，他繼續說下去。

「一開始我對新式監獄也有懷疑，但很快就放心了。應該盡量做開放式監獄才對，最好全部改過來。我們盡可能收人，可是空間不夠。」

挪威的囚犯在出獄前三年就可以申請轉調到類似貝斯托伊的開放式監獄，島上有一百一十五名人犯、七十三位管理人員，後補順位排到三十號。

「外頭有種誤解。『啊，這是控管鬆散的監獄，其實住進去的還算是好人，就只是個夏令營。』這不是事實，我們的囚犯也……抱歉我借用法語的比喻，他們也摔進大便過，藥物、暴力一樣不缺。更重要的是，有些人在其他監獄一直惹麻煩，到了我們這邊什麼問題也沒有。我們開玩笑說，你們居然覺得這種乖寶寶很棘手？道理很簡單，把他們當渣看，他們就會變成人渣，將他們當做人來對待，他們就會像個人。」

湯姆打開窗戶放走蒼蠅：「我們去散散步。」

穿越森林，路旁有馬兒吃草，還有養鳥的區塊、溫室，以及囚犯做午餐的烤肉區。他們共用小木屋般的宿舍，烤火的暖味四溢，我想起南非羅本島；儘管都是小島監獄，貝斯托伊並不黑暗陰沉，反而十分人道。

「不當作監獄經營，而是看成一個島。」湯姆解釋這裡是自然保育區，四分之一糧食為本地自產，多數車輛為電動車，所有物資都回收利用。

「農業是核心價值之一。我們追求人道同時也保護生態，動物具備社會功能，牠們可以

1 譯按：Charon，希臘神話中的冥河船夫。

教導我們何謂同理心，所有生命都為這片土地效力。」

「你自己住在島上嗎？」我問。

「我每天搭船通勤，也很喜歡這樣的生活，比起開車去奧斯陸舒服多了。」他搖頭：「一開始我到這裡也是什麼都不懂，我在都市長大的。來了這裡以後才覺得人生得到療癒，是這種生活模式的影響。對囚犯他們也有同樣效果。」

湯姆又帶我到木屋教堂看看，裡面有個銅質大燭臺。「挪威不推廣特定宗教，所以這裡比較類似文藝空間，教士也不像傳統神職，反而接近諮商人員。」再來是商品齊全的超級市場，找得到頂級純巧克力和蘆薈汁，一旁紅色電話亭免費使用，但湯姆說他認為直接開放手機和網路更實際。

「有什麼好怕？難道打電話、上網就可以殺人嗎？」他說。

我問起汙名化和社會復歸方面的情況。

「在挪威只要出獄就是出獄了，」他回答：「沒有太大的名聲問題。我現在鄰居就有一個坐過十八年牢的老先生，沒什麼人在意啊，而且算是常見吧，我自己不少朋友也進過監獄。挪威人滿包容的，」湯姆停頓一下才補充，「奇怪的是，歷史上的挪威人不是這樣子。」

這句話算是輕描淡寫，古時候維京人可是出海打家劫舍的民族。之後某一天，我去參觀了奧斯陸議會廳，外牆上仍留有華麗木雕訴說上古英雄傳奇，內容充斥血腥暴力、妒恨復仇；然而，正因這樣的過去，如今挪威和盧安達一樣翻轉為強調和平寬恕的社會就更令人欣喜。

午餐時間，湯姆再度提出令我驚艷的先進思維。他說挪威的「保守派」放在其他國家或許都算是自由前衛，本地無論左派右派原本對於矯治政策的大方向都有共識，然而由於近年移民湧入導致仇外情緒升高，保守政治勢力漸漸想要動搖原本的進步主義策略和對犯罪寬容的立場。例如實際上是保守派的「進步黨」（Progress Party）反對外來移民，企圖消滅依靠福利補助的生活模式——這在當地稱作 naving，而 NAV 就是挪威勞動福利部的縮寫。近年來本地報紙的報導指出，八成挪威人希望刑罰加重，二〇一〇年的民調也顯示多數人覺得現行罰則太輕。

「和你們那邊的媒體也有關係。」湯姆露出泛黃的牙齒咬著全麥吐司：「美國的電視節目一直宣揚監獄警戒應該要很高，還要『嚴懲犯罪』之類的，這裡的觀眾也受影響。幸好風氣漸漸轉向，過去幾年有關你們那邊的新聞不少，本地人早就看透了。尤其是美國選舉，那些造勢演說引用一大堆聖經句子，你們真的是政教分離國家嗎？還有像莎拉．裴林（Sarah Palin）[2]那種人？大家哭笑不得——那是我們想要效法的國家？」

我嘆口氣。成也媒體、敗也媒體，還有基於恐懼的文化。我向他提起自己在澳洲的體

2 譯按：共和黨政治人物，曾任阿拉斯加州長，共和黨史上第一位獲提名搭檔參選副總統的女性，言行引來許多爭議，特別是有人披露她知識貧乏，以為非洲是國家而非大陸、從阿拉斯加可以看得見俄羅斯等等。

驗，以及梅鐸的媒體帝國。

「沒錯。」湯姆附和：「隨便問問就會發現，明明數據說了不必擔心，但有些呆子會鑽牛角尖，認定社會上到處都是罪犯。」

我又提起德國一項研究發現開放囚犯回家，逃獄的比例才一個百分點。

「對呀，」湯姆點點頭。「的確有放出去又犯罪的例子，但其實少之又少，沒道理要整個司法制度圍繞在那一兩個例外上。我常常和別人解釋：每年都要放人出去，他們會變成鄰居，那你希望這些人像是定時炸彈嗎？你想要跟這種人住在一起？啊，對了，」他放下吐司，「妳有沒有看過那部講阿提卡典獄長的電影？」

原來有一部芬蘭紀錄片才剛發行，主題是阿提卡監獄的前主管去了哈爾登（Halden）監獄參觀，我之後也會過去看看。影片基調可說是以那位典獄長為笑柄，因為挪威官員認為是矯治的事情，在美國人眼中竟全是危機和風險。

「就連管理人員陪囚犯玩牌、閒話家常、用名字稱呼彼此的時候，他臉上都是極其不屑的表情。『太危險了，』他嘮叨個不停。但是有什麼數據可以證實他口中的危險？不和犯人分享自己的生活、自己的家庭，要怎樣將他們導回正途？這裡每個人都認識我家孩子，還知道我的住址和一大堆個人資料。所以我應該嚇破膽嗎？」

我感覺彷彿被湯姆督察看穿了。

參觀結束以後，我正在等那輛黃色小巴到碼頭，再搭船回奧斯陸，有個門牙斷了的男子走近。

「妳是美國人？」他問：「妳應該覺得這個地方莫名其妙吧？」

沒等我回應，他自顧自說了下去：「可是把人當大便看，他們就真的會變成大便。美國人怎麼就是搞不懂？好笑的是美國卻又生出了東尼．羅賓斯（Tony Robbins）這麼聰明的人。」他說的是心理界大師，出版許多書籍影片，像是《釋放內在力量》（*Unleash the Power Within*）。之後，男人似乎有點緊張地笑了笑。

「你在這兒做什麼？」我問。對方身上那件藍色大衣印著工程兩個字，所以我直覺認為是要維修器材。

「我？就坐著。等會兒去看醫生，可能得調到別的開放式監獄去，因為我好像對馬毛過敏。」

唔，是囚犯，我還真沒想到。

可是這種意料之外令人感慨，原本就該如此，他和我都是人。還有與威戈、卡托的互動也一樣，正常又自然，與多年來每次拜訪監獄的經驗形成強烈對比。在這裡，「我們」和「他們」之間完全沒有界線。回程船上，這位過敏男子說他以前從事石油相關產業，旅行世界各地，而現在即使能夠請假回去家庭和社區，一年一年下來仍有漸行漸遠的感覺。

「可是我還是充滿希望。在監獄裡面，囚犯可以仰望天空，也可以執著在地面的青苔。我決定抬頭看。」

我也一樣。剎時太陽戲劇性地從陰霾後面探頭，燦爛光輝遍照大地，恍如萬物重生。

人類全體一致，我們應當大過於我

哈爾登鎮位於挪威東南與瑞典交界處。十四世紀就建造的要塞氣勢雄偉，角樓俯瞰鋪有卵石的街道；此地空氣冰涼，我拍了堡壘的照片以後走到計程車停靠點，開著暖氣的轎車送我進入山區。目的地同樣是座要塞，不過封閉式監獄總是比較現代，外觀特色是二十呎高的混凝土牆——但是沒有刮刀刺網，只有圍牆。牆面原本就不算特別陰森恐怖，加上外側松林以及風吹雨打後磨圓的牆頂，若說看起來略帶親切感也不為過。我聽說過這堵牆，也知道這裡有個外號叫做宜家（IKEA）監獄，源於內部具時尚感的裝潢，據說是模仿那間瑞典家具商的風格。監獄於二〇一二年正式運作，目前收容兩百五十九名囚犯與幾乎一樣多的管理人員，造價為兩億五千兩百萬美元，被譽為「世界上最舒適的監獄」——這句話通常是嘲弄挪威居然讓罪犯居住在五星級酒店的環境裡。

不過如果政府負擔得起，為何不營造最好的矯治環境給最需要的人？監獄的目的不是矯治嗎？我看過哈爾登的照片和文字介紹，但能親眼得見依舊興奮。

為我導覽的是勒西．安卓森（Lasse Endresen），個子小但性情活潑，擔任監獄的業務與社區關係監察員，他很驕傲地介紹了哈爾登監獄的制度，但看我沒驚喜也沒錯愕似乎很失望。這裡沒有制服、沒有鐵柵，囚犯共享的居住環境十分優異，有不鏽鋼的櫃子、環形沙發、精緻咖啡桌，為了最佳採光設計了長型窗戶。操場一樣時髦，請當地藝術家多克・朗格倫（Dolk Lundgren）創作出塗鴉壁畫。體育館內不只整齊乾淨，還設置了攀岩訓練場。合唱團裡面每個人都親切，正在練習伍迪・蓋瑟瑞（Woody Guthrie）的〈和平〉。牆壁上以編織工藝呈現巴勃羅・聶魯達（Pablo Neruda）和威斯坦・奧登（W.H. Auden）的詩。醫療團隊也很完善，人員積極、藥癮應對方案齊全。圖書館館藏豐富，我進去時讀書會正熱烈討論某本挪威語小說。

裝潢同樣美觀，而且注重隱私的訪客室內備有大量保險套和潤滑液，這就令我刮目相看、大吃一驚了。

「像你們那裡的大型會客室其實不妥。」勒西露出鄙視神情：「我在比利時看過，沒有隱私，吵鬧又擁擠的環境，家人怎麼培養感情？」

這番話十分正確，監獄會客室有多麼嘈雜和不自在我自己體驗過很多次。勒西指著角落的玩具：「我們也盡量為孩童設想。」他推開另一扇房門，「歡迎回家！」裡面壁畫是紐約的天際線輪廓。

我腦海閃過某一次進入紐約的監獄會客室，連擁抱告別都要申請許可，之後兩人決定拍照留念就好。每個監獄會客室都有攝影區，負責攝影的囚犯拿著古董般的拍立得拍下照片，一張收取兩美元，主角是你和遭囚禁的親友，背景與其說是監獄，其實更像大學生舞會的場地，每週輪替不同主題，其中一幅因為看起來像以前奴隸主的院子，被我戲稱是「假山水」、還有另一幅市區景觀就叫做「都會夜色」。

都會夜色和我眼前哈爾登監獄的會客室壁畫極為神似，可是我覺得眼前這景象極不合理，並非因為紐約和挪威距離遙遠，而是這裡人道氣味太濃厚。如果我們出於無奈，非得分離囚犯以及最有機會「矯治」他們的人，也就是愛他們的人，那麼至少是不是該給雙方足夠的親密時光？明尼蘇達州研究顯示這種安排對大家都有好處，以二〇〇三到二〇〇七年出獄者為調查對象，發現親友探訪能大大降低再犯率。

而熱情的教育監察員也進一步告知，哈爾登監獄對於人際關係的推動還延伸到管理人員和囚犯之間。

「**關係**，是我們這套體系的基礎。」勒西強調：「我做教育訓練的時候會要求大家態度要堅定務實，的確不是每個人都有我們能幫助的問題，或者願意接受我們的幫助，不過我們自己一定要敞開心胸，願意和囚犯互動。看新進人員遇上囚犯會不會緊張兮兮想蓋住名牌，就能夠判斷他們適不適任。」

要進入這所監獄工作，首先得經過兩年的特殊培訓，課程包括犯罪學、法律、福利、應用倫理學以及社工。前一天我去學院參觀，對訓練的扎實與體現的人性深感震撼。如何與囚犯建立關係、如何與他們溝通、如何看見犯罪行為底下更深層的問題，這些就是勒西口中監獄管理訓練的目標，而且管理人員在受訓階段就支薪、社會地位也不低，接近護理師與教師，收入和福利都很好。事實上，這在挪威是頗受矚目的職業，現階段開出一百五十到一百七十五個職缺，應徵者卻有一千三百人。我更進一步得知，挪威也為其他國家訓練監獄人員，包括波蘭、俄羅斯、索馬利亞。後來我遇見這裡的督察，他說自己剛出差去納米比亞回來。這個趨勢令我欣慰，在心裡默默說了句：還好找上的是你們，如果所有國家都採用美國的不完善制度，那可就糟糕了。

「我認識一個在美國監獄工作過的護理師，」勒西說：「她告訴我監獄裡面關了一千四百人。我問她說，『妳怎麼有辦法照顧那麼多囚犯？』結果她聳聳肩回答，『我的職責只是不讓他們死掉。』」

他盯著我問：「美國人為什麼那麼害怕？挪威也漸漸有這種趨勢，越來越多風險評估研究。可是其實挪威歷史上監獄暴動的紀錄只有那麼一次，我們到底要評估什麼東西？為什麼要花大錢購買鎮暴裝備？

「之前高層曾經打算建一個冰上曲棍球場，希望囚犯在冬季也能夠運動。我說了句覺得危險，他們就回答：『沒錯，說不定會拿冰刀互砍。』我說：『互砍？什麼時候有過這種事？我說危險是指那個運動本身容易受傷！』」

看看時間，我告知他們雖然我很希望能一整天留在這裡聽他們闡述進步的制度，但很遺憾必須趕搭火車回去。

「別急、別急，」勒西攔著我：「還有很多可以看，之後我載妳過去，晚一點還有別班車。」這是第一次有監獄不讓我出去，通常都是不給我進入。

太陽快掉到松林後頭。勒西塞給我一張監獄去年製作的音樂劇DVD，劇名是《自由》，他繼續帶我在哈爾登四處走動，感覺像是要我將每個角落都看得清清楚楚：廚藝學校、「罪犯唱片公司」的豪華錄音室、很厲害的風景攝影班將作品製成精美月曆，在紀念品商店我讀到了他們出版的食譜，印刷工坊裡面有大螢幕麥金塔電腦。

「覺得如何？」勒西用手肘輕輕撞了我：「有什麼感想？」感想，其實就是疲憊。有形和無形兩方面都疲憊。在監獄看著囚犯們的處境令人疲憊，感受監獄這種空間的恐怖也令人疲憊。我沒有說出這番心裡話，只是問了熱情的東道主：為什麼挪威要花錢造出這樣一座超高級監獄，尤其考量到國內明明還有許多監獄追不上這樣的水準？

「我也不知道，」他回答：「是個嘗試吧。」

我想這個嘗試很成功。哈爾登監獄傳遞給全世界的訊息，也是勒西試圖傳遞給我的訊息：看看我們如何對待囚犯，你們做不到的話該引以為恥。創造人間煉獄來嚇阻民眾犯罪這項策略顯而易見已經失敗，於是挪威政府決定踏上相反道路，透過哈爾登監獄宣誓以矯治代替懲治並宣揚司法制度品質與文明程度成正比的理念。挪威人可以引以為榮。

「不過我們也未必維持得下去，」勒西說。「妳看，」他指著麥金塔電腦：「金屬都生鏽了，五年以後不知道會變成什麼樣子？」

「生鏽沒有影響啊，」我這樣回答。鏽痕恰好象徵了物質表象，然而哈爾登，或者說挪威整個監獄體系，真正的創新之處卻在於表象底下的人道精神。一如監察員所說，重點在於關係。

勒西開車送我到車站，途中提起：「順便去另一邊看看吧。我之前在那邊工作了二十六年才轉過來。」他指著一個小村莊裡的監獄，那裡關了二十五人。「那裡和我住的村子很像，」勒西解釋：「小小的、很安靜，連房子都長得一樣。」

在轉彎處，一輛車差點兒撞上我們。「這年頭好多人飆車，」勒西嗤之以鼻，開到車站前面停下來：「就是自私，只顧自己好。」

他的一句話懸在我心上。返回奧斯陸的兩小時半車程，我望向窗外，迷失在景致和思緒間。挪威的美與我熟悉的熱帶風情截然不同，沒有孔雀那樣的絢爛奪目，而是冬季裡輕飄飄的樂園，安寧且靜謐。世界沉浸在黑與白，我赫然意識到自己並不懷念繽紛色彩；或許應該說，這世界原本就不需要那樣多顏色，相同並不一定令人窒息，有時候能夠溫柔地撫慰人心。

挪威的本質也許就存在於這片均勻平等的美麗中。我學會了挪威詞彙 *likhet*，意義既是平等，也是相同，可謂一體兩面。這國家的司法制度圍繞 *likhet* 來發展：所有人平等、所有人相同，即使一個人沒犯罪，但另一個人有。

另一個內涵豐富的詞彙是 *Jantelloven*。我初次聽見是在奧斯陸時髦的酒店大廳，當時我正和一位婦人聊了起來。

她讚美酒店採用大膽獨特、華麗張揚的路線，由於這個國家大部分人習慣了平均平等的風格，所以一般而言會避免出風頭。接著她就說出 *Jantelloven*，意思是對於獨特性、對於個體的成就採取輕蔑態度。挪威人不鼓勵大家自認特異或優越。

「這是很棒的概念啊！」我這麼叫道，可是對方瞪大眼睛。

「好在哪兒？這種思想會妨礙成長。」

翌日我就去參觀了監獄人員訓練學院，與研究部門的主任貝莉特．強森（Berit Johnsen）聊起這件事。她說了很多自己的想法和經驗，我聽得非常著迷，後來她還送我一本她的著作，《運動、男性氣概和監獄內的權力關係》（*Sport, Masculinities and Power Relations in Prison*），我稍微翻了翻頗為訝異，內容引用了很多傅柯（Foucault）的理論，還有深入的性別、倫理和政治分析評論。這樣一本大作竟出自矯治官員？我在學院裡面遇見的每個人都和她一樣聰慧，於是話題也從證據和數據慢慢進入哲學層次。

「我懂那位女士的意思。」貝莉特說：「*Jantelloven* 有時候會被詮釋為『不得逾越』。」

「可是，」我情緒有點激動：「也正好反映出美國的個人主義過了頭。資本主義下，大家太自私自利，不為他人著想。」

「從好的角度來看會得到這樣的觀察。」她附和：「在我們這裡，窮人和有錢人確實都只能去一樣的醫院看病，教育經費也可以從公營銀行貸款，所以每個人都能上學。另外有一個叫做 *dugnad* 的制度，就類似義工、服務社區的傳統。文化上我們就注重勞動，勞動工作是得到社會福利的管道，不工作的人會被孤立在社會外。所以我們這兒很少有女性找到有錢老公就不做事，每個人都覺得要有工作才歸屬於社會。」不過後來貝莉特提到挪威也面臨令人憂心的文化變遷。

「新世代的年輕人開始想要出名，想要引領風騷，問題是不可能每個人都爬上去，否則清潔工作誰要做？學校老師誰去當？但現在挪威人想要坐辦公室，以為這樣代表自己很傑出。我們該給孩子的教育是告訴他們平凡人就很棒，每個人都是大我的一部分。」

適量的 *Jantelloven* 可以幫助挪威，也可以幫助全世界。大規模監禁現象不相容於 *Jantelloven* 的概念，只有資本主義造就氾濫的個人主義才會擁戴監獄，因為每個人都將自己置於鄰人之上、置於社會整體之上。如果一個人重視社區、社會多過於自我，便不會嚴刑苛待他人，出乎本能就意識到他即我、我即他、所有人實為一體。若我有所成就，也要歸功於他，若他有何過失，也應究責於我。人類全體一致，我們應當大過於我。

過去的汙點不該成為一生烙印

留在奧斯陸的最後一天，天空飄起雪了。我不在意天氣濕冷，雪舞漫天也實在迷人，老舊房舍、陰暗街道因此面目一新。奧斯陸大學的研習室內坐了多位學者，挪威在批判犯罪學領域有非常深厚的傳統，而且與喜歡科學數據的美國學界不同，他們更加重視哲學面的探討。巨擘之一是尼爾斯・克里斯逖教授，收到我寫信聯絡以後他傳來邀約，希望我可以對教職同仁發表一些感想。能有這個機會我十分雀躍，克里斯逖教授是我在司法正義研究上的導師，我會前往盧安達和南非都是因為讀過他闡揚修復式正義的著作。教授也透過文藝作品的哲思和韻味引領讀者深思社會公平的問題，同樣給我很大啟發。

「貝茲，說說看，」他遞給我醃鮭魚和雞蛋三明治之後為我引導話題：「來參觀以後有什麼想法？或者在其他國家有什麼見聞？」

我敘述了自己的監獄之旅，由廣至深，一開始是針對如何定義報復、寬恕，以及矯治的大方向，後來進入實務層面的監獄經濟問題，例如澳洲或新加坡的例子。結論是所有國家都呼應了曼德拉的想法，而他那句話也成為我旅程的濫觴：監獄是社會所創造，也如同鏡子一樣反映出社會的狀態。

低頭看著稿子，我感觸很多、想說的很多。兩年的全球旅程，親身體驗可以從三個面向來切入。

首先，我們的目標很簡單，就是克里斯逖教授在《縮限苦痛》（*Limits to Pain*）一書中所提及：「施加的痛苦越少越好。」他感性指出人生已有太多哀痛，地獄般的環境實在不必要。

第二，是我們應當將焦點集中在社會體制而非個人行為。監獄最原始的發想就是政治經濟的工具，背後主導者是貪求金錢與權力的少數人，這一點我在不同國家看到了同樣真相。

南非、巴西、澳洲，尤其是美國，人的生命選擇受到社會力量、種族階級、歷史上的不公不義、甚至生理現實控制。因此我們必須發揚英國哲學家強納森・葛洛佛（Jonathan Glover）提出的「理智雙向觀」（intellectuak binocularity），也就是人類在認知自己主動的行為時，必須意識到自己兼具被動接受的角色，優劣成敗有太多影響因素，絕非自己一人所決定；若理解了這點，面對人我的好與壞就能更加謙虛仁慈，衍生出的不是壓迫而是再造。

第三，舉證責任不應歸於我方，而是對方。不是反對監禁制度的人必須提出如何抑制犯罪，而是支持監禁制度的人才應該面對問題，因為就邏輯來看，要是一個系統的失敗率高達六成（這是指美國更生人的再犯率，但全球多數國家的數據也沒有比較好看），正常人應該會選擇砍掉重來才對。所以對話主題不該是監禁以外有什麼替代方案，監禁根本只能視為最後手段，所有辦法都無效時才執行。美國學者麥可・唐瑞（Michael Tonry）曾經將監獄比喻為吃藥，看似治好一個症狀，卻又因為副作用引起別的問題。還有指標性的學者安吉拉・戴維斯（Angela Davis）也提出「廢除式民主」（abolition democracy），她認為如同當年解放黑奴不只是終結奴隸制度，也要建立新的體制取代，若要廢除監獄，過程不只是拆，還要重建。「廢除監獄，」她在著作中說：「前提是大眾認清現行社會秩序存在錯綜難解的瑕疵，必須進行劇烈的變革。」而過程包括「制度、思想、策略的重整，只有創造新制度、新思想和新策略，才能夠根除監獄」。

根據我在這些國家的體悟，所謂「重整」或許可以分為三個大項，也就是獄前、獄中、獄後。獄前這部分最關鍵，刑罰無論如何不可能成為社會福利的替代方案，每個政府需要付出更多心力改善引發犯罪的環境根源，如此一來監獄自然派不上用場。比方說降低失業率和社會不平等，數據已經顯示人民所得嚴重不均的國家，命案比例相比於收入均等的國家超過四倍。挪威的國情與福利制度都是很好的參考，但同時美國其實也有新風潮，已經吹入過半州，名為「司法再投資」（Justice Reinvestment），內容是將美國原本想用於監獄的五百四十億元挪到社區資源與基礎建設上，彌補大規模監禁造成的破壞。

回歸本質，其實和醫療保健一樣，預防勝於治療，強化社區功能和更能解決問題的政策才是正途，如牙買加、巴西、南非、以至於美國，採取壓迫手段是不會生效的。尤其毒癮者和精神問題者，必須以截然不同的思考來因應才能攪動死水。廢止強制刑期制度，終結「一體適用」的刑罰理念，不只是美國、新加坡或者泰國，即便在挪威，我也遇見因吸食海洛因而被判處十六年徒刑的年輕人。美國許多州已經展開行動，放寬最低刑期、對毒品犯罪實行更全面的司法裁量。

二〇一一年，包含聯合國前祕書長科菲・安南（Kofi Annan）在內的許多世界領袖出席全球毒品政策委員會（Global Commission on Drugs），他們公開宣布「全球對毒品宣戰已告失敗」，之所以失敗是因為過度強調刑罰卻不重視預防和治療，還建議各國修改法律，以規範取代禁制。我們應當追隨歐洲腳步，尤其從德國與荷蘭借鏡，旅程沒有包括這兩地反而是因為他們的成功舉世皆知，政策著重降低毒品可能造成的傷害，深耕醫療、預防、治療以及規範。至於精神疾病，重點自然也該放在醫療院所而不是監獄。以荷蘭為例，法律規定被告應接受各領域專家諮詢，包括精神科醫師、心理學家、社工、行為治療師、律師以及法官。

其他犯罪行為則根本無需區隔「暴力」或「非暴力」，畢竟針對犯行加以處罰這件事本身就充滿道德爭議，目標應以修復為主。盧安達和南非很具參考價值，再看看歐洲數據，僅少部分判決確定的罪犯真正進入監獄服刑（德國為百分之六，荷蘭為百分之十）。他們以罰金、調解、社區服務取代，還有類似緩刑的延遲刑期制度。荷蘭法律規定若法院要執行拘禁必須特別提出理由，否則平時應以「交易」或「勞罰」兩種懲處形式為主。所謂交易就是犯罪者繳交罰金給國庫、達成一定的經濟水準或者參與職業訓練；而勞罰與盧安達TIG公共服務營類似，犯罪者以貢獻社區來贖罪。挪威也是採相同態度，逐漸對刑期四個月以下的犯人採電子監控而非坐牢。

即使經過大刀闊斧的社會改革，一定還是有人無法活在自由社會，因為他們對別人造成威脅；也有人必定得離開社會一段時間、接受矯治，然後回來做彌補。針對後面這個群體，我們不需使用現行的監獄，可以另外成立一種機構，姑且稱之為干預體系吧。干預體系可以學習古時候最初期的監獄，是一個治癒心靈的過渡階段，一方面讓受害者沉澱情緒、計算自己的需求，另一方面讓加害者自由受限之後可以好好面對自己的所作所為。

干預體系的目標是促使加害者面對自我以及自己做出的不良決定，過程可以納入我在烏干達、牙買加、泰國、挪威、美國、澳洲、巴西、南非等地看見的療癒性活動，包括戲劇和音樂，閱讀與寫作，還有修復式正義集會——簡而言之，目標是真正的矯治和修復。克里斯遜教授在其著作《適量的犯罪》（*A Suitable Amount of Crime*）中指出，修復（restoration）的字源來自古北歐語（Old Norse），意義是重新建造房屋的地基。

北歐人念茲在茲的格言也很重要：**如何待人，人就會如何**。家人探視、犯人請假返家不但應當予以容許，還該多多鼓勵，進入機構內的人享有充分自治也擔負充分責任。干預機構必須接受系統性且統一標準的審查評分，保持公開透明，因為一旦脫離大眾視野，機構就不再屬於社會。與教育相同，規模以及工作人員數量是最重要的指標，機構應當小，盡量尋找最傑出的人來塑造最健康的環境，就像我在澳洲和挪威本地所見。

「只有像他（曼德拉）一樣的人，才能做到釋放的不只是囚犯，還包括獄卒。」這是歐巴馬總統在曼德拉葬禮上的致詞。一如奴隸制度剝奪奴隸和奴隸主雙方的人性尊嚴，歹毒的監獄制度囚禁的不只是人犯，也禁錮了維繫制度的人員。

干預體系不會將人留住太久。我們應當學習挪威，盡可能縮短刑期。二〇一四年美國國家科學委員會的報告指出，數據顯示重刑沒有發揮嚇阻犯罪的作用；二〇一二年澳洲研究也得到同樣結論。矯治過程的效果反而相對快速，犯罪者也因此更快進入彌補階段。

犯罪者獲釋後不該因為坐過牢而一輩子受折磨，否則等於否決了人性。比較挪威和美國，我們不應當在網路設置任何人都可以查詢的前科紀錄資料庫，過去的汙點不該成為一生烙印。犯罪紀錄僅限於司法單位調閱，不該對外開放。還可以學習新加坡，努力提高離開干預體系以後的就業率；紐約州已經對配合政策的企業開出抵稅獎勵，而且額度不必局限在州政府目前規定的兩千四百美元。美國部分州政府禁止僱主在文書資料或面試初期詢問求職者的前科紀錄，這項政策應該全面實施。最重要的是透過廣告、行銷、公共論述以及其他各種手段扭轉文化趨勢，大眾不應對危險過分恐慌，必須寬恕和凝聚社區共識。那樣的文化才能真正理解曾為囚犯的俄國小說家索忍尼辛（Alexander Solzhenitsyn）為何寫下：「要是一切都那麼簡單就好了！要是真的在某個地方有一群壞人，所有惡毒罪孽都是他們幹的，那麼只要將這群人隔絕起來全部消滅就好了。但是善與惡的界線存在於所有人類的心中，有誰願意毀掉自己心智的一部分嗎？」

一開始我想講這麼多。

不過最後我沒有真的在研討室內高談闊論。親眼見到精神導師以後我退卻了，只平淡陳述了在挪威的見聞，覺得多麼特別又與期望相符。

克里斯逖教授淺淺一笑，彷彿隔空溫柔地拍拍我的頭。「之前我受邀去貝斯托伊監獄，同時對管理人員和囚犯發表演講，」他開口緩緩說道：「那是個美麗的夏日，島上風景漂亮極了。山、海、動物，貝斯托伊看起來是大家心目中理想的避暑勝地。演講結束以後，我朝著囚犯拋出一個問題。我說：『假如刑期結束，各位可以繼續住在貝斯托伊而且不收取房租，誰願意留下來？』經過一陣遲疑，他們面面相覷，神情緊張看了看管理人員。最後終於有人大喊：『才不要！』

「日後只要我開始以為挪威的監獄很人道，那句叫喊就會在我腦海重現，『才不要！』事實上，即便是挪威，囚犯依舊承受痛苦和汙名，而且因為這裡表象比較令人安心，所以反而更難揭穿真相。因為好名聲，結果更難推動人權。我們這兒並不是完美無缺。」

我點點頭，其實原本我就有這樣的認知，而且腦袋裡冒出一些線索。相較其他國家，這裡幾乎沒有種族議題，同為北歐民族的囚犯與具投票權的自由公民沒有外貌分別，因此大眾對囚犯產生認同感比較簡單。

此外，我注意到真正留在監獄內的依舊是窮人和毒癮者，本地再犯率很低有一個原因是如酒駕或意圖犯罪這種微罪也可以判處徒刑，但那種罪名原本再犯機率就很低。然而，監獄裡面其實有三成外來民族，多半是東歐人，這個族群的再犯數據可就不小，尤其他們被遣返出境後常常立刻再偷渡回來。

參觀哈爾登監獄時，勒西也曾面露歉意帶我進入陰森的禁閉室。牆壁上散布抓痕，與我在巴西看到的同樣令人毛骨悚然。我得知禁閉一天會換算成刑期的一天半，不過挪威沒有限制禁閉時間上限。另外，其實從歷史角度觀察，這個國家並非沒有黑暗面，儘管不像歐洲其他國家有過殖民期，政府也曾經公開致歉，因為二次大戰期間挪威主動將境內超過三分之一的猶太人運送到集中營受死。

後來我心裡感覺比較踏實了，就和克里斯遜教授提起在哈爾登訪問了陶藝班，遇見幾個囚犯，裡頭有一位好像不到十九歲，右眼底下有三個刺青小點。

「這裡很棒啊，」他的笑聲有些許得意：「第一天進來的時候我真的大笑了。這是監獄，哈！」

隔壁的男子雕塑著陶土面具，造型模仿孟克（Edward Munch）的經典之作《吶喊》，我之前才在挪威國家美術館看到真跡。他聽見這對話，忽然抬起頭。

「真的？」男子悶哼：「我當初笑不出來，現在還是笑不出來。」撂下這句話，他又繼續捏陶。

和克里斯逖教授分享這個故事以後，我又提到紐約班上學生對於奧提斯維爾的第一印象。那裡有翠綠山麓，到了秋天一片紅褐色也很美。

「很漂亮的地方，」他們起初也發出讚嘆聲。

可是誠如水手威戈所言，監獄就是監獄，無論景色多美、平板電視多大都不能填補囚犯的寂寞隔閡，以及坐牢導致的人生停滯。我懷疑眼下有刺青的少年雖然臉上掛著笑容，內心深處卻不斷哭泣。我感覺得到他的逞強，或者說甘願沉溺表象：總有人說「哈爾登監獄像是五星級酒店」，他聽了許多次，於是說服自己相信。縱使他真的笑了，不也一樣悲哀嗎？假如監獄比外界還好，那麼社會到底給了大眾什麼樣的生活環境？

「妳說得很對，」克里斯逖教授點頭。

我問教授對於新納粹主義者安德斯・布雷維克（Anders Behring Breivik）有何看法。二〇一一年他犯下「挪威爆炸和槍擊事件」，在奧斯陸公家機關大樓安裝炸彈炸死八人，不久後又到烏托亞島工黨夏令營地開槍掃射奪走六十九人性命，可謂挪威司法制度面對過的最大考驗。

「他的確需要『痛苦宅配』（pain delivery）服務。」克里斯逖喜歡以這名詞取代監獄，《縮限苦痛》書中解釋因為它「聽起來很像牛奶宅配」，彷彿因此天然無害了。「痛苦宅配到了這個時代，演變為追求穩定、效率、衛生的業務，」他寫道：「簡直和宅配流程一樣。」

教授進一步回答他對挪威政府最後的做法深感驕傲。審判在修復式正義概念下進行，包括倖存者和死者家屬在內所有受害人都可以直接在法庭發言，而且每一位都個別得到法律協助，於是總共出動一百七十六名律師。最後由五位代表組成的審判團無異議通過處以二十一年徒刑。在挪威，除非是戰爭罪或種族屠殺，否則無論如何最高就只有二十一年刑期，換算起來每條人命不到一百天。布雷維克待的監獄與哈爾登環境類似，可以通過函授課程上大學，生活條件與一般人無異，因為目標是矯治。當然，前提是他可以改變，大家都明白世界上有些人無法矯治成功。不過，民調顯示挪威社會對於這個判決異常欣慰。

「最值得稱許的一點是，」克里斯逖說：「沒有出現歇斯底里的反應，也沒有醞釀出仇恨恐懼。」雖然布雷維克的罪行違反了愛、接納、多元這些價值，大眾卻完整地表現出來了。群眾運動興起，以玫瑰花象徵寬恕精神，許多人將花束放在各地紀念碑前致哀，政府也暫時免除關稅，以求所有民眾都能負擔購花費用。

和盧安達相同，一場悲劇轉化為社會凝聚共識的機會，沒有被報復和仇恨撕裂。可是九一一事件以後的美國並非如此，公共論述聚焦在如何以牙還牙、自我中心的愛國沙文主義，人民心靈受恐懼統治，政府也以宣戰作為回應，冤冤相報永無寧日。安吉拉・戴維斯指出這種政策其實是對整個社會做情緒凌虐，並將之稱為道德想像上的犯罪，因為人民被強逼切斷連結他人苦痛的能力，等同於「抹煞公民的道德和情感」。她還質疑為何「全世界都認同我們哀傷苦痛的時刻，我們自己卻急著認定國家欠缺向心力」？

針對犯罪，我也想提出同樣的疑問。如果當初能把握機會，將我們、他們這兩個概念從對立（us-versus-them）轉化為平行（us-and-them）會是怎樣的光景？如果不加深隔閡，而是更深切體會到所有人緊密相連，每個個人的行為都能夠影響到許多人，那該有多好？或許就是所謂的世界大同。

午後又降雪了，雪花在街燈下舞動。時間晚了，其他教授紛紛離去，克里斯逖留下來繼續與我分享想法。

「我們的職責就是締造出人民最為睿智的社會，以及一般人都可以好好打理生活的體制。」他反對幼稚園，因為幼稚園將照顧發展之初的孩童轉化為營利事業，不再是所有公民的共同責任。克里斯逖反而認同小型村鎮和少數民族區（ghetto），居民可以照顧、教育、保護彼此，而且各種改革只要全體集會就能推動，不需透過繁瑣的議會和選舉。他主張報紙和各種主流媒體都應該由教授等級的學者撰寫，而且行文風格要直白易懂、老嫗能解。關於毒品，他覺得真正危險來自於「大家覺得毒品太危險，所以連相關的教育都不該提供」。克里斯逖也描述挪威的山中大會（Meeting in the Mountains），活動時受監禁的人、監獄管理人員以及學者齊聚一堂，在度假地滑雪、對話、推動監獄內外的進步改革。

過程中我不斷讚嘆這位八十六歲老先生的擇善固執，他至今仍能以孩童的純真目光觀察世界，不停質疑既存體制、結構，以及大部分人視為理所當然的觀念，也因此成為司法上的真英雄。我忽然意識到原來司法的對立面並非犯罪或不公不義，而是故步自封。正是因為社會故步自封，我才選擇踏上監獄之旅。於是我頓時明白為何以前每當對監獄似乎感覺自在些了，內心深處就湧出一股憂懼，原來並不只是害怕自己的理智陷入惰性，而是擔心我失去追尋司法正義的熱情。

接著我想起出獄進入約翰傑就讀的學生。我的課堂內容通常圍繞兩個主題，也就是種族和司法，好幾週時間大家一起質疑社會普遍接受的意識形態，學生多半舉手發問：「那答案到底是什麼？」我只能告訴他們：答案就是疑問本身。這不是故弄玄虛，而是現實生活裡的種族和犯罪議題太過龐大，無法以美麗的辭藻帶過。人性本就複雜矛盾，要處理人性問題的系統必然得有對應的內涵。我們能做的是持續提出疑問，挑戰成見和各種僵化信念。過去兩年我看見同樣醜陋的結構擴展到全球各地，烏干達、巴西、澳洲，因此我們不得不警覺了。為何文明會停滯至此？人類怎可如此怠惰？我深信人類具有想像、革新與創造的力量，監獄是一個失敗的發想，一個真正的悲劇。

「我並不認為這裡的制度夠好，一定還有可以改進的地方。」培訓學院的貝莉特・強森也這麼說過，這句話撥動我心弦，原來看似烏托邦的國度也還有努力空間。這條路通往我的追尋——司法的目標是精益求精（do better）。愛是行為、司法是動詞，正義則是旅程，不應停滯、不可自滿，絕對不能鬆懈。司法正義做為運動，必須動起來。

英勇將是普遍的人性，而不限於特定少數

旅程結束回家了，我自己也出現釋後矛盾症狀，感受到隔閡、孤單。然而，透過在監獄裡面接觸到的生命，我又獲得無比深厚的連結。進入過集中營還僥倖生還的維克多・弗蘭克（Victor Frankl）在《活出意義來》（*Man's Search for Meaning*）書中解釋這樣的心理狀態：「一個人越能忘記自我，越是將心力用在貢獻或愛，人性就會越豐富，也越能實現自我。所謂自我實現不是達成某個具體的目標，一個人越是汲汲營營於自我實現，就越不可能自我實現，實現自我是在超越自我時連帶發生的效應。」

在自己家鄉的監獄世界裡，我與直升班的兩個學生失去連繫。釋放以後他們說要參觀學校，結果人不見了，原本還提過要註冊。查詢網路上獄友名單也沒看見他們的名字。還好，至少沒有再回去坐牢。

接著我與世界各地的監獄通訊。強納森從南非捎來消息，新一波的修復式正義工作坊已經展開，葛斯溫表現良好、一直記得和我的談話，不過人還在牢裡，也需要支持扶助。

桑托斯寫信告知盧安達那邊的監獄參觀計畫很順利。他說起自己和其他青年朋友們的學習心得，我讀了心一揪：「永不放棄。努力使上一代明白唯有和解能夠為國家帶來恆久和平。彼此信賴。即使種族屠殺摧毀了人際關係，但要保持信心，我們可以修補裂痕。透過覺察他人達到寬恕，並營造寬恕的文化。年輕世代不必極端，思想應有彈性。我們無須成為殘酷歷史的奴隸。培養訴說真相的習慣，擁抱愛。」

巴西的瑪拉與安德烈、澳洲的布蘭特、泰國的娜帕蓬也都和我保持通信，各地逐步向前。挪威的監獄讀書會寄給我一大袋的信和詩，希望與奧提斯維爾的班級分享。最戲劇性的是烏干達，我離開那兒已經過了一年多，非洲監獄計畫將一封信的掃描圖檔傳送過來，是之前教過的學生威爾森所寫：「寫作班的同學們很想念妳，非常感謝妳在創意寫作方面的指導。大家都維持寫作習慣，也許有一天妳能讀到作者是威爾森的書……我的刑期快要結束了，請代我向那邊監獄和大學班上的同學問好，轉告有人愛著他們、為他們禱告。我誠摯希望那裡的獄友們都能成為好公民。」

信件署名是「波瑪區長巴法齊．威爾森，監獄創意寫作班班長」。

過了沒幾天，凌晨四點二十三分，我的電話忽然響了，顯示來電者不明。

「貝茲！」竟是威爾森。我沒問他如何能從監獄打電話過來，但勉勵了他：只剩半年。幾個月以後，就是我從巴西回美國那一次，又是早得離譜的一通電話。「貝茲！」威爾森叫了起來，然後哭著說：「我好高興，貝茲。三年兩個月，我終於出來了。」

而且他找到新家。當初不明白為什麼我對監獄很執著的年輕朋友艾爾替威爾森先墊了一個月房租。等我從挪威回國，接到艾爾的電話，他表示正在籌備社會復歸計畫，在囚犯和外界工作機會之間搭起橋樑。我聽了眼睛一酸冒出淚，果然改變會在人與人、心與心之間渲染——並非源自於我，一個外地人，而是發自大家內心。

來自各地的訊息解釋了為什麼我總能樂觀以對。旅途使我見識到世界上真的有地獄，那些體驗留下不可磨滅的內心轉變：現在的我是個更好的教師，能夠將地圖上司法問題的點串連成線，憤怒和悲哀都更深刻了，因為我見證了人類文化最黑暗的一面。

但同時，在各國的各個監獄，我看見人性最燦爛的光輝。縱使制度殘缺不全，仍有許多人忍耐、跨越重重難關，許多有能力的人也試圖扭轉現況。黑暗越深沉，英雄們就越閃亮。心理學家菲利普・津巴多（Philip Zimbardo）認為，即使漢娜・鄂蘭提出平庸的邪惡，世人卻應該追求平庸之勇，如此一來「英勇將是普遍的人性，而不局限於特定少數」。

基於平庸之勇的概念，每當有人問我：面對大規模監禁、大規模司法不公這類看似難以撼動的社會議題，除了捐款給相關組織以及參加造勢活動之外，究竟還能做些什麼？我的回答十分簡單：保持覺知，了解問題，試圖找出解決方案，將資訊傳遞給所有願意傾聽的人。親人朋友、公車司機、街角邂逅的路人都無所謂。只要有心，人人都能成為教育家。在別人心中播種，也許就能萌芽成長，開花結果。艾爾是最好的例子，當時只是一起觀光、一起欣賞雷鬼音樂，結果無心插柳柳卻成蔭。雖然現實環境的改變仰賴於政策改革，但是不要忘記政策改革又仰賴於大眾心態的轉變，這是所有人共同肩負的責任。

我在挪威停留的時間並不長，可是這短短時日中，我仍然看見世界正向發展的點點滴滴。紐約有三所大學同意未來入學申請書上不再詢問前科紀錄，美國自由公民聯盟收到成立以來最大一筆補助金，並用於降低監禁率。美國司法部長埃里克．霍爾德（Eric Holder）數月之後任期屆滿，日前政府宣布歐巴馬總統計畫動用行政赦免權，數萬名聯邦監獄內的毒品犯可以受益，此外也對大規模監禁問題做出多項表態，呼籲尋求替代方案；同時前總統柯林頓與一群官員談話時也指出，「國內的重罪案件有極高比例其實只是少數人行為」，然而政府「好比拿出霰彈槍亂槍打鳥，要大家坐牢坐很久」。二〇一四年美國選舉時估計有五百八十五萬人因為重罪紀錄失去投票權，後來加州通過四十七號提案，將例如入店行竊和持有毒品這種非暴力卻列為重罪的行為改為輕罪，因此一萬人將提早出獄。

種種跡象令我更有信心，監獄改革必定能夠持續，畢竟如今連右翼也稱基於成本考量而加入反監獄行列。威廉．班尼特（William John Bennett）、傑布．布希（Jeb Bush）以及紐特．金瑞契（Newt Gingrich）都參與宥減犯罪（Right on Crime）[3]這個保守派全國性運動，期盼司法制度能撙節費用、採行高本益比的手法降低再犯率，並更加照顧受害者。二〇〇七年，共和黨主導的德州提出二〇一二年之前必須在監獄增加一萬七千個床位，預算高達二十億，但後來議會決定將錢用在以社區為主的替代方案，如緩刑、調解庭、戒毒療程，成果是犯罪率降低二十五個百分點，根本不需要多餘床位。

依照趨勢看來，我們可以期待監獄時代慢慢走向尾聲。它們步入歷史以後，會與頸首枷、斷頭檯作伴，這些刑罰手段的殘酷實驗的退場時機不遠了。

然而，事實上在制度面修修補補，東一點改變、西一點革新，恐怕無法達到馬丁・路德・金遭暗殺前一年慷慨激昂演說中所提及的「價值觀的真正革新」。人類歷史見證了種族主義者和階級主義者緊抓著社會結構不肯接受轉變，吉姆・克勞這個形象重生於大規模監禁，差別只是「有色人種」換成「重罪犯」。經濟考量沒辦法和道德思想相提並論，即便做法正確，但若出發點錯了，仍無法建立永續變革和崇高正義。

此外，眼光不能僅放在美國。雖然美國正試圖除去自己的心魔，也別忘記美國文化養出了巨獸，觸手牢牢攫住地球上許多地區，從大西洋到太平洋、操著不同語言卻是本質相同的監獄。我們出口了一個不理性的系統，監獄史本身在瘋狂和憂鬱之間擺盪，前進、後退，再前進、又再後退；制度整體呈現出此種趨勢，例如秋天開學了，每一個學生入學時，就有另一人即將被逮捕。跨出一步的同時又縮回一步。

所以關鍵在於不斷邁步前行。司法正義本就無盡繁複，必須無窮盡提高自我標準，所以需要更多投入、更多社會運動，經過更多努力和更多失敗，換來更多成功。完成使命、探求意義的航程，動力來自我從不離身且可保心靈永不陷溺的救生衣：它名叫，希望。

3 譯按：此名稱一語雙關，Right是「正確」、「精準」也是「右」翼之意。

參考書目

前言

Adler School Institute on Public Safety and Social Justice. *White Paper on Broken Logic: The Over-Reliance on Incarceration in the United States*. Chicago, 2011.

Alexander, Michelle. *The New Jim Crow: Mass Incarceration in the Age of Colorblindness*. New York: New Press, 2012.

American Civil Liberties Union. "Prisoners' Rights." Accessed January 15, 2015. aclu.org/issues/prisoners-rights

Blackmon, Douglas A. *Slavery by Another Name: The Re-Enslavement of Black Americans from the Civil War to World War II*. New York: Doubleday, 2009.

Butler, Paul. *Let's Get Free: A Hip-Hop Theory of Justice*. New York: New Press, 2009.

Clear, Todd R. *Imprisoning Communities: How Mass Incarceration Makes Disadvantaged Neighborhoods Worse*. New York: Oxford University Press, 2007.

Clear, Todd R., and Natasha A. Frost. *The Punishment Imperative: The Rise and Failure of Mass Incarceration in America*. New York: New York University Press, 2014.

Conover, Ted. *Newjack: Guarding Sing Sing.* New York: Doubleday, 2010.
Cusac, Marie-Ann. *Cruel and Unusual: The Culture of Punishment in America.* New
Haven: Yale University Press, 2009.
Davis, Angela Y. *Are Prisons Obsolete?* New York: Seven Stories Press, 2003.
——. *The Prison Industrial Complex.* Audio CD. Oakland, CA: Ak Press, July 1, 2001.
Dilts, Andrew. *Punishment and Inclusion: Race, Membership, and the Limits of American Liberalism.* New York: Fordham University Press, 2014.
Drucker, Ernest. *A Plague of Prisons: The Epidemiology of Mass Incarceration in America.* New York: New Press, 2013.
Garland, David. *The Culture of Control: Crime and Social Order in Contemporary Society.* Chicago: University of Chicago Press, 2002.
——. *Peculiar Institution: America's Death Penalty in an Age of Abolition.* New York: Harvard University Press, 2010.
——. *Punishment and Modern Society: A Study in Social Theory.* Chicago: University of Chicago Press, 1993.
Gilmore, Ruth. *Golden Gulag: Prisons, Surplus, Crisis, and Opposition in Globalizing California.* Los Angeles: University of California Press, 2007.
Glazek, Christopher. "Raise the Crime Rate." *n+1,* Winter 2012.
Gonnerman, Jennifer. "Before the Law." *New Yorker*, October 6, 2014.
Gopnik, Adam. "The Caging of America." *New Yorker*, January 30, 2012.
Herivel, Tara, and Paul Wright, eds. *Prison Nation: The Warehousing of America's Poor.* New York: Routledge, 2003.
Human Rights Watch. "Human Rights Watch Daily Brief." April 2, 2015. hrw.org/the-day-in-human-rights
International Centre for Prison Studies. "International Centre for Prison Studies." 1997. Accessed February 11, 2015. prisonstudies.org
International Penal and Penitentiary Foundation. "International Penal and Penitentiary Foundation." Accessed April 5, 2015. international penalandpenitentiaryfoundation.org

Jacobsen, Dennis A. *Doing Justice: Congregations and Community Organizing*. Minneapolis: Fortress Press, 2001.

James, Joy, ed. *States of Confinement: Policing, Detention, and Prisons*. New York: Palgrave Macmillan, 2002.

Kerby, Sophia. "The Top 10 Most Startling Facts About People of Color and Criminal Justice in the United States: A Look at the Racial Disparities Inherent in Our Nation's Criminal-Justice System." *Center for American Progress*. March 13, 2012. Accessed March 20, 2015. americanprogress.org/issues/race/news/2012/03/13/11351/the-top-10-most-startling-facts-about-people-of-color-and-criminal-justice-in-the-united-states/

Marshall Project. "The Marshall Project." May 3, 2015. Accessed May 3, 2015. themarshallproject.org

Morris, Norval, and David J. Rothman. *The Oxford History of the Prison: The Practice of Punishment in Western Society*. New York: Oxford University Press, 1998.

Moskos, Peter. *In Defense of Flogging*. New York: Basic Books, 2013.

Nagel, Mechthild and Seth N. Asumah, eds. *Prisons and Punishment: Reconsidering Global Penality*. Africa World Press, 2007.

Penal Reform International. "Penal Reform International." Accessed February 1, 2015. penalreform.org

Perkinson, Robert. *Texas Tough: The Rise of America's Prison Empire*. New York: Henry Holt, 2010.

Place, Vanessa. *The Guilt Project: Rape, Morality, and Law*. New York: Other Press, 2009.

Porter, Eduardo. "In the U.S., Punishment Comes Before the Crimes." *New York Times*, April 29, 2014.

Rideau, Wilbert. "When Prisoners Protest." *New York Times*, July 16, 2013.

Rodriguez, Dylan. *Forced Passages: Imprisoned Radical Intellectuals and the U.S. Prison Regime*. Minneapolis: University of Minnesota Press, 2006.

Roth, Michael P. *Prisons and Prison Systems: A Global Encyclopedia*. Westport, CT: Greenwood, 2006.

Schlosser, Eric. "The Prison-Industrial Complex." *Atlantic*, December 1998.

Sentencing Project. "The Sentencing Project." Accessed April 4, 2015. sentencingproject.org

Shannon, Sarah, and Chris Uggen. "Visualizing Punishment." *Society Pages*, February 1, 2013. Accessed February 1, 2013. thesocietypages.org/papers/visualizing-punishment

Smith, Caleb. *The Prison and the American Imagination*. New Haven: Yale University Press, 2009.

Stageman, David L., Robert Riggs, Jonathan Gordon, and Ethiraj G. Dattatreyan. "Moving the Needle on Justice Reform: A Report on the American Justice Summit 2014" (PDF). John Jay College of Criminal Justice / CUNY Graduate Center. New York: Tina Brown Live Media, 2014.

Sudbury, Julia. *Global Lockdown: Race, Gender, and the Prison-Industrial Complex*. New York: Routledge, 2004.

Thompson, Heather Ann. "Why Mass Incarceration Matters: Rethinking Crisis, Decline, and Transformation in Post War American History." *Journal of American History* 97, no. 3 (2010): 703–34.

Wehr, Kevin, and Elyshia Aseltine. *Beyond the Prison Industrial Complex: Crime and Incarceration in the 21st Century*. New York: Routledge, 2013.

Wolfers, Justin, David Leonhardt, and Kevin Quealy. "1.5 Million Missing Black Men." *New York Times*, April 5, 2015.

1 報復與和解 ▌盧安達

Beyond Conviction. DVD produced by Jedd Wider, Todd Wider, and Megan Park, directed by Rachel Libert. Via Buksbazen, 2006.

Boonin, David. *The Problem of Punishment*. New York: Cambridge University Press, 2008.

Gilligan, James. *Violence: Reflections on a National Epidemic*. New York: Vintage Books, 1997.

Golash, Deirdre. *The Case Against Punishment: Retribution, Crime Prevention, and the Law*. New York: New York University Press, 2006.

Gourevitch, Philip. *We Wish to Inform You That Tomorrow We Will Be Killed with Our Families: Stories from Rwanda*. New York: Macmillan, 1999.

Hatzfeld, Jean. *Machete Season: The Killers in Rwanda Speak*. New York: Farrar, Straus and Giroux, 2005.

Minow, Martha. *Between Vengeance and Forgiveness: Facing History After Genocide and Mass Violence*. Boston: Beacon, 1998.

Rwanda. "Kampala Declaration on Prison Conditions in Africa." May 1, 2015. Accessed May 1, 2015. penalreform.org/wp-content/uploads/2013/06/rep-1996-kampala-declaration-en.pdf

Seneca. *Moral and Political Essays*. Edited by J. F Procope, translated by John M. Cooper. New York: Cambridge University Press, 1995.

Staub, Ervin. *The Roots of Evil: The Origins of Genocide and Other Group Violence*. New York: Cambridge University Press, 1992.

Tertsakian, Carina. *Le Château: The Lives of Prisoners in Rwanda*. New York: Arves Books, 2008.

Tutu, Desmond. *No Future Without Forgiveness*. New York: Doubleday, 1999.

Whitworth, Wendy A. *We Survived: Genocide in Rwanda: 28 Personal Testimonies*. New York: Quill Press, 2006.

2 對不起｜南非

Arendt, Hannah. *The Human Condition*. 2nd ed. Chicago: University of Chicago Press, 1998.

Drabinski, John E. "Race, Apology, and Ani DiFranco" (blog). December 30, 2013. hutchinscenter.fas.harvard.edu/news/hutchins/john-drabinski-race-apology-and-ani-difranco

Enright, Robert D., and Bruce A. Kittle. "The Meeting of Moral Development and Restorative Justice." *Fordham Urban Law Journal* 7, no. 4 (1999): 337–48.

Gobodo-Madikizela, Pumla. *A Human Being Died that Night: A South African Woman Confronts the Legacy of Apartheid*. New York: Houghton Mifflin Harcourt, 2004.

Griswold, Charles. *Forgiveness: A Philosophical Exploration*. New York: Cambridge University Press, 2007.

Harvard University Department of Sociology. "Boston Reentry Study." January 27, 2014. Accessed April 2015. asca.net/system/assets/attachments/6214/D%20-%20Boston%20Reentry%20Study%20Summary%20Overview.pdf?1375990136

Kelln, Brad R. C., and John H. Ellard. "An Equity Theory Analysis of the Impact of Forgiveness and Retribution on Transgressor Compliance." *Sage Journal of Personality and Social Psychology* 25 (1999): 864–72.

Lawrence, Ed, and C. R Snyder. "Forgiving: Coping with Stress: Effective People and Process." *Journal of Family Therapy*, 2001, 50–62.

Loury, Glenn. "A Nation of Jailers." *CATO Unbound: A Journal of Debate*, March 11, 2009. Accessed April 2015. cato-unbound.org/2009/03/11/glenn-loury/nation-jailers

Orcutt, Holly K., Scott M. Pickett, and E. Brooke Pope. "Experiential Avoidance and Forgiveness as Mediators in the Relation Between Traumatic Interpersonal Events and Posttraumatic Stress Disorder Symptoms." *Journal of Social and Clinical Psychology* 24, no. 7 (2005): 1003–29.

Orth, Ulrich, Leo Montada, and Andreas Maercker. "Feelings of Revenge, Retaliation Motive, and Posttraumatic Stress Reactions in Crime Victims." *Journal of Interpersonal Psychology* 21, no. 2 (2006): 229–43.

Plante, Thomas G., and Allen C. Sherman, eds. "Faith and Health: Psychological Perspectives." *Journal of Guilford*, 2015: 107–38.

Reed, Gayle L, and Robert Enright. "The Effects of Forgiveness Therapy on Depression, Anxiety, and Posttraumatic Stress for Women After Spousal Emotional Abuse." *Journal of Consulting and Clinical Psychology* 74, no. 5 (2006): 920–29.

Schwartz, Sunny, and David Boodell. *Dreams from the Monster Factory: A Tale of Prison, Redemption, and One Woman's Fight to Restore Justice to All*. New York: Scribner, 2009.

South Africa. "Restorative Justice." 2014. Accessed January 10, 2015. *RestorativeJustice.org*

Steinberg, Jonny. *The Number: One Man's Search for Identity in the Cape Underworld and Prison Gangs*. Cape Town: Jonathan Ball, 2004.

Turney, Kristin. *Stress Proliferation Across Generations? Examining the Relationship Between Parental Incarceration and Childhood Health*. Irvine: University of California Press, 2015.

Twersky, Isadore, ed. *A Maimonides Reader*. Library of Jewish Studies. Springfield, MA: Behrman House, 1972.

Walton, Elaine. "Therapeutic Forgiveness: Developing a Model for Empowering Victims of Sexual Abuse." *Clinical Social Work* 33, no. 2 (2005): 193–207.

Wiesenthal, Simon. *The Sunflower: On the Possibilities and Limits of Forgiveness*. New York: Knopf, 2008.

Wilson, Kevin M., Timothy D. Wilson, and Daniel T. Gilbert. "The Paradoxical Consequences of Revenge." *Journal of Personality and Social Psychology* 95, no. 6 (2008): 1316–24.

Worthington, Everett L., Jr. *The Pyramid Model of Forgiveness: Some Interdisciplinary Speculations About Unforgiveness and the Promotion of Forgiveness*. Philadelphia: Templeton Foundation, 1998.

Worthington, Everett L., Jr, Jack W. Berry, and Les Parrott III. "Unforgiveness, Forgiveness, Religion, and Health." *ResearchGate*, 2001: 107–38.

Worthington, Everett L., Jr., et al. "Forgiveness and Justice: A Research Agenda for Social and Personality Psychology." *Journal of Consulting and Clinical Psychology*, 2006: 337–48.

Zehr, Howard. *Changing Lenses: A New Focus for Crime and Justice*. New York: Herald Press, 1990.

_____. *The Little Book of Restorative Justice*. Intercourse, NY: Good Books, 2002.

3 牢籠裡的藝術 ▌烏干達與牙買加

Andrinopoulos, Katherine, et al. "Homophobia, Stigma and HIV in Jamaican Prisons." *Culture, Health, and Sexuality: An International Journal for Research, Intervention and Care* 13, no. 2 (2015): 187–200.

Brown, Ian, and Frank Dikotter. *Cultures of Confinement: A History of the Prison in Africa, Asia and Latin America*. Ithaca, NY: Cornell University Press, 2007.

Freire, Paulo. *Pedagogy of the Oppressed*. 30th Anniversary Edition. New York: Bloomsbury, 2014.

Halperin, Ronnie, Suzanne Kessler, and Dana Braunschweiger. "Rehabilitation Through the Arts: Impact on Participants' Engagement in Educational Programs." *Journal of Correctional Education* 63, no. 1 (2012): 6–23.

Jamaica Constabulary Force. "Jamaica Constabulary Force." March 2012. jcf.gov.jm

Jarjoura, Roger G., and Susan T. Krumholz. "Combining Bibliotherapy and Positive Role Modeling as Alternative to Incarceration." *Journal of Offender Rehabilitation* 28, nos. 1–2 (1998): 127–39.

Kidd, David C., and Emanuele Castano. "Reading Literary Fiction Improves Theory of Mind." *Science*, n.s., 342.6156 (2013): 377–80.

Matshili, Edna. "Jailhouses: Life in Ugandan Prisons." *Consultancy Africa Intelligence*. September 2, 2011. Accessed March 5, 2015. http://consultancyafrica.com/index.php?option=com_content&view=article&id=842:jailhouses-life-in-ugandan-prisons&catid=91:rights-in-focus&Itemid=296

Mendonca, Maria. "Prisons, Music, and Rehabilitation Revolution: The Case of Good Vibrations." *Journal of Applied Arts & Health* 1, no. 3 (2010): 295–307.

Prison Arts Coalition. *Prison for Arts Coalition Music*. 2008. Accessed April 5, 2015. theprisonartscoalition.com

Salzman, Mark. *True Notebooks: A Writer's Year at Juvenile Hall*. New York: Vintage Books, 2007.

Sarkin, Jeremy, ed. *Human Rights in African Prisons*. Vol. 10. New York: HSRC Press, 2008.

Schonteich, Martin. "Hidden Cruelties: Prison Conditions in Sub-Saharan Africa." *World Politics Review*, 2015. Accessed April 30, 2015. worldpoliticsreview.com/articles/15366/hidden-cruelties-prison-conditions-in-sub-saharan-africa

Silber, Laya. "Bars Behind Bars: The Impact of a Woman's Choir on Social Harmony." *Journal of Education Research* 7, no. 2 (2005): 251–71.

Song of Redemption. Film produced by. Fernando Garcia-Guereta, directed by Amanda Sans Miquel Galofré. 2013.

WNYC. February 5, 2010. Accessed March 10, 2015. soundcheck.wnyc.org/story/43147-blending-music-with-rehabilitation/Feb52010

4 女性和戲劇 | 泰國

D'Arcy, Anne Jeanne. "Power Points: Battered Women as Authors." In *Anne D'Arcy: Domestic Violence Research Publications*. Oakland: University of California Press, 2008.

Enos, Sandra. *Mothering from the Inside: Parenting in a Women's Prison*. Albany: SUNY Press, 2000.

Kalyanasuta, Kanokpun, and Atchara Suriyawong. "Testimonies of Women Convicted of Drug-Related Offenses: The Criminal Justice System and Community-Based Treatment of Offenders in Thailand." *Resource Material Series* 61 (2002): 265–93.

Kristof, Nicholas. "Serving Life for This?" *New York Times*, November 13, 2013. Accessed January 2014. nytimes.com/2013/11/14/opinion/kristof-serving-life-for-this.html?_r=0

Moller, Lorraine. "Project Slam: Rehabilitation through Theatre at Sing Sing Correctional Facility." *International Journal of the Arts in Society* 5, no. 5 (2011): 1–60.

Napaporn, Havanon, et al. *Lives of Forgotten People: Narratives of Women in Prison*. Office of the Affairs, under the Royal Initiative of HRH Princess Bajrakitiyabha, 2012.

Osler, Mark. "We Need Al Capone Drug Laws." *New York Times*, May 4, 2014.

Richie, Beth. *Arrested Justice: Black Women, Violence, and America's Prison Nation*. New York: NYU Press, 2012.

Sudbury, Julia, ed. *Global Lockdown: Race, Gender, and the Prison-Industrial Complex*. New York: Routledge, 2005.

Talvi, Silja J. A. *Women Behind Bars: The Crisis of Women in the U.S. Prison System*. Emeryville: Seal Press, 2007.

United Nations Economic and Social Council. "United Nations Rules for the Treatment of Women Prisoners and Non-custodial Measures for Women Offenders" (the Bangkok Rules). July 22, 2010. Accessed January 12, 2015. penalreform.org/wp-content/uploads/2013/07/PRI-Short-Guide-Bangkok-Rules-2013-Web-Final.pdf

Women's Prison Association. April 10, 2015. Accessed April 10, 2015. wpaonline.org

5 單人禁閉與超高度安全級別監獄 ▌巴西

American Civil Liberties Union. "Alone and Afraid: Children Held in Solitary Confinement and Isolation in Juvenile Detention and Correctional Facilities." New York: American Civil Liberties Union, 2014. aclu.org/files/assets/Alone%20and%20Afraid%20COMPLETE%20FINAL.pdf

Bazelon, Emily. "The Shame of Solitary Confinement." *New York Times Magazine*, February 19, 2015.

Binelli, Mark. "Inside America's Toughest Federal Prison." *New York Times Magazine*, March 29, 2015.

Briggs, Chad. "Effect of SuperMaximum Security Prisons on Aggregate Levels of Institutional Violence." *Criminology* 41, no. 4 (2003): 1341–1376.

Brown, Ian, and Frank Dikotter. *Cultures of Confinement: A History of the Prison in Africa, Asia and Latin America*. Ithaca, NY: Cornell University Press, 2007.

Davidai, Shai, and Thomas Gilovich. "Building a More Mobile America—One Income Quintile at a Time." *Perspectives on Psychological Science* 10, no. 1 (2015): 60–71.

Dwyer, Jim. "Mentally Ill, and Jailed in Isolation at Riker's Island." *New York Times*, November 19, 2013.

Economist / The Americas. "Race in Brazil: Affirming a Divide." January 28, 2012.

Gawande, Atul. "Hellhole." *New Yorker*, March 30, 2009.

Guenther, Lisa. *Solitary Confinement: Social Death and Its Afterlives*. Minneapolis: University of Minnesota Press, 2013.

Kiernan, Paul. "U.N. Human-Rights Body Expresses Concern Over Brazil's Prisons." *Latin America Wall Street Journal*, January 8, 2014.

Kluger, Jeffrey. "Are Prisons Driving Prisoners Mad?" *Time*, January 26, 2014.

Kraus, Michael W., and Jacinth J. X. Tan. "Americans Overestimate Social Class Mobility." *Journal of Experimental Social Psychology* 58 (2015): 101–11.

Murray, Joseph, et al. "Crime and Violence in Brazil: Systematic Review of Time Trends, Prevalence Rates and Risk Factors." *Aggression and Violent Behavior* 18, no. 5 (2013): 471–83.

Ross, Jeffrey Ian. *The Globalization of Supermax Prisons*. New Brunswick, NJ: Rutgers University Press, 2013.

Salvatore, Ricardo D., and Carlos Aguirre. *The Birth of the Penitentiary in Latin America*. Austin: University of Texas Press, 1996.

Salvatore, Ricardo D., Carlos Aguirre, and Gilbert M. Joseph, eds. *Crime and Punishment in Latin America: Law and Society Since Late Colonial Times*. Durham, NC: Duke University Press, 2001.

Skarbek, David. *The Social Order of the Underworld: How Prison Gangs Govern the American Penal System*. New York: Oxford University Press, 2014.

Wacquant, Loïc. "Toward a Dictatorship over the Poor? Notes on the Penalization of Poverty in Brazil." *Journal of Punishment and Society* 5, no. 2 (2003): 197–205.

———. *Punishing the Poor: The Neoliberal Government of Social Insecurity*. Durham, NC: Duke University Press, 2009.

Waxler, Robert P., and Jean R. Trounstine, eds. *Finding a Voice: The Practice of Changing Lives Through Literature*. Notre Dame, IN: University of Notre Dame Press, 1999.

6 民營監獄 ▌澳洲

American Civil Liberties Union. "Private Prisons." Accessed June 1, 2015. aclu.org/issues/mass-incarceration/privatization-criminal-justice/private-prisons

Bernstein, Nina. "Companies Use Immigration Crackdown to Turn a Profit." *New York Times*, September 28, 2011.

Bogle, Michael. *Convicts: Transportation and Australia.* Historic Houses Trust of New South Wales, 2009.

Bureau of Justice Assistance, U.S. Department of Justice. "Justice Reinvestment Initiative." January 2015. Accessed March 2015. bja.gov/programs/justicereinvestment/index.html

Cantu, Aaron. "4 Disturbing Reasons Private Prisons Are So Powerful." *Salon,* May 3, 2014. salon.com/2014/05/03/4_disturbing_reasons_private_prisons_are_so_powerful_partner/

Goulding, Dot, Guy Hall, and Brian Steels. "Restorative Prisons: Towards Radical Prison Reform." *Current Issues of Criminal Justice* 20, no. 2 (2008): 231–42.

Kirkham, Chris. "How Corporations Are Cashing In on the Worldwide Immigration Crackdown." *Huffington Post*, May 3, 2014.

Mason, Cody. "International Growth Trends in Prison Privatization." *The Sentencing Project*, August 2013. Accessed March 3, 2014. sentencingproject.org/doc/publications/inc_International%20Growth%20Trends%20in%20Prison%20Privatization.pdf

New South Wales Law Reform Commission. "Sentencing—Patterns and Statistics." In *Companion Report*. Sydney: New South Wales Law Reform Commission, 2013.

Schiraldi, Vincent. "Juvenile Crime Is Decreasing—It's Media Coverage That's Soaring." *Los Angeles Times*, November 22, 1999.

Simon, Jonathan. *Governing Through Crime: How the War on Crime Transformed American Democracy and Created a Culture of Fear.* Oxford: Oxford University Press, 2009.

Takei, Carl. "Prisons Are Adopting the Walmart Business Model." *Huffington Post*, September 29, 2014.

7 社會復歸 | 新加坡

Gonnerman, Jennifer. *Life on the Outside: The Prison Odyssey of Elaine Bartlett*. New York: Macmillan, 2005.

Lee Kuan Yew. *From Third World to First: The Singapore Story: 1965–2000*. New

York: HarperCollins, 2000.

Low, Donald. "How Not to Relapse." *OZY*, February 1, 2015. Accessed February 11, 2015. ozy.com/acumen/how-not-to-relapse/38931

National Institute for Crime Prevention and the Reintegration of Offenders (NICRO) Web site. Accessed March 28, 2014. nicro.org.za

Pager, Devah, Bruce Western, and Bart Bonikowski. "Discrimination in a Low-Wage Labor Market: A Field Experiment." *Journal of American Sociological Review* 74 (2009): 777–99.

Petersilia, Joan. "Prisoner Reentry: Public Safety and Reintegration Challenges." *Prisoner Journal* 81, no. 3 (2001): 479–529.

______. *When Prisoners Come Home: Parole and Prisoner Reentry*. New York: Oxford University Press, 2003.

Pieris, Anoma. *Hidden Hands and Divided Landscapes: A Penal History of Singapore's Plural Society*. Honolulu: University of Hawaii Press, 2009.

Prisoner Reentry Institute. "Three-Quarter Houses: The View from the Inside." New York: John Jay College, 2013.

Schmitt, John, and Kris Warner. *Ex Offenders and the Labor Market*. Washington, DC: Center for Economic and Policy Research, November 2010.

Seiter, Richard P, and Karen R. Kadela. "Prisoner Reentry: What Works, What Does Not, and What Is Promising." *Crime and Delinquency* 49, no. 3 (2003): 360–88.

Singapore. "Ministry of Law: Singapore." 2015. Accessed April 1, 2015. mlaw.gov.sg/content/minlaw/en.html

Stillman, Sarah. "Get Out of Jail Inc." *New Yorker*, June 23, 2014.

Travis, Jeremy. *But They All Come Back: Facing the Challenges of Reentry*. Washington, DC: Urban Institute Press, 2005.

Travis, Jeremy, and Christy Visher, eds. *Prisoner Reentry and Crime in America*. New
York: Cambridge University Press, 2005.

Travis, Jeremy, Bruce Western, and Steve Redburn, eds. *The Growth of Incarceration in the United States: Exploring Causes and Consequences*. Washington, DC: National Academies Press, 2014.

Visser, Jaco. Williams, Timothy, and Tanzina Vega. "A Plan to Cut Costs and Crime: End Hurdle to Job After Prison." *New York Times*, October 23, 2014.

Winerman, Lea. "Breaking Free from Addiction." *Monitor on Psychology* 44, no. 6 (2013): 30.

8 什麼是正義？｜挪威

Adams, William L. "Norway Builds the World's Most Humane Prison." *Time*, May 10, 2010.

Christie, Nils. *Limits to Pain: The Role of Punishment in the Penal Policy*. Eugene, OR: Wipf and Stock, 2007.

———. *A Suitable Amount of Crime*. New York: Routledge, 2004.

Davis, Angela Y. *Abolition Democracy: Beyond Empire, Prisons, and Torture*. New York: Seven Stories Press, 2011.

Erlanger, Steven. "Amid Debate on Migrants, Norway Party Comes to Fore." *New York Times*, January 23, 2014.

Fisher, Max. "A Different Justice: Why Anders Breivik Only Got 21 Years for Killing 77 People." *Atlantic*, August 2012. Accessed January 15, 2015. theatlantic.com/international/archive/2012/08/a-different-justice-why-anders-breivik-only-got-21-years-for-killing-77-people/261532/

Frankl, Viktor E., Ilse Lasch, and Harold S. Kushner. *Man's Search for Meaning*. Translated by Ilse Lasch. New York: Beacon, 2006.

James, Erwin. "The Norwegian Prison Where Inmates Are Treated Like People." *Guardian*, February 25, 2013.

Larson, Doran. "Why Scandinavian Prisons Are Superior." *Atlantic*, September 2013.

Lewis, Jim. "Behind Bars...Sort Of." *New York Times*, June 6, 2009.

Mathiesen, Thomas. *The Politics of Abolition*. New York: Routledge, 2015.

Minnesota Department of Corrections. "The Effects of Prison Visitation on Offender Recidivism." St. Paul: Minnesota Department of Corrections, 2011.

New York Times. "Shrinking the Prison Population." Editorial. May 10, 2009.

Parens, Erik. "The Benefits of Binocularity." *New York Times*, September 28, 2014.

Pratt, John, and Anna Eriksson. "Contrasts in Punishment: An Explanation of Anglophone Excess and Nordic Exceptionalism." NY: Routledge, 2013.

_____. "Scandinavian Exceptionalism in an Era of Penal Excess." *British Journal of Criminology* 48, no. 3 (2008): 119–37.

Schenwar, Maya. *Locked Down, Locked Out: Why Prison Doesn't Work and How We Can Do Better*. Oakland: Berrett-Koehler, 2014.

Stevenson, Bryan. *Just Mercy: A Story of Justice and Redemption*. New York: Random House, 2014.

Subramanian, Ram, and Ruth Delaney. *Playbook for Change? States Reconsider Mandatory Sentences*. New York: Vera Institute of Justice, 2014.

Subramanian, Ram, and Alison James. *Sentencing and Prison Practices in Germany and the Netherlands: Implications for the United States*. New York: Vera Institute of Justice, 2013.

Ward, Katie, et al. "Incarceration within American and Nordic Prisons: Comparison of National and International Policies." *International Journal of Research and Practice on Student Engagement*, 2013, 10–50.

致謝

世界上最美的兩個字：謝謝。

在此感謝約翰傑刑事司法學院對於本書和監獄直升班的大力支持，以及研究發展辦公室和英文系提供了至關緊要的旅遊和研究經費，若沒有補助，我不可能完成這本書。謝謝系主任 Allison Pease 與 Valerie Allen，以及院長 Jeremy Travis 和教務長 Jane Bowers，各位的慷慨協助和熱情鼓勵再再叫我感激不盡。

也謝謝約翰傑學院的囚犯復歸研究所（Prisoner Reentry Institute），也就是監獄直升班的主管單位。我很驕傲有一群非常棒的同事：Bianca Van Heydoorn、Ann Jacobs、Daonese Johnson Colon、Krystlelynn Caraballo、Maja Olesen，以及包括 Kathleen Gerbing 督察、Alicia Smith Roberts 副督察在內的奧提斯維爾監獄管理人員。因為你們，監獄直升班才得以實現。

也藉此機會向全球各地為了監獄改革不遺餘力的所有運動人士致上敬意，我很榮幸能與你們合作，每天都能從中得到啟發：Dukuzumuremyi Albert（外號桑托斯）、Eric Mahoro、Brent Bell、Jocemara Rodrigues da Silva、André Kehdi、Dr. Napaporn、Pastor Jonathan Clayton、Yvonne Lloyd、Carla Gulotta、Brian Steels、Nils Christie、Lasse Andresen、Tom Eberhardt。美國的夥伴則有：Bianca Van Heydoorn、Kirk James、Marlon Peterson、Jeff

Aubry、Ali Knight、Debbie Mukamal、Khalil Cumberbatch、Glenn Martin、Vivian Nixon、Soffiyah Elijah、Todd Clear。

我拜訪了九個國家，很感謝在監獄內接觸到的各位願意與我分享心情和故事。我給你們上了課，但也從你們身上學到很多很多。

感謝接待我以及協助我參訪監獄的所有單位：非洲監獄計畫、到此為止，盧安達、獄友希望牧師團隊、康蘭吉計畫、黃絲帶計畫、新加坡獄政署、新加坡矯治事業部、泰國司法部與司法事務署、科廷大學、巴西閱讀矯治計畫和國家獄政部、挪威矯治署。也向為我穿針引線的 Gary Hill 特別致謝。

謝謝工作表現傑出且毅力非常人能及的編輯 Judith Gurewich 從得知這本書發想時就極力支持。以及精力無限的經紀人 Sarah Levitt 對本書計畫的價值充滿期許，並堅信我能夠完成。

也感謝編輯 Anjali Singh 鷹一般的銳利目光與耐性十足的雙手，將這本書改造得一次比一次好。

謝謝我的兄弟 Malik Yoba 和姊妹 Beth Skipp，你們的愛是我每天必須的養分，我們的情誼比血緣更濃。

謝謝如姊如母、熱切指引我啟發我、最聰明的 Lynda Obst。

謝謝已經如同家人一樣的朋友——你們是我靈魂的手足、戰友，永遠能夠倚靠的肩膀和願意傾聽的耳朵，也是最能給我出主意的幫手：Lynn Joseph、Penny Vlagopoulos、Kirk James、Jeffrey OG Ogbar、Jeanille Bonterre、Jackie Simmons、Debbie Sonu、Monika Levy、Helene Sola、Vitoria Setta、Trish Perkins、Tommy Smith、Sanjay Ramanand、Richard Perez、Oscar Michelin、Ornella Schneider、Anya AyoungChee、Natasha Ali、LisaMarie Stewart、Karibi Fubara、Joanne Kehl、Andy Kasrils、Jessie BenAmi、Sean Field、Jama Adams、Hank Willis Thomas、Andre Honore、Anand Vaidya、Audrey Moore、Donna Augustin、Carleene Samuels、Daniel Kramer、Edrick Browne、Nathaniel Quinn、Yadi PerezHazel、Clinton Hazel、Jonathan Gray、Luigi Moxam。也特別感激 Keith Sharman 審閱草稿，時時為我加油打氣。

感謝卓辛格家的姊妹：Tam、Naomi、Riv、Sa，以及我的雙親。父母養育我長大的過程中總是問我最重要的一件事：為什麼？最後我要感激的是加勒比海島國，尤其是牙買加和千里達，那裡的文化滋潤了我的精神、靈魂和智識，也敞開了我本就應開放的心胸視野。

國家圖書館出版品預行編目資料

把他們關起來，然後呢？：九個國家監獄現場實錄，重思公平正義與應報懲罰
貝茲．卓辛格 Baz Dreisinger 著　陳岳辰 譯
初版. -- 臺北市：商周出版：家庭傳媒城邦分公司發行
2016.03　面；　公分

譯自：Incarceration Nations: A Journey to Justice in Prisons Around the World

ISBN 978-986-272-989-2（平裝）

1. 獄政　2. 報導文學

589.8　　105002272

把他們關起來，然後呢？ 九個國家監獄現場實錄，重思公平正義與應報懲罰

原著書名／Incarceration Nations: A Journey to Justice in Prisons Around the World
作　　者／貝茲．卓辛格 Baz Dreisinger
譯　　者／陳岳辰
責任編輯／陳玳妮

版　　權／林心紅
行銷業務／李衍逸、黃崇華
總 編 輯／楊如玉
總 經 理／彭之琬
事業群總經理／黃淑貞
發 行 人／何飛鵬
法律顧問／元禾法律事務所 王子文律師
出　　版／商周出版
台北市104民生東路二段141號9樓
電話：(02) 25007008　傳真：(02)25007759
E-mail：bwp.service@cite.com.tw
Blog：http://bwp25007008.pixnet.net/blog
發　　行／英屬蓋曼群島商家庭傳媒股份有限公司城邦分公司
台北市中山區民生東路二段141號2樓
書虫客服服務專線：(02)25007718；(02)25007719
服務時間：週一至週五上午 09:30-12:00；下午 13:30-17:00
24小時傳真專線：(02)25001990；(02)25001991
劃撥帳號：19863813；戶名：書虫股份有限公司
讀者服務信箱：service@readingclub.com.tw
城邦讀書花園：www.cite.com.tw
香港發行所／城邦（香港）出版集團有限公司
香港灣仔駱克道193號東超商業中心1樓
E-mail：hkcite@biznetvigator.com
電話：(852) 25086231 傳真：(852) 25789337
馬新發行所／城邦（馬新）出版集團【Cite (M) Sdn. Bhd.】
41, Jalan Radin Anum, Bandar Baru Sri Petaling,
57000 Kuala Lumpur, Malaysia.
Tel: (603) 90578822 Fax: (603) 90576622
Email: cite@cite.com.my

封面設計／李東記
排　　版／極翔企業有限公司
印　　刷／韋懋實業有限公司
經 銷 商／聯合發行股份有限公司
電話：(02) 2917-8022 Fax: (02) 2911-0053
地址：新北市231新店區寶橋路235巷6弄6號2樓

■2016年3月8日初版
■2019年8月23日初版3刷
定價380元

Printed in Taiwan

Original title: Incarceration Nations: A Journey to Justice in Prisons Around the World
by Baz Dreisinger

 ISBN 978-986-272-989-2

廣　告　回　函
北區郵政管理登記證
北臺字第000791號
郵資已付，免貼郵票

104　台北市民生東路二段141號2樓

英屬蓋曼群島商家庭傳媒股份有限公司城邦分公司　收

請沿虛線對摺，謝謝！

書號：**BK7069**　　書名：把他們關起來，然後呢？　　編碼：

請於此處用膠水黏貼

讀者回函卡

感謝您購買我們出版的書籍！請費心填寫此回函卡，我們將不定期寄上城邦集團最新的出版訊息。

不定期好禮相贈！
立即加入：商周出版
Facebook 粉絲團

姓名：＿＿＿＿＿＿＿＿＿＿ 性別：☐男 ☐女

生日：西元＿＿＿＿年＿＿＿＿月＿＿＿＿日

地址：＿＿＿＿＿＿＿＿＿＿

聯絡電話：＿＿＿＿＿＿＿＿ 傳真：＿＿＿＿＿＿＿＿

E-mail ：

學歷：☐ 1. 小學 ☐ 2. 國中 ☐ 3. 高中 ☐ 4. 大學 ☐ 5. 研究所以上

職業：☐ 1. 學生 ☐ 2. 軍公教 ☐ 3. 服務 ☐ 4. 金融 ☐ 5. 製造 ☐ 6. 資訊
☐ 7. 傳播 ☐ 8. 自由業 ☐ 9. 農漁牧 ☐ 10. 家管 ☐ 11. 退休
☐ 12. 其他＿＿＿＿＿＿＿＿

您從何種方式得知本書消息？

☐ 1. 書店 ☐ 2. 網路 ☐ 3. 報紙 ☐ 4. 雜誌 ☐ 5. 廣播 ☐ 6. 電視
☐ 7. 親友推薦 ☐ 8. 其他＿＿＿＿＿＿＿＿

您通常以何種方式購書？

☐ 1. 書店 ☐ 2. 網路 ☐ 3. 傳真訂購 ☐ 4. 郵局劃撥 ☐ 5. 其他＿＿＿＿

您喜歡閱讀那些類別的書籍？

☐ 1. 財經商業 ☐ 2. 自然科學 ☐ 3. 歷史 ☐ 4. 法律 ☐ 5. 文學
☐ 6. 休閒旅遊 ☐ 7. 小說 ☐ 8. 人物傳記 ☐ 9. 生活、勵志 ☐ 10. 其他

對我們的建議：＿＿＿＿＿＿＿＿＿＿

請於此處用膠水黏貼